U0564666

浙江省广播电视和网络视听产业发展蓝皮书

（2023）

THE DEVELOPMENT OF RADIO/TV BROADCASTING AND
ONLINE AUDIOVISUAL INDUSTRY IN ZHEJIANG
THE BLUE BOOK (2023)

袁靖华　主编

未来媒体研究院　出品

ZHEJIANG UNIVERSITY PRESS
浙江大学出版社
·杭州·

图书在版编目（CIP）数据

浙江省广播电视和网络视听产业发展蓝皮书. 2023 /
袁靖华主编. -- 杭州 ：浙江大学出版社，2025. 6.
ISBN 978-7-308-26359-7

Ⅰ. G229.275.5；G206.2

中国国家版本馆CIP数据核字第2025X6T313号

浙江省广播电视和网络视听产业发展蓝皮书（2023）
袁靖华　主编

责任编辑　顾　翔

责任校对　陈　欣

封面设计　周　灵

出版发行　浙江大学出版社
　　　　　（杭州市天目山路148号　邮政编码310007）
　　　　　（网址：http://www.zjupress.com）

排　　版　杭州林智广告有限公司

印　　刷　杭州钱江彩色印务有限公司

开　　本　710mm×1000mm　1/16

印　　张　15.75

字　　数　249千

版 印 次　2025年6月第1版　2025年6月第1次印刷

书　　号　ISBN 978-7-308-26359-7

定　　价　78.00元

版权所有　侵权必究　　印装差错　负责调换

浙江大学出版社市场运营中心联系方式：0571 - 88925591；http://zjdxcbs.tmall.com

目 录

CONTENTS

Ⅰ 总报告

2023 年浙江省广播电视和网络视听产业发展总报告　　　　袁靖华　柯　冰 / 3

"浙视听"指数：浙江省广播电视和网络视听产业创新发展指数报告

袁靖华　吴宇婷　况尉娜　陈宇辉 / 46

Ⅱ 分报告

2023 年浙江省广播电视和网络视听剧精品创作发展报告　　张李锐　赵丁蓉 / 81

2023 年浙江省广播电视和网络视听产业的媒体融合与创新发展报告

吴晓平　王　丽　陈启敏 / 102

2023 年浙江省广播电视和网络视听产业基地（园区）运营报告

杜艳艳　沈雨欣 / 138

2023 年浙江省广播电视和网络视听节目生产与公共服务发展报告

李　芸　罗曦妮　王予希 / 161

2023 年浙江省广播电视和网络视听产业国际传播发展报告

杜艳艳　孙珂妍 / 195

附　录

附录1　2023年度浙江省广播电视和网络视听内容生产成果列表

李芸等整理　／219

附录2　"浙视听"产业创新发展指数框架体系和数据采集情况

袁靖华等整理　／241

编后语　／245

I

总报告

2023年浙江省广播电视和网络视听产业发展总报告*

袁靖华①　柯　冰②

摘要：2023年是全面贯彻落实党的二十大精神开局之年，也是浙江省广播电视和网络视听产业高质量发展的奋斗之年、创新之年。2023年浙江省广播电视和网络视听产业持续稳健发展，产业总收入稳步增长，内容产量和质量双提升；媒体融合向纵深发展，数字化、网络化、智能化水平不断提高，推动产业结构的优化升级；5G、AI等新技术的广泛应用，催生了一批新型业态；公共服务体系不断完善，覆盖面和受益人群持续扩大，传播效能显著增强；浙产视听在国际传播上进入新赛道，不断提升中华文化影响力；同时，创新驱动发展战略成效显著，产业链条日益完善，为全国广播电视和网络视听产业发展提供了浙江样本，展现了浙产视听的创新动力和发展潜力。

关键词：浙江省广播电视；网络视听；浙产视听；融合发展；创新驱动

伴随技术创新和传媒生态演进，广播电视和网络视听产业已进入高质量发展的新阶段。2023年，浙江省广播电视和网络视听产业以锐意变革重构产业生态，通过技术、内容、机制的多维创新，在深度融合中培育新质生产力，探索形成引领全国广播电视和网络视听产业发展的"浙视听"样本。2023年，浙江省广播电视和网络视听产业持续推动媒体融合不断纵深化发展，推进"八八战

---

* 2023年度浙江省新苗人才计划项目"基于人类命运共同体视角的中国故事世界性表达与接受研究"（2024R403C092）阶段性成果。

① 袁靖华：浙江工业大学人文学院教授。

② 柯冰：浙江工业大学人文学院新闻与传播专业硕士研究生。

略"及"一带一路"倡议的有效落实，积极拥抱 AI 领域现代数智技术，以数字文明重构产业发展实践；发挥好主流媒体的引导作用，深化重大主题宣传的舆论引导，不断生产精品内容；坚持以人民为中心，将公共服务贯穿于广播电视和网络视听产业发展的全链条；在国际传播方面，致力于搭建中外文化的共情桥梁，带动内容"出海"从规模扩张转向品质提升。2023 年，浙江省广播电视和网络视听产业在推动浙江省建设"文化强省"的过程中做出了重要贡献。

一、发展概况

2023 年，浙江省广播电视和网络视听产业在深化媒体融合的过程中进一步实现产业结构的转型升级。专题服务类广播节目与综艺益智类广播节目实现制作、播出双增长，影视剧类电视节目制作时长和播出时长持续领跑。新兴的网络视听板块呈现出爆发式增长态势，短视频制作时长激增，互联网短视频客户端用户规模与黏性显著提升。产业营收结构持续优化，节目制作相关服务收入和网络媒体广告收入均实现了不同程度的增长。同时，系统外机构在广播电视和网络视听节目的制作投资中的贡献比重增加，浙江省广播电视和网络视听产业逐步形成"国有主导、民营协同"的产业生态。在国际传播方面，出口动画片播出时长猛增，多部作品斩获国际奖项，浙产视听精品的全球影响力有所突破。技术创新深度赋能产业发展，孕育催生新质生产力，AIGC（人工智能生成内容）应用逐步覆盖内容生产全链条。产业基地（园区）建设成效斐然，入驻机构超过 2800 家，营收、利润、纳税额均较 2022 年有大幅增长，产业发展的集群效应得到凸显。"动漫＋文旅""动漫＋电竞"等跨界新业态模式开辟出产业增长的新空间，全产业链的竞争力得到显著提升。

（一）浙江省广播电视和网络视听产业的发展 [①]

2023 年，浙江省广播电视和网络视听产业加速实现高质量发展。广播电视节目制作和播出规模平稳增长，多元内容供给凸显公共服务包容性。网络视听

---

① 本报告所引用的 2023 年浙江广播电视和网络视听行业的年度统计数据，均来自浙江省文化广电和旅游厅的非公开资料《浙江省文化文物广电和旅游统计年鉴 2024》。

产业异军突起，用户播放量、下载量及内容新增规模成倍攀升，视听内容生产与传播的数字化转型成效显著。产业营收结构持续优化，总收入稳步增长，网络媒体广告收入实现翻倍增长；在新媒体业务中，交互式网络电视（IPTV）、互联网视听节目服务收入等板块增速亮眼，市场活力充分释放。民营资本深度参与内容生产，推动产业向多元化、市场化、融合化方向发展。整体产业转型路径清晰，为全国广播电视和网络视听产业高质量发展发挥示范效应。

1.浙江省广播电视和网络视听产业的制作播出概况

2023 年，浙江省全年共办有 111 套广播节目、115 套电视节目，广播电视和网络视听产业的整体制作播出总量保持平稳态势。传统广播电视节目制作和播出时长总量较 2022 年有所收缩，共制作广播节目 464,799 小时、播出 755,464 小时，制作电视节目 129,036 小时、播出 707,516 小时。2023 年，网络视听节目的制作发展迅猛，全省共制作网络视频节目 31,868 小时，制作网络音频节目 20,439 小时。网络视频节目制作时长较 2022 年增长了 43.71%，网络音频节目制作时长较 2022 年增长了 60.51%，均呈快速增长态势。具体如图 1 所示。

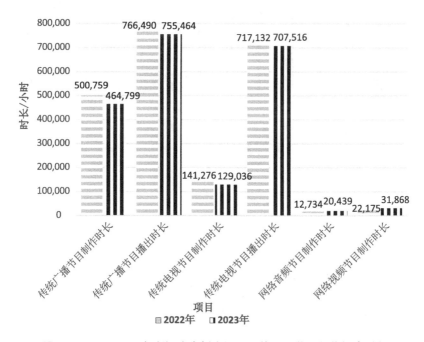

图 1 2022—2023 年浙江省广播电视和网络视听节目制作播出时长

在 2023 年制作和播出的广播节目中，专题服务类广播节目播出时长、综艺益智类广播节目制作和播出时长均有所增长。专题服务类广播节目播出时长较上年增长了 3.80%，综艺益智类广播节目制作时长较上年增长了 8.96%，播出时长较上年增长了 3.57%。而新闻资讯类、广播剧类、广告类、其他类广播节目制作和播出时长及专题服务类广播节目制作时长均有所缩减。具体如图 2 所示。此外，2023 年浙江省被中央广播电视总台采用的广播新闻类节目条数达 3025 条，较 2022 年同比增长 15.1%。

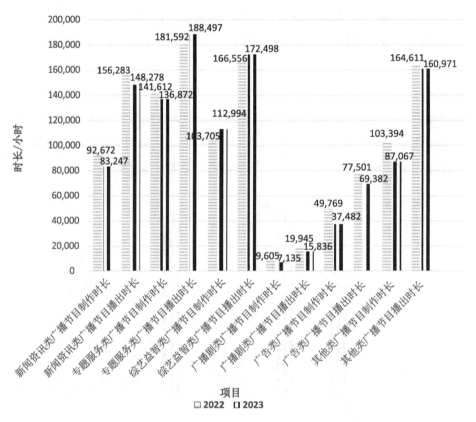

图 2　2022—2023 年浙江省主要广播节目制作播出时长

2023 年，浙江省主要制作和播出的电视节目时长总体发展态势平稳。其中，影视剧类电视节目制作时长增幅较大，较 2022 年增长了 40.50%。影视剧类电视节目依然是主要播出类别，占电视节目总体播出时长的 43.16%，较 2022 年增长了 0.51%。同时，广告类及其他类电视节目播出时长均呈微幅增长。新闻资讯类、专题服务类、综艺益智类电视节目的制作和播出时长，以及广告类、其他类电视节目的制作时长则呈微幅下降趋势。具体如图 3 所示。

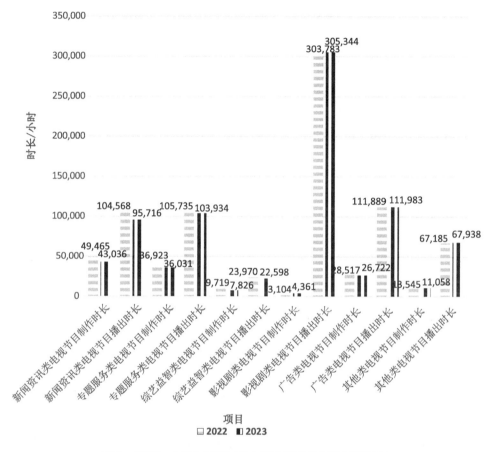

图 3　2022—2023 年浙江省主要电视节目制作播出时长

在主要电视节目中，浙江省 2023 年共播出电视剧 6446 部、27,3857 集，播出纪录片 3095 部、36,452 集，播出电视动画片 1860 部、91,007 集。浙江省纪录片的播出量较 2022 年有了显著上升，电视剧与动画片的播出量较 2022 年则略有下降。具体如图 4 所示。

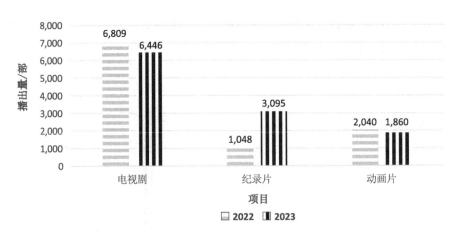

图 4　2022—2023 年电视剧、纪录片、动画片播出量

　　除了基础统计类别，2023 年浙江省译制外语类广播和电视节目的制作时长均有显著提升。其中，译制外语类广播节目制作时长 441 小时，较 2022 年增长了 61.45%；译制外语类电视节目制作时长从 0 小时增加到 275 小时，呈现了"从无到有"的显著变化趋势。这说明浙江省在 2023 年加大了广播电视节目的对外传播输出力度。此外，浙江省 2023 年共播出手语节目 34 个、1278 小时，播出字幕节目数量 27 个，总体播出类目呈多元化趋势。

　　近两年，浙江省在网络视听领域成果斐然，网络音视频内容创作持续繁荣，作品品质与数量齐头并进，展现出强劲的发展势头。2023 年，浙江省共制作高清 / 超高清网络视频节目 18,390 小时，制作短视频节目 12,495 小时，制作新闻微视频节目 8808 小时。短视频制作时长异军突起，新闻微视频制作时长增加，进一步满足了用户对即时性和碎片化内容的需求，凸显了浙江省广播电视和网络视听产业的用户需求导向。具体如图 5 所示。

短视频节目制作时长
新闻微视频节目制作时长
高清/超高清网络视频节目制作时长

12,495

18,390

8,808

图 5 2023 年浙江省网络视听领域节目制作时长（单位：小时）

从网络视听用户数据看，产业发展繁荣的表现尤为突出。2023 年浙江省互联网视频客户端累计下载次数达到 5.4 亿次，年度播放时长超 4 亿小时，年度播放次数累计超过 131.87 亿次。互联网短视频客户端累计下载次数超过 1.1 亿次，是 2022 年同期的 1.4 倍。具体如图 6 所示。互联网短视频年度新增量达到 133.3 万小时、1.6 亿条，新增时长较 2022 年同期增长约 492.7%，具体如图 7 所示。此外，互联网短视频客户端年度用户播放总时长约 18.6 亿小时，年度播放次数 2240.7 亿次，短视频客户端累计下载次数和年度新增量均呈大幅度增长，表明短视频生产和消费领域的发展势头相当迅猛，前景可观。

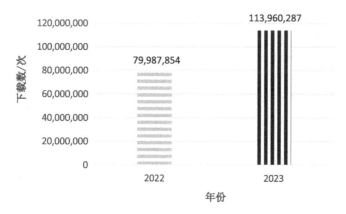

图 6 2022—2023 年浙江省互联网短视频客户端累计下载数

图 7　2022—2023 年浙江省互联网短视频年度新增量

总体来看，浙江省广播电视和网络视听产业立足新媒体时代的用户需求，加速产业的技术迭代，正全面转向以网络视听为主要增长极的新媒体视听发展方向。同时，网络视听领域与传统媒体增益互补，短视频、新闻微视频等内容形态的崛起进一步增强用户黏性，同时浙江省广播电视和网络视听产业注重推出译制外语类节目、手语节目等多元化内容，以适应用户细分领域的需求，服务能力与传播效能持续提升。

2. 浙江省广播电视和网络视听产业的营收与投资概况

浙江省广播电视和网络视听产业营收规模稳步扩张，产业结构加速优化，产业总收入连续 3 年递增，走出了一条漂亮的上升曲线。2023 年，浙江省广播电视和网络视听产业总收入达到 7,264,876.95 万元，较 2022 年同比增长 3.16%，增长态势较前两年有所放缓。具体如图 8 所示。

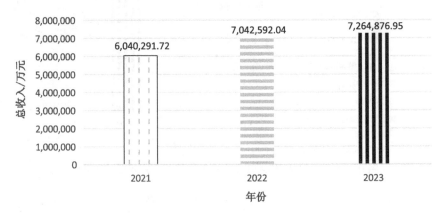

图 8　2021—2023 年浙江省广播电视和网络视听产业总收入

2023 年，浙江省广播电视和网络视听产业实际创收 578.35 亿元，较 2022 年同比增长 3.73%。其中，广告收入 1,014,657.45 万元，较 2022 年同比下降 0.72%。有线电视网络收入 849,690.71 万元，较 2022 年同比增长 3.72%。新媒体业务收入 1,251,848.26 万元，较 2022 年同比降低 2.45%。节目制作相关服务收入 427,982.63 万元，较 2022 年同比增长 52.35%。具体如图 9 所示。综合比对浙江省广播电视和网络视听产业实际创收情况发现：2023 年广告收入和新媒体业务收入虽然略有下降，但依然是产业营收的主力军；节目制作相关服务收入显著增长，这表明浙江省视听业务进行了转型发展的多元尝试，营收发生新转向。

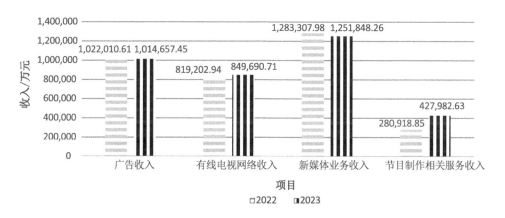

图 9   2022—2023 年浙江省广播电视和网络视听产业实际创收情况

近几年浙江省不断深化媒体融合，推进媒体转型变革，已逐渐建立起相对成熟的全域融合型产业生态，这也体现在浙江省广播电视和网络视听产业实际创收的比重变化上。具体而言，在 2023 年浙江省广播电视和网络视听产业的广告收入方面，广播广告收入、电视广告收入和其他广告收入都略有下降，但网络媒体广告收入达到了 214,659.89 万元，较 2022 年同比增长了 212.46%。具体如图 10 所示。

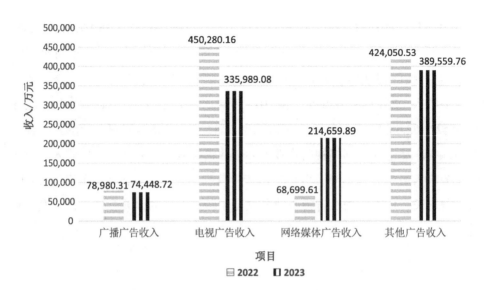

图 10　2022—2023 年浙江省广播电视和网络视听产业的广告收入

　　在 2023 年浙江省广播电视和网络视听产业的新媒体业务收入方面，各项业务收入均有不同程度的增长。如图 11 所示，2023 年浙江省交互式网络电视收入为 55,715.25 万元，较 2022 年增长 7.19%。互联网电视（OTT）收入为 172,891.83 万元，较 2022 年增长 8.33%。互联网视听节目服务收入为 80,953.27 万元，较 2022 年增长了 60.47%，表现颇为亮眼。

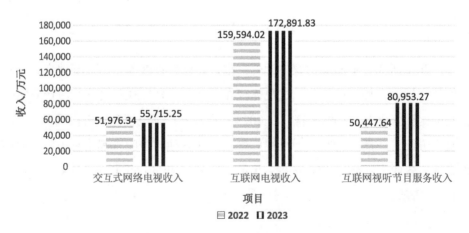

图 11　2022—2023 年浙江省广播电视和网络视听产业的新媒体业务收入

　　在电视节目和网络视听节目的制作投资方面，2023 年浙江省电视节目制作投资额总计 311,559.22 万元，网络视频节目制作投资额总计 108,002.74 万元。在细分投资额构成后可以发现，浙江省民营社会力量表现活跃，众多系统外机构在电视节目、网络视听节目等领域展现了不俗的成绩。

具体而言，2023 年浙江省 34 家系统外机构的电视节目制作投资额共计 59,907.78 万元。其中，杭州市系统外制作机构 27 家，系统外制作投资额 56,766.45 万元；宁波市系统外制作机构 4 家，系统外制作投资额 192.30 万元；丽水市系统外制作机构 2 家，系统外制作投资额 2919.03 万元；绍兴市系统外制作机构 1 家，系统外制作投资额 30 万元。

此外，2023 年浙江省 85 家系统外制作机构的网络视频节目制作投资额共计 37,755.38 万元。其中，杭州市系统外制作机构 63 家，系统外制作投资额 32,989.38 万元；金华市系统外制作机构 8 家，系统外制作投资额 3233.96 万元；宁波市系统外制作机构 7 家，系统外制作投资额 1095.45 万元；绍兴市系统外制作机构 2 家，系统外制作投资额 195 万元；台州市系统外制作机构 3 家，系统外制作投资额 204.45 万元；嘉兴市系统外制作机构 1 家，系统外制作投资额 10 万元；衢州市系统外制作机构 1 家，系统外制作投资额 27.14 万元。

综合系统外制作机构的制作投资情况，2023 年浙江省广播电视和网络视听产业的电视节目制作投资和网络视频节目制作投资都呈现出了显著的市场活力，而且民间投资力量往往以杭州、金华、宁波等地区作为主要的区域集聚地。全省电视节目制作投资总额达到 311,559.22 万元，其中系统外机构投资占比为 19.23%；网络视频节目投资总额为 108,002.74 万元，其中系统外机构贡献率达到 34.95%。这都凸显了民营资本在广播电视和网络视听内容生产中的重要性。

从地域分布看，杭州市的系统外制作机构在数量和投资额方面都有着更为突出的表现，反映了杭州市作为产业高地具有极强的集聚效应。民营资本力量的深度参与，有助于推动浙江省广播电视和网络视听内容的创新生产与产业多元化发展。浙江省广播电视和网络视听产业通过积极有为的市场化运作，激活社会资本，优化产业资源配置效率，为浙江省构建"国有主导、民营协同"的广播电视和网络视听产业生态提供关键支撑，助力全省广播电视和网络视听产业在提质增效中实现结构性突破。

总体来看，2023 年浙江省广播电视和网络视听产业通过营收结构调整与投资主体多元化，展现出强劲的市场韧性和创新动能。广告收入与新媒体业务收入虽小幅波动，但节目制作相关服务收入显著递增，网络媒体广告更实现爆发式增长，新视听内容价值逐步呈现。浙江省积极引导民营资本深度参与内容生产，为广播电视和网络视听产业发展持续注入新鲜的市场活力，加速全产业资源配置的效率优化，推动本省广播电视和网络视听产业生态逐步构建起"国有主导、民营协同"的有机多元格局。省会城市杭州市继续发挥核心引领作用，凸显较强的区域集聚效应和创新辐射效应。这为浙江省后续进一步巩固广播电视和网络视听产业良性可持续发展的生态优势，在内容提质、技术赋能与模式创新中实现更高质量发展的全链条升级，打下了较好的基础。

（二）浙江省新媒体网络视听业务发展概况

在媒体深度融合发展的背景下，浙江省以政策创新为牵引，积极探索全媒体传播体系建设新路径。依靠技术赋能与内容创制双轮驱动，浙江省内主流媒体依托"Z视介"等新型传播平台，构建起内容生产、文化传播、社群运营的立体化产业发展生态，形成了具有浙江特色的媒体融合发展模式，为全省的文化传播注入全新动能。

浙江省以政策为引领，构建深度融合的全媒体传播体系，推动传统媒体与新兴技术双向赋能。2023 年 4 月 18 日上线的 Z 视介客户端，整合省级媒体资源，以"视听新物种"为定位，融合 AI、VR（虚拟现实）等技术，推出《丹青中国心》《国风·无双》等文化节目，打造互动社群与创作者生态，形成"视频部落化"运营模式。浙江广电新媒体有限公司从 2021 年开始设计的"亚运小记者"融媒活动，在三大维度（一是锁定垂直领域受众需求；二是紧扣赛事热点话题进行策划；三是强化媒体品牌建设）构建传播体系，采用双轨（"线下校园行＋线上招募"）并行模式，现已成功触达千万量级家庭用户，打造"电视端＋移动端"协同传播矩阵，并通过开设赛事专区、开展融媒体直播等多样化的形式，深度融入亚运国际传播体系。浙江广电新媒体有限公司在该活动期间制作的亚运主题短视频在社交媒体平台引发传播热潮，全网累计播放量突破 1.2 亿次，并因此荣获 2023 年金屏奖年度最佳融合媒体平台奖。①

浙江省新媒体网络视听业务发展着力加强内容形态创新。短视频、新闻直播等内容形式成为新闻传播主流。浙江电台交通之声制作的《亚运 TAXI》、浙江之声制作的《张雨霏和池江璃花子的约定实现了！》、衢州市广播电视台制作的《人们来到"早餐奶奶"曾经摆摊的地方自发前来和毛奶奶告别》均获得 2023 年度浙江省广播电视节目奖新媒体类新闻性短视（音）频一等奖。这些短视频均以个人化的叙事视角、有温度的报道方式吸引全网关注，成为"新闻＋短视频"的经典案例。在新闻直播类目中，浙江卫视制作的《国宝搬家记》以浙江省博物馆文物搬迁为主题，让观众了解浙江省的历史文化。通过"浙江卫视大屏＋Z 视介小屏"双屏直播，《国宝搬家记》与观众建立起即时的情感联结，实现了文博内容的圈层突破。

浙江省新媒体网络视听业务呈现明显的用户中心特色，通过制作多种互动性内容，传递正能量信息。浙江卫视制作的融媒体交互类新闻作品《小账本里的大经济》，通过交互式内容形态，以沉浸式体验设计，输出正向价值的内容。在提升用户参与深度与黏性的过程中，该作品有机嵌入中国经济历史变化的动态过程，构建起兼具趣味性与引导性的良性传播生态。

从平台架构革新到内容形态突破，从技术融合应用到用户生态构建，浙江省新媒体网络视听节目的制播实践始终贯穿着以服务为本的核心逻辑。通过政策引导下的系统化创新，浙江省新媒体网络视听业务既实现了传统文化资源的当代转化，又推动了主流价值的年轻化表达，在媒体深度融合的进程中，走出了一条技术赋能与文化引领并重的发展道路，为传统广播电视媒体的转型升级提供了可资借鉴的实践范本。

（三）浙江省广播电视和网络视听产业基地（园区）与浙产视听内容发展概况

2023 年是媒体深度融合发展的一年。浙江省积极贯彻落实党的二十大精神，促进广播电视和网络视听产业基地（园区）创新型发展，多维度建设好国

---

① 流媒体网.2023 金屏奖 | 浙江广电新媒体荣获年度最佳融合媒体平台奖 [EB/OL].(2023-08-10)[2025-03-27].https://lmtw.com/mzw/content/detail/id/231343/keyword_id/-1.

家级和省级广播电视和网络视听产业基地（园区），持续推进广播电视和网络视听产业高质量发展。同时，浙江省深耕内容建设，培育精品内容，着力探索中华优秀传统文化的创造性转化和创新性表达，打造浙产视听和"浙里文化"，持续进行对外文化输出，增强浙产视听的国际传播力，取得较好的成效。

1. 浙江省广播电视和网络视听产业基地（园区）建设

2023 年，浙江省加速推进广播电视和网络视听产业基地（园区）的建设与运营，在政策举措、机构引入、产业发展等方面取得较好成效，有力推动了省内主要的广播电视和网络视听产业基地（园区）的可持续运营与新业态的发展。

在政策举措方面，浙江省广播电视和网络视听产业着眼于引导企业聚焦行业前沿，推动技术创新，助力企业在市场竞争中实现高质量发展，为浙江省建设高水平文化强省和推动文化产业发展贡献重要力量。2023 年 8 月 8 日，浙江省广播电视和网络视听产业基地（园区）联盟成立大会在横店影视文化产业集聚区召开。[①] 会议围绕浙江省广播电视和网络视听产业基地（园区）建设进行顶层设计，制定并发布相关章程，签署共建共享合约，促进广播电视和网络视听产业机构的合作共赢，助力提升全省广播电视和网络视听产业的整合竞争力。

在机构引入方面，2023 年浙江省吸引入驻广播电视和网络视听产业基地（园区）的相关机构超过 2800 个，体现出浙江省广播电视和网络视听产业基地（园区）强大的吸引器效应。机构入驻带动了相关就业市场的发展，浙江省广播电视和网络视听产业基地（园区）共吸纳从业人员 91,000 余人，为浙江省广播电视和网络视听产业的可持续发展提供了人才保障。

在产业发展方面，浙江省广播电视和网络视听产业基地（园区）在营收、营业利润和应缴税金等方面均实现了显著增长。2023 年，浙江省入驻广播电视和网络视听产业基地（园区）的相关机构营收共计 11,287,384 万元，是 2022 年同期的 4.10 倍。2023 年度营业利润达 2,956,860.90 万元，是 2022 年同期的 6.37 倍。应缴税金 919,301.29 万元，较 2022 年同期增长 668.40%。具体如图 12 所示。

---

① 浙江省广播电视局.浙江省广播电视和网络视听产业基地（园区）联盟正式成立 [EB/OL].(2023−08−10)[2025−03−27].http://ct.zj.gov.cn/art/2023/8/10/art_1652990_59020013.html.

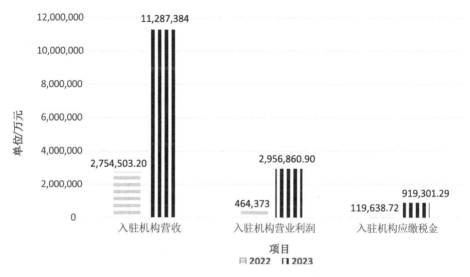

图 12　2022—2023 年浙江省广播电视和网络视听产业基地（园区）的发展情况

概言之，2023 年浙江省广播电视和网络视听产业基地（园区）的建设成果颇丰，在机构引入、产业发展等方面均取得了相当好的成绩。这些成果的取得，体现了浙江省在广播电视和网络视听产业布局上的前瞻性和执行力。通过联盟的成立和各项政策的实施与引导，浙江省广播电视和网络视听产业基地（园区）已成为推动浙江省广播电视和网络视听产业迈向更高层次的重要支撑，也成为浙产视听内容创作与生产的重要支柱性力量，为浙江省广播电视和网络视听产业的创新发展提供了强劲动力。

2. 浙产视听内容的创作与生产

2023 年，浙江省围绕学习贯彻党的二十大精神、"八八战略"实施 20 周年、杭州亚运会等重要节点[①]，在视听内容的创作与生产领域持续深耕，结合重大主题与地域文化特色，推出了一批兼具思想深度与艺术价值的精品力作。

在电视剧创作方面，浙江省坚持多元题材并进，在题材创新与制作水准上再攀高峰。以革命历史为背景的《冰雪尖刀连》通过连队视角展现抗美援朝战争中钢七连的英勇事迹，荣获 2023 国剧盛典"年度优秀剧集"，成为中央电视台

---

① 浙江在线.浙产剧产量去年居全国第二今年还有这些重点剧要播出 [EB/OL].(2023-02-10)[2025-03-27].https://zjnews.zjol.com.cn/zjnews/202302/t20230210_25407815.shtml.

一套黄金档的收视焦点。电视剧《运河边的人们》以大运河为背景，受到了国内超过 70 家主流媒体和 100 个网络平台的关注报道，并成功摘得第三十三届浙江电视"牡丹奖"的电视剧奖。[①]

在纪录片创作方面，聚焦中华优秀传统文化的创新性表达，浙江省制作了一批高质量的视听精品。由浙江广播电视集团出品、浙江电视台国际频道承制的三集电视纪录片《良渚》，荣获 2023 年度中美电视节年度"最佳电视纪录片"奖。由浙江广播电视集团出品的纪录片《大运河》，从文化视角讲述古老运河的历史脉络，荣获"2023 年第二季度优秀网络视听作品"称号。

在动画片创作方面，浙江省推动传统文化与时代精神相结合，创造出"动画 + 文旅"的新视听模式。《三国赵云传》和《钱王传奇》荣获中国经典民间故事动漫创作工程（网络动画片）2023 年重点扶持项目。由杭州友诺动漫有限公司、青田县农业旅游发展投资有限公司制作的《青田小田鱼第一季》，由云栖博悟（杭州）文化传播有限公司制作的《大山里的"梦之队"》，均入选国家广播电视总局"2023 年第四季度优秀国产电视动画片"推荐名录。

在网络视听创作方面，浙江省紧抓时代特色，打造出一系列兼具质量和流量的网络短视频和网络微短剧。在网络短视频创作上，由浙江广播电视集团打造的联合国中文日宣传片《雨写中文美·诗画江南意》，以及亚运会宣传片《亚运会倒计时 30 天 | 乐动无双》《爱之城》、亚残运会宣传片《爱之光》等，分别入选国家广播电视总局 2023 年第二、三、四季度优秀网络视听作品目录。

2023 年，随着"浙产好剧"战略的深化与"影视 + 文旅"模式的深入拓展，浙江省以"精品化、多元化、国际化"为目标，在电视剧、纪录片、动画片等领域持续推出具有标杆意义的视听内容力作，全省广播电视和网络视听产业进一步释放了活力，增强了辐射力，取得了较好的社会效益和传播效果。

3. 浙产视听的国际传播

随着全球文化产业竞争态势的加剧，提升国际传播效能日益成为浙江省广播电视和网络视听产业的重要发展战略。浙江省主动适应当前国际传播格局的

---

① 浙文影业 . 精耕创作之"数"，巧布生态之"道" [EB/OL].(2024−10−18)[2025−03−27].https://www.163.com/dy/article/JEQKDQ4H0517CTDU.html.

变化，着力推动广播电视和网络视听产业出口内容的介质迭代和体系升级，在传统的电视剧和综艺专题节目之外，大力推动动画片、纪录片及网络电影等多元内容矩阵建设，并鼓励系统外机构参与出口合作，推动中华文化的多元化创新表达。

2023年，浙产视听的国际传播建设取得了一定的成果，全年广播电视节目出口和服务出口总额共计1700.47万美元。其中，服务出口总额为839.29万美元，较上年有显著增长，增幅达到1倍多；广播电视节目出口总额为861.18万美元。在广播电视节目出口中，作为传统主要出口类目的电视剧出口额为594.43万美元，较2022年下降约64%；电视综艺专题节目出口额回落。两项合并，拖累全年节目出口总额较上年回落了52.35%。[①] 具体如图13所示。

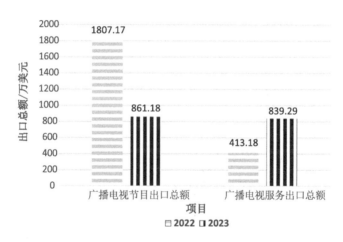

图13 2022—2023年浙江省广播电视节目出口和服务出口总额

值得注意的是，在广播电视节目出口中：2023年动画片出口总额达到157.21万美元，较上年增长1.37倍；纪录片出口总额为30.26万美元，为上年的33.25倍。从播出时长看，广播电视节目出口播出时长共5344.50小时。其中电视剧出口播出143部、5590集，共4001.60小时，较上年收缩过半；动画片出口播出时长1326.72小时；纪录片出口播出时长8.55小时；网络电影出口播

---

① 本书参考了2022年和2023年的相关年报数据，在汇总统计当中结合了季报数据、企业机构统计数据并进行了再次核对比照，再采用三角测量法对个别数据进行了修正，最后以浙江省文化广电和旅游厅统计部门核验过的数据为依据，得到了以上数据。

出时长 5.20 小时。其中，动画片出口播出时长较 2022 年增长 9.20 倍，增势迅猛；纪录片出口播出时长较 2022 年增长 42.50%。具体如图 14、图 15 所示。

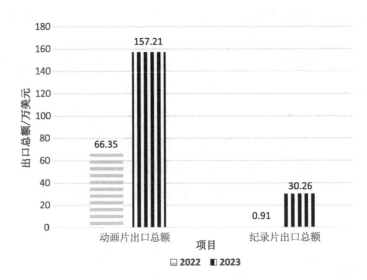

图 14　2022—2023 年浙江省动画片和纪录片出口总额

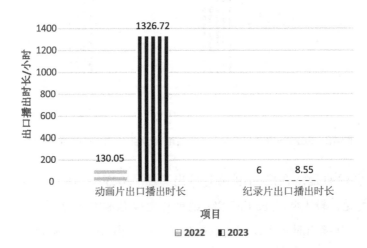

图 15　2022—2023 年浙江省动画片和纪录片出口播出时长

总体看，传统电视节目的出口和动画片、纪录片等的出口呈现出冰火两重天的态势，这反映了浙江省广播电视和网络视听产业正在经历出口主动转型的阵痛。为了适应全球化社交媒体时代的注意力竞争格局和新媒体新视听发展业态，浙江省广播电视和网络视听产业主动作为，将国际传播的重心逐步从传统电视节目的出口转向以动画片、网络视频乃至游戏等的出口，积极培育新生力量，通过扩增这些更加契合全球社交媒体传播态势的新兴视听节目类型的出口份额，推动浙江省广播电视和网络视听产业提升国际传播效能。

此外，在全省广播电视节目和服务出口的关联单位中，2023年统计到有多家系统外单位贡献了重要力量。如浙江博采传媒有限公司主要从事服务出口，宁波卡酷动画制作有限公司主要从事动画片出口和服务出口。这两家系统外单位对外的节目和服务出口总额合计达到76.14万美元。这说明，在广播电视和网络视听产业的国际传播当中，民营企业是需要进一步受到重视并加以引导的对象。

随着动画片、纪录片、网络电影、网络剧等多类型节目的加入，浙江省尝试打通文化"出海"的全媒体传播路径，通过短视频、纪录片、融媒体产品等丰富多样的视听内容，推动中国故事的国际化表达。在"杭州市庆祝第二十四个中国记者节暨创新重大主题报道表彰活动"中，新闻短视频《英国博主：我在杭州滨江近距离体验数字经济和千年古镇》获得杭州市2023年度创新重大主题报道优秀国际传播作品一等奖，纪录片《亚运奖牌诞生记》和"新亚运·新杭州"系列双语报道获得杭州市2023年度创新重大主题报道优秀国际传播作品二等奖。在2023年度中美电视节中，《良渚》获得年度"最佳电视纪录片"奖，国际融媒传播系列片《诗画江南 活力浙江》获得中华文化国际传播力奖。

在动画作品方面，经过此前数年的精耕细作，浙江省在2023年的动画片出口中取得了较好的成果，并局部实现了高质量发展。在第十九届中国国际动漫节中，《乐比成长记》《泱泱》《木兰辞》《杭州故事》《我有一个虎头娃娃》《梦与青空》《道与摩托车把》《武林寻景》《闽海雄风传》《水之旅》和《念》等作品获得"金猴奖"。随着越来越多的作品在国际上广为传播，浙产视听精品的国际传播力与影响力持续提升。具体获奖情况如表1所示。

表1　第十九届中国国际动漫节"金猴奖"浙产视听精品获奖情况

奖项	作品名称
综合奖动画系列片（铜奖）	《乐比成长记》
综合奖动画短片（铜奖）	《决决》
综合奖漫画（金奖）	《木兰辞》
综合奖漫画（银奖）	《杭州故事》
潜力奖动画短片（潜力）	《我有一个虎头娃娃》
潜力奖动画短片（潜力）	《梦与青空》
潜力奖动画短片（潜力）	《道与摩托车把》
潜力奖漫画（最佳）	《武林寻景》
潜力奖漫画（潜力）	《闽海雄风传》
潜力奖漫画（潜力）	《水之旅》
红色动漫奖（优秀奖）	《念》

总体上看，在国际传播和节目及服务的出口领域，浙江省广播电视和网络视听产业通过内容精品化、渠道多元化及主体协同化等策略，正在逐步构建立体化的国际传播体系，并以全媒体传播模式推动中华文化的创新表达，多部作品斩获国际奖项，浙产视听品牌的全球影响力正逐步攀升。动画片与纪录片等品类的爆发式增长则进一步说明，本土文化IP（知识产权）的开发需要加强介质载体的全球适配性，积极借力全球社交传播平台突破文化壁垒，并通过全媒体叙事模式来有效增强中国故事的感染力。今后浙江省还需进一步深耕国际市场，主动谋划好国际化发展布局，加大对动漫、动画等新品类的投入，广泛吸引系统外机构参与投资和生产，有所选择和侧重地加强面向具体区域国别的、更为精准化的国际传播活动。

（四）浙江省动漫文娱产业发展概况

动漫文娱产业是广播电视和网络视听产业的细分与延伸，是新兴的业态。2023年，浙江省通过政策赋能、产业集聚与内容深耕，进一步增强杭州市国际"动漫之都"的引领地位，激活动漫文娱产业的产业生产力与内容创造力，并辐射全省，推动动漫文娱相关产业发展、活动赛事举办及内容创作等，取得亮眼的成绩。从产业集群的协同创新到全年多维度的活动布局，再到传统文化与时代叙事的深度融合，浙江省以优质内容创作和跨界联动为核心，推动动漫文娱产业在技术突破、文化表达与全球传播中实现跨越式发展。

在动漫文娱相关产业发展方面，以杭州市为例，2023 年杭州市动漫游戏产业全年营收突破 500 亿元，动漫游戏企业达 267 家，国际"动漫之都"建设进一步提质增效 [①]，形成以国家级动画产业基地、教研基地为核心的产业集群。自 2005 年推出首轮政策以来，杭州市已迭代 6 轮扶持政策，带动全链条动漫文娱产业的深度融合发展。同时，杭州市持续推出针对动漫文娱产业的专项资金。自 2022 年以来，杭州市组织开展了两次动漫游戏专项资金支持项目申报工作，共遴选出 289 个杭州市动漫游戏专项资金支持项目 [②]，促进杭州市本土创作和技术不断突破，有力地推动全市动漫文娱产业及上下游相关产业的繁荣，推动反映中国故事和时代风貌的国产动漫迈向国际舞台。

在活动赛事方面，浙江省动漫主题活动覆盖全年，且"月月有热点、季季有亮点"。浙江省以第十九届中国国际动漫节为核心引力场，共吸引 67 个国家和地区参与节展，意向成交额达 14.85 亿元，覆盖观众 1081 万人次，创历年新高。[③] 同时，浙江省实施了第三届"中国青年动漫家成长计划"，着力孵化原创人才，推动《新秦时明月》等作品的开发、创作。在亚运会期间，浙江省举办与《梦三国 2》《王者荣耀》相关的电竞比赛，配套推出"运动员村动漫主题活动"，深化"动漫 + 体育"的跨界融合。同年年末"动漫迎新年"系列活动展映《长安三万里》《舒克贝塔·五角飞碟》《中国奇谭》等 22 部作品，覆盖影院、博物馆等多个场景。

在内容创作方面，浙江省融合中华优秀传统文化元素，以动漫为媒介讲好中国故事，作品获得多项荣誉。《长安三万里》以唐代诗史为内核，全球票房

---

① 杭州日报.2023 年杭州文化产业发展迈上新台阶 [EB/OL].(2024-02-08)[2025-03-27]. https://www.hangzhou.gov.cn/art/2024/2/8/art_812262_59093681.html.

② 杭州市投资促进局."黑悟空"亮相数贸会，点亮杭州数字文化产业集群新航向 [EB/OL]. (2024-10-07)[2025-03-27].http://tzcj.hangzhou.gov.cn/art/2024/10/7/art_1621408_58893988. html.

③ 浙江日报.67 个国家和地区客商共赴盛会第十九届中国国际动漫节闭幕 [EB/OL].(2023-06-25)[2025-03-27].https://zjnews.zjol.com.cn/zjnews/202306/t20230625_25895348.shtml.

超 18 亿元，成为国产动画的标杆。《济公之降龙降世》融合非遗元素，获得第三十六届中国电影金鸡奖最佳美术片奖。《苏东坡》《青田小田鱼》入选国家广播电视总局"2023 年度电视动画重点项目"。此外，《舒克贝塔·五角飞碟》作为杭产动画电影代表作，首映即引发跨代际共鸣，凸显内容共情力。

总体来看，浙江省通过政策扶持、资源整合、人才孵化等多管齐下的有效举措，在动漫、游戏、电竞等新业态的发展中，走出了一条以中华传统文化为根基、以新兴创新技术为驱动的新发展模式，产业规模不断扩张，生产质量显著提升，为国内动漫文娱产业的创新发展树立了标杆。

二、总体特点

2023 年，浙江省广播电视和网络视听产业恪守"以人民为中心"的发展理念，继续深入实施"八八战略"，围绕新时代文化高地建设和数字化改革创新发展的目标，实现高质量发展。本书将围绕 2023 年浙江省广播电视和网络视听产业的发展进程，分别从内容升级、产业发展、公共服务、国际传播等方面总结出 2023 年浙江省广播电视和网络视听产业发展的四大特色。

（一）守正创新：重大主题宣传与精品内容建设

浙江省广播电视和网络视听产业积极探索创新性发展路径，聚焦重大主题宣传与传统文化的现代表达，通过协同化发展实现广播电视和网络视听内容质量与流量的平衡，不断创作精品内容，提升产业核心竞争力。

1. 创新性发展：主旋律题材的"破圈"传播

浙江省广播电视和网络视听产业聚焦重大主题宣传，围绕"一带一路"倡议提出 10 周年、"八八战略"20 周年、亚运会等重要节点，宣传习近平新时代中国特色社会主义思想，壮大主流舆论，提振主流媒体声量。

2023 年，正值"一带一路"倡议提出 10 周年之际。浙江广播电视集团海外中心（国际频道）推出特别策划"我的家乡在丝路"融媒系列，以全媒体展示、全矩阵传播、多角度记录的方式，通过多位长期在中国生活的外籍友人的回乡之旅，讲述"一带一路"上的浙江故事，凸显浙江省对外开放的新高度。①2023年，浙江卫视电视理论专栏节目《中国共产党为什么能》策划了以"'一号工程'大家谈""'八八战略'实施 20 年"等为主题的重大主题节目，并通过中国蓝新闻、央视频、学习强国等全媒体平台分发，结合短视频、直播等形式扩大影响力，成为理论宣传节目的标杆案例。②节目还通过与基层群众视频连线的方式发起现场提问，以内外互动、多点联动的问答环节，打破地域时空界限，让问题更有广泛性，让解读更具针对性，以鲜活生动、具体可感、更接地气的表达方式集中体现了中国共产党"执政为民"的执政理念。③

在第十九届杭州亚运会开幕之际，浙江卫视《浙江新闻联播》推出融媒体特别节目《亚洲共此时》，通过技术创新与内容整合实现传播效能突破。该节目以"5G 直播连线＋虚拟演播室"技术为核心支撑，结合电视访谈、新闻评论、短视频 vlog（视频日志）等多元形态，构建多维度、全链条的亚运叙事体系。播出当晚，该节目全网播放量即突破 1000 万次。同时，该节目通过联动亚运承办城市、独家解密筹备历程、集纳海内外运动员及媒体观点，实现"全球视角、本土表达"的传播效果。④

浙江省以重大主题宣传为引领，聚焦年度题材主线，并基于覆盖广泛、形式多样、互动性强的立体化传播网络，有效壮大了主流舆论，提升了主流价值观的影响力和引导力，实现了主旋律的"破圈"传播与价值共鸣。

---

① 中国蓝国际.浙江广播电视集团海外中心（国际频道）策划推出"一带一路"10 周年融媒系列"我的家乡路"[EB/OL].(2023−12−29).[2025−03−27].https://mp.weixin.qq.com/s?__biz=MzA5NzAxNzMzNQ==&mid=2649992175&idx=1&sn=1f1671236aec4dd465a2447e89b07912&chksm=88a04777bfd7ce6129cf9903247e80edd6b870679be211786e7147f09c3c1b170d8073762fcf&scene=27.

② 浙江卫视."八八战略"宏伟蓝图如何变为美好现实 今晚 19∶30 理论节目告诉你 [EB/OL].(2023−09−13)[2025−03−27].https://www.163.com/dy/article/IEH9AK9T0517CG34.html.

③ 吕建楚.深融合强交互重体验：浙江广播电视集团融媒传播的实践与启示 [J].新闻战线,2018(07):20−23.

④ 新蓝网 ZMG 部落.浙江广播电视集团 10 件作品荣获中国新闻奖又创新高！连续第五年收获一等奖！杨川源获全国记者最高奖长江奖！ [EB/OL].(2024−11−07)[2025−03−27].https://www.cztv.com/newsDetail/707359.

2. 创造性转化：传统文化 IP 的现代表达

浙江省广播电视和网络视听产业始终坚持优质内容创作。近年来，浙江省接续开展"文艺精品工程""文艺创作攀峰行动"，建立"揭榜挂帅""签约创作""联合攻坚"机制，引导激励新时代文艺精品佳作的产出。[①]

在内容创作上，浙江卫视推出的文化类节目《国风·无双》，以 7 期内容探索传统文化与现代潮流的共生之道，通过科技赋能实现文化"破圈"。在《画·无双》中，节目结合 AIGC 动态修复《富春山居图》，用数字光影还原画作的百年脉络。而《棋·无双》则依托 XR（扩展现实）虚拟场景，将武术与舞蹈演员具象化为棋盘上的博弈符号，演绎中国象棋的战略哲学与文明积淀。节目以沉浸式体验重构经典文明，展现传统文化在数字时代的创造性转化。[②]

浙江省还通过精品内容创作，推动传统文化的创新性发展和创造性转化。依据"找准选题、讲好故事、拍出精品"的要求，浙江省通过融合化、精品化、多媒体化的创作策略，广泛吸引新生代观众群体。浙江小百花越剧团推出《新龙门客栈》，该作品采用"环境式戏剧"模式，融入武侠电影的快节奏叙事，首次在抖音进行线上直播，便吸引 925 万人次观看，近 4000 名观众发布超过 1.4 万条评论。[③]2023 年，经过创新改编的婺剧第六次登上了中央电视台春节联欢晚会的舞台。浙江婺剧艺术研究院创排的武戏《群英荟萃》，融入《穆桂英大破天门阵》《三岔口》《挑滑车》《对花枪》等经典片段，深化武戏艺术创新，实现人物立体化、情境细腻化、故事生动化，促进传统文化 IP 焕发生命活力。[④]

浙江省的实践表明，文化传承不只需要保护，更需要通过创造性转化构建

[①] 党建网. 浙江杭州：强化网络赋能数字赋能推动 形成宣传思想文化工作新格局 [EB/OL]. (2023-02-10)[2025-03-27].https://baijiahao.baidu.com/s?id=1757400076596045995&wfr=spider&for=pc.

[②] 潮新闻. 浙江卫视《国风·无双》，传统与潮流的双向奔赴 [EB/OL].(2023-06-09)[2025-03-27].https://baijiahao.baidu.com/s?id=1768197628447025422&wfr=spider&for=pc.

[③] 中国蓝新闻. 中国蓝观察 | 浙江何以盛产文化 IP？ [EB/OL].(2025-02-18)[2025-03-27].https://www.cztv.com/newsDetail/766912.

[④] 钱江晚报. 兔年春晚 | 戏曲节目《华彩梨园》破纪录了，这也是浙江婺剧六登春晚 [EB/OL].(2023-01-21)[2025-03-27].https://baijiahao.baidu.com/s?id=1755643246288314994&wfr=spider&for=pc.

文化再生生产力，应用"科技 + 艺术 + 传播"的三维创新路径，开辟传统 IP 的现代性表达空间。浙江省为中华文化的"活态传承"提供了可复制的范式。

3. 协同化发展：网络视听内容的质流平衡

2023 年推出的浙产电视剧《狂飙》由东阳留白影视文化公司（以下简称留白影视）参与联合制作，是浙江省文化艺术基金 2022 年度重点项目。作为扫黑题材创新样本，《狂飙》采用时空交错叙事，从正反两条线展示了中国近 20 年来法律和经济的激荡变革。① 开播后，全剧平均收视率为 1.54%，单日播放量超过 3 亿次，打破中央电视台八套电视剧热度天花板。②2023 年，在暑期档播出的浙产古装剧中，《长相思（第一季）》《长风渡》《莲花楼》这 3 部剧集包揽了 2023 暑期档累计有效播放、集均 V30③ 有效播放、热播期集均有效播放的前 3 个席位。其中《长相思（第一季）》以累计 26.5 亿次有效播放、单日有效播放市场占有率突破 30% 位居首位。④《长风渡》开播 41 小时，爱奇艺站内热度突破 10000。⑤

通过构建优质内容生态，浙产电视剧将社会议题转化为兼具艺术敏锐度与大众共情力的情感文本，以高情感密度的角色弧光替代说教式价值输出，以强类型元素（悬疑、动作）包裹严肃议题，在用户沉浸式收视的过程中完成价值传导，实现流量与质量上的双重效益。

（二）双轮驱动：智慧广电生态体系构建与全媒体产业格局重塑

浙江省广播电视和网络视听产业以国家广播电视总局《广播电视和网络视

---

① 浙江宣传. 浙江宣传 |《狂飙》飙的远不止于演技 [EB/OL].(2023-02-05)[2025-03-27]. https://zjnews.zjol.com.cn/zjxc/202302/t20230205_25382676.shtml.

② 潮新闻.2023 年浙产剧成绩亮眼，12 部在央视播出 [EB/OL].(2023-12-22)[2025-03-27]. https://baijiahao.baidu.com/s?id=1785967743081132894&wfr=spider&for=pc.

③ 集均 V30 是电视剧每一集在上线后的前 30 天内的累计有效播放量之和，除以该剧的总集数，所得到的数据。

④ 云合数据. 报告 |2023 暑期档剧集网播表现及用户分析报告 [EB/OL].(2023-09-06) [2025-03-27]. https://www.shangyexinzhi.com/article/12287488.html.

⑤ 正观新闻. 因为这四点突进，2023 剧集暑期档不再平凡 [EB/OL].(2023-09-13)[2025-03-27].https://baijiahao.baidu.com/s?id=1776891379884603185&wfr=spider&for=pc.

听"十四五"科技发展规划》为指引，通过技术驱动与模式创新，实现传统媒体与新兴业务的深度协同与双向赋能。依托"中国式现代化的先行者"新定位，浙江省深度布局智慧广电生态和视听产业格局，促进新质生产力发展，谱写中国式现代化浙江新篇章。

1. 数智赋能，布局大视听产业

浙江省着力建设新型广电网络，加快推进网络"云网端"融合升级，推进有线电视网络 IP 化、光纤化，持续布局大视听产业，构建"视听浙江"。浙江省鼓励发展广播电视产业智能化，支持"中国（浙江）广播电视媒体融合发展创新中心""智慧家庭创新研究与应用""媒体智能传播技术研究"等国家广播电视总局实验室建设[①]，强化创新载体引擎功能，依托重点实验室与创新中心科研平台，加速技术成果产业化转化。

在产业集聚建设方面，浙江省拥有 23 个广播电视和网络视听产业基地（园区），其中，浙江横店影视文化产业实验区、中国（浙江）影视产业国际合作实验区及海宁基地、杭州国家动画产业基地、中国（之江）视听创新创业基地为国家级产业基地（园区）。浙江广播电视和网络视听产业基地（园区）在面积、入驻机构数、从业人员规模、利润总额等指标上均取得斐然成果。[②]

在智慧广电领域，浙江省迈出重要创新步伐。2023 年 1 月，由浙江省委宣传部指导筹建，由浙江日报报业集团、浙江广播电视集团、浙江出版联合集团、浙江文化产业投资集团四大省属文化国企共同发起成立的传播大脑科技（浙江）股份有限公司（以下简称传播大脑）正式成立。传播大脑作为一家"市场机制 + 国有控股 + 资本加持"的科技型传媒产业公司，在全国的传媒领域亦具有一定的创新先导价值。传播大脑着力推进覆盖全省的"天目蓝云"平台建设，助推浙江全省传媒业的技术平台升级。截至 2023 年年底，传播大脑向浙江省 88 家

---

① 浙江省广播电视局. 浙江省广播电视局关于印发《浙江省广播电视和网络视听发展三年行动计划（2022—2024 年）》的通知 [EB/OL].(2023-07-14)[2025-03-27].http://credit.jinhua.gov.cn/art/2023/7/14/art_1229656541_11423.html.

② 杭州文化产业."浙"里视听的新质生产力 [EB/OL].(2023-07-22)[2025-03-27].https://mp.weixin.qq.com/s?__biz=MzA5Njg2OTUwMw==&mid=2649946312&idx=1&sn=d16b011dffa07d54869458653758dbb1&chksm=88afd5d8bfd85cce96065a8ccd85cc6bb961b08f872d7b61b341b34b56b6675a92c6314691c0&scene=27.

媒体提供技术服务，其中包括两家省级媒体、6家地市级媒体、80家区县级媒体，浙江省媒体融合"一张网"基本织成。[①]2023年9月，传播大脑发布国内首个专注于媒体场景的大模型——"传播大模型"，为企业进行场景化、专业化定制，赋能传媒内容生产。该项目入选2023中国新媒体大会"融媒有技"优秀案例库。[②]

在智慧业务方面，在"浙江智慧文化云"上线的基础上，2023年浙江省进一步整合全省文化资源，为全省人民提供一站式文化服务方案。同时，浙江省持续打造"未来电视"业务，促进"频道定制化、呈现多样化、视听沉浸化、服务智慧化、交互人性化、网络无感化"[③]，推动终端和应用智慧化，探索智能时代媒体融合新路径。

2. 深度融合，构建全媒体产业格局

2023年，浙江省广播电视和网络视听产业在媒体深度融合方面取得了重要成果，进一步构建"横向到边、纵向到底"的大传播体系，打造广播电视和网络视听全媒体产业格局。

横向加强平台聚合，提升全省媒体融合的整体实力。浙江广播电视集团"中国蓝"平台进行了优化升级，聚焦原创内容、热点事件、新闻现场、民生服务和社交互动，提升融合传播的核心能力；同时，织密地方媒体联盟网，扎紧"省、市、县（市、区）"三级新闻协作网络，打造"蓝媒联盟"2.0升级版，使省内媒体进一步聚合。[④]2023年4月18日，由浙江广播电视集团牵头打造的重大文化传播平台项目启动，其核心载体"Z视介"客户端全新上线。这是浙江省

---

① 中国报业协会. 外生赋能与内生激活：浙江"传播大脑"与时代一起思考[EB/OL].(2023-07-12)[2025-03-27].https://mp.weixin.qq.com/s?__biz=MzAxMDA1OTg3Mw==&mid=2650856599&idx=1&sn=316ee4c8671d1741c4acfeb8e54ab29b&chksm=814b7082937a9f86cf841a6a8c9d18407350310dafd92ada6f660064da5e68efda868a69c761&scene=27.

② 中国蓝新闻. 浙江宣传 | "破壁"两年间[EB/OL].(2023-09-11)[2025-03-27].https://baijiahao.baidu.com/s?id=1821638138978774357&wfr=spider&for=pc.

③ 国家广电智库. "动向"广电总局面向三大方向启动"未来电视"试点工作[EB/OL].(2023-09-11)[2025-03-27].https://baijiahao.baidu.com/s?id=1776738871914202647&wfr=spider&for=pc.

④ 中国蓝新闻. Z朋友，一起来 | 新闻文化同频共振，下一步协作这么干！[EB/OL].(2023-06-09)[2025-03-27].https://www.hntv.tv/50rd/article/1/1666966387420119041.

广播电视媒体在话语体系、传播布局和平台建设上的一次重要创新突破。Z 视介聚焦用户体验，首批上线综艺、影视剧、纪录片等 14 个频道，创新推出"亚运体育""国潮艺风"等 5 个互动部落，提升文艺节目 IP 影响力；设置创作者平台，打造新型交互社群……通过线上线下的紧密连接，构建未来式交互社群，解锁"视听 +"沉浸体验。[①] 作为"视听新物种"，Z 视介是浙江省各媒体深度融合的创新成果。平台聚焦文化创新传播，并积极整合线上线下的各类文化资源，生产传播优质文化内容，强化主流媒体地位。

纵向推进自区、县到地市，再到全省的媒体深度融合，打造全省的视听融合全媒体。2023 年，浙江省在继续发展区、县级融媒体中心的基础上，进一步推进地市级媒体的全域深度融合，支持建成面向基层的主流舆论阵地、综合服务平台和社区信息枢纽。[②]2023 年，浙江省通过对地市级广播电视和报刊纸媒的机构合并、资产重组、业务重构等多种途径，逐步在全省主要的地市和所有区、县打造了深度融合的全媒体格局。从广播电视和网络视听产业发展看，浙江省越来越多地以跨界融合与协同优化为战略举措，实现媒体形态的深刻变革和产业生态的全面升级。在深度融合的过程中，广播电视和网络视听产业通过打破传统的边界，积极拥抱政务、商务、公共服务等多个领域，逐步构建起多元化发展、多媒体整合、多资源聚合的立体发展布局。

（三）普惠共享：广播电视公共服务标准化建设与城乡协同发展

浙江省广播电视和网络视听产业深入贯彻落实"以人民为中心"的发展理念，以用户需求为导向，以技术创新为支撑，全面深化公共服务创新，构建起覆盖城乡、普惠均衡的现代化公共服务体系，为全国广播电视和网络视听产业高质量发展提供了示范。

---

① 浙江日报.Z 视介客户端上线浙江重大文化传播平台启动 [EB/OL].(2023-04-19)[2025-03-27].http://cs.zjol.com.cn/kzl/202304/t20230419_25648948.shtml.

② 浙江省广播电视局.浙江省广播电视局关于印发《浙江省广播电视和网络视听发展三年行动计划（2022—2024 年）》的通知 [EB/OL].(2023-07-14)[2025-03-27].http://credit.jinhua.gov.cn/art/2023/7/14/art_1229656541_11423.html.

1.公共服务智慧化：技术赋能效能革新，打造全国标杆工程

浙江省以技术创新为引擎，全面推进广播电视公共服务标准化、数字化升级，打造了一系列具有创新性和实用性的项目，树立了浙江标杆。

应急广播体系建设成效显著。浙江省应急广播体系建设以制度创新与技术突破双轮驱动，构建起覆盖"省—市—县—乡—村—户"的立体化网络。如杭州市萧山区应急广播系统实现了全区行政村、228 个城市公共空间、77 个城市人口密集区、13 个地质灾害风险防范区和隐患点以及 8 个灾害事故多发易发点的全覆盖。2023 年全年，萧山区累计启动应急广播 352 次，应急广播在基层应急响应和社会服务中发挥了核心媒介作用。其功能延伸至灾害预警、公共政策传达、基层治理支持、文化惠民服务等多个领域，萧山区由此形成了立体化公共服务声讯网络。①

建设未来社区，将智慧广电融入基层治理。中国蓝电信电视联合杭州市拱墅区蓝孔雀社区，打造未来社区电视平台——"蓝孔雀社区电视平台"，推出"交互式网络电视＋政务服务"融合场景。该平台以未来社区"一统三化九场景"②为架构，依托广电大屏覆盖优势，将社区资讯、三务（党务、村务、财务）公开、智慧党建等基层治理功能嵌入家庭终端。居民可通过电视界面实时获取社区动态，参与公共事务。同时，该平台借助"蓝聚汇"应用联动省级数据中台，实现跨屏服务延伸。此外，该平台还推出"浙里直播"视频化政务服务，以"直播带服务"形式整合政策解读、在线办事与民意反馈链条，将政务服务场景从线下窗口拓展至家庭客厅。这样的公共服务，通过广电媒体的技术与公信力，破解基层治理的时空限制，为未来社区数字化建设提供可复制的"媒体＋政务"协同范式。③

建设"智慧广电＋公共服务"体系，推动数字广电服务迭代升级。绍兴市

---

① 杭州市萧山区人民政府.应急广播体系建设萧山实现行政村全覆盖 [EB/OL].(2023-12-11)[2025-03-27].https://www.xiaoshan.gov.cn/art/2023/12/11/art_1302906_59095013.html.

② "一统"即以党建为统领，"三化"是人本化、生态化、数字化，"九场景"是未来重点打造的产业、风貌、文化、邻里、健康、低碳、交通、智慧、治理等场景。

③ 今日流媒体.家门口的"电视台"，蓝孔雀社区电视平台上线！[EB/OL].(2023-01-10)[2025-03-27].https://baijiahao.baidu.com/s?id=1754615525370722076&wfr=spider&for=pc.

柯桥区致力于发展多渠道的媒体融合传输平台，夯实有线电视技术和服务标准化、均等化基础，打造广播电视公共服务"331"体系（包括三类广播电视基本服务、三类智慧广电应用及一套服务保障体系）[①]，极大地提高了紧急信息传播的速度和覆盖面。同时，柯桥区深化"智慧广电+"应用实践，重点围绕公共视频服务体系拓展、数字化治理平台建设与惠民服务平台优化三大方向，着力提升区域安全防控水平与基层治理效能，形成技术赋能社会治理的创新路径，有效强化平安建设基础，推进基层公共服务的建设升级。

2. 乡村振兴协同化：文化引领产业融合，激活城乡发展动能

浙江省广播电视和网络视听产业充分发挥"文化+产业"双轮驱动作用，深度融入乡村振兴战略，通过一系列创新举措，激活城乡均衡发展动能。

浙江省组建了"乡村振兴短视频创作联盟"，整合央媒、省媒及地方资源，形成覆盖创作、传播、服务的完整生态链，以融合传播体系助力"三农"发展。组织专业力量深入田间地头，创作出《云遇中国》《共同富裕会客厅》等精品力作，用镜头记录农业强省建设，展现农民共富实践，推出鲜活的"三农"题材作品。[②] 这种"行走式创作"，不仅丰富了乡村振兴的影像档案，更搭建起城乡对话的新型传播平台。

浙江省大力推动文化赋能乡村振兴，增强乡村文旅市场活力。重点结合短视频、互动直播等新媒体表达手段，推动"三农"传播突破地域限制，提升传播影响力。诸暨市利用广电媒体开展"跟着西施游诸暨"全域旅游形象投放，制作"四季游"春季短视频、旅游形象宣传片等，组织优秀企业及特色文创、特色旅游商品等亮相"浙派好礼"文创产品大赛、第五届大运河文旅博览会等多个线下活动，全面提升"西施故里·好美诸暨"文旅品牌的知名度与影响力。[③]

---

① 王建丰,金志明,董建民.绍兴市柯桥区广播电视公共服务"331"体系标准化建设的探索与实践：广播电视基本公共服务标准化试点建设思考 [J]. 广播电视网络,2024,31(11):46-49.

② 中国融媒产业网.10 万元大奖揭晓！"农业强国 浙江先行"短视频大赛颁奖仪式举行 [EB/OL].(2023-03-02)[2025-03-27]. http://baby.ifeng.com/c/8NpPtOag28R 0230301/t20230301_526167764.shtml.

③ 诸暨市文化广电旅游局.诸暨市文化广电旅游局 2023 工作总结和 2024 年工作思路 [EB/OL].(2023-12-26)[2025-03-27].https://www.zhuji.gov.cn/art/2023/12/26/art_1229074729_4101344.html?xxgkhide=1.

3. 养老关怀精细化：科技助力适老化，构建全周期服务体系

浙江省广播电视和网络视听产业聚焦老年群体需求，构建"智慧康养 + 文化服务"的全周期养老服务体系，为老年群体提供了全方位、多层次的服务。

华数数字电视传媒集团有限公司（以下简称华数集团）聚焦数智技术与家庭数字化场景，关注数字适老化，围绕老年人最为关注的手机使用、电视操作、健康养生、民俗手工等内容，开发多个康养产品与多项相关服务，致力于为老龄康养问题提供解决方案。[①]5G 技术在医疗健康领域的创新应用，为解决老年群体就诊、复诊、配药等场景的数字化操作难题，提供了有效路径。富阳华数联合卫健、医保、数据等部门，打造家庭医生移动服务平台，依托广电 5G "家 e 平台"移动服务包，整合智能体检设备与家庭医生随访终端，形成可携带的"全科诊所"。该平台借助 5G 网络打通卫生、医保及医疗内网数据壁垒，推动家庭医生签约服务、慢病随访等实现"移动办、上门办、实时办"，目前已覆盖富阳区 300 余个村社、25 万余户家庭，累计为老年人及慢性病患者提供上门服务超 7000 人次，以技术赋能的方式构建起覆盖全周期的适老化医疗关怀体系。[②]

（四）"破圈""出海"：国际传播能力提升与跨文化传播格局构建

2023 年，浙江省广播电视和网络视听产业积极顺应时代潮流，以创新为驱动，以合作为纽带，全力推动国际传播能力的提升。通过多维传播矩阵建设、文化 IP 全球化等，浙江省的广播电视和网络视听内容实现了从单纯的文化输出向多元生态共建的转变，在国际传播中展现了较好的竞争力和影响力，为中华文化走向世界舞台奠定了坚实基础。

---

① 浙江省通信管理局 . 数字适老"浙里"先行 | 华数集团科技赋能促进"养老"共富 [EB/OL].(2023-11-03)[2025-03-27].https://zjca.miit.gov.cn/xwdt/gzdt/qydt/art/2023/art_4ef686b7c6 b44d738c6c276bf3c26e97.html.

② 杭州网 . 让工地更安全 让养老更健康 让成长更有爱 广电 5G 以"数字力量"赋能城市发展 [EB/OL].(2023-05-12)[2025-03-27].https://hznews.hangzhou.com.cn/jingji/content/2023-05-12/content_8532122.htm.

1. 多维传播矩阵："线上＋线下"赋能全球触达

浙江省以数字技术为核心，通过"平台＋内容＋用户"三位一体的国际传播矩阵，构建起覆盖全球的"线上＋线下"协同体系，不仅突破了传统传播的时空限制，更以技术创新、内容创新与模式创新为支撑，推动文化输出的广度与深度的双重跃升。

在线上传播维度，浙江省以数字技术驱动全球触达，以社交媒体、流媒体、短视频为抓手，推动文化内容精准触达海外用户。杭州市文化广电旅游局推出的"人间天堂·最忆杭州"项目，是线上传播的标杆案例。借势杭州亚运会，该项目通过虚拟数字人"杭小忆"和"杭州亚运线上接力跑"等创新形式，2022—2023年实现总曝光量超6143万次，互动量超251万次，粉丝总量突破139万名。在 Facebook、Instagram 平台中，以 "Hangzhou" 为关键词进行搜索，杭州市文化广电旅游局官方账号 @Hangzhou,China 权重排名第一。[1] 该账号以宋韵美学为核心，将西湖、大运河等文化符号转化为数字内容，吸引海外用户参与"文化接力"互动活动，推动相关话题登上多国社交媒体热搜榜，将地域文化符号与数字技术深度融合，通过轻量化、社交化传播方式，降低文化认知门槛，实现从"单向输出"到"双向互动"的转型。在流媒体平台，浙江省通过剧集"出海"打造"文化贸易＋"模式。东阳欢娱影视文化有限公司（以下简称欢娱影视）采用"影视＋非遗"策略，在剧集《尚食》中融入八大菜系、上千道传统菜品，吸引越南、马来西亚等国观众自发仿制剧中美馔，形成"以食传文"的裂变效应。[2]

在线下传播维度，浙江省以实体场景深化文化共鸣，通过国际节展、文旅体验等线下载体，构建起文化传播的"第二现场"。浙江省广播电视和网络视听企业连续多年亮相法国戛纳影视展（MIPCOM）、亚洲影视论坛（ATF）等国际

---

① 杭州文广旅游发布.喜讯 | "人间天堂·最忆杭州"文旅品牌海外社交媒体推广荣获"2023新时代国际传播浙江创新案例"奖 [EB/OL].(2024-04-08)[2025-03-27].https://mp.weixin.qq.com/s?__biz=MjM5OTkwMzczNA==&mid=2651520050&idx=3&sn=6ae218258bdeddcc63131d2f1620a858&chksm=bd7be5b8728c2d06ea7f1a394c33eedd0d4242f8429defae3fc77153fcb6b6c5ed4aa9e270e4&scene=27.

② 中国融媒产业网.深耕"影视＋非遗"，欢娱影视让中国风走向世界 [EB/OL].(2024-05-31)[2025-03-27]. http://baby.ifeng.com/c/8a2XfAIuBl0.

舞台,以"剧集+技术+服务"组合拳展示产业实力。在2023年的法国戛纳影视展上,浙江华策影视股份有限公司(以下简称华策影视)、浙江中南卡通股份有限公司(以下简称中南卡通)、浙江博采传媒有限公司(以下简称博采传媒)等11家浙江省企业携《我们的翻译官》《苏东坡与杭州的故事》等作品参展。在戛纳影视展期间,浙江省吸引了来自全球40多个国家和地区的260多家参展商,其中包括Netflix、华纳兄弟、迪士尼、NBC环球、ITV Studios等国际知名影视机构。①

浙江省通过技术、内容与场景的深度融合,推动国际传播从单点突破向生态共建升级,形成可持续的文化影响力,通过"线上精准触达+线下深度体验"的多维传播矩阵,构建起文化"出海"的立体化生态。线上以数字技术打破地理边界,线下以实体场景深化情感联结,两者协同推动浙江省乃至中国的文化影响从"流量增长"向"价值沉淀"转化。

2. 文化IP全球化: 从区域深耕到国际共鸣

浙江省以文化IP为核心载体,通过"在地化叙事+全球化表达"策略,推动传统文化与现代传播深度融合,构建起"非遗活化—城市赋能—国际对话—文明互鉴"的全链条文化"出海"生态,以文化为纽带,将浙江省地域文化转化为全球共享的精神财富。

浙江省广播电视和网络视听产业致力于非遗活化,依托历史文脉,引发全球共鸣。浙江卫视推出的文化旅游类探寻体验节目《还有诗和远方·非遗篇》,成为非遗文化创新表达的典范。节目以"一带一路"倡议10周年为契机,选择"丝路明珠"阿拉善作为起点,足迹穿越浙江省全境,深入龙泉青瓷、东阳木雕、乐清黄杨木雕等非遗技艺现场。②非遗活化的深层意义在于构建文化认同。2023年12月,首届良渚论坛发起"礼物交换实验",邀请全球艺术家进行创作,

---

① 杭州文化产业.再"出海"!2023戛纳秋季电视节,杭州文化企业精彩亮相[EB/OL].(2023-10-20)[2025-03-27].https://mp.weixin.qq.com/s?__biz=MzA5Njg2OTUwMw==&mid=2649933054&idx=1&sn=05777450294f385df674b1b7f272e3db&chksm=88afe9eebfd860f8fcd634e62b029a6a20df59e6188d2c178657dfd85e36eb6739dfe72dee74&scene=27.
② 浙江卫视《还有诗和远方·非遗篇》:文旅×非遗,携手破局出海[EB/OL].(2023-08-15)[2025-03-27].https://baijiahao.baidu.com/s?id=1774266216932023777&wfr=spider&for=pc.

深化文明交流互鉴。①2023 年"丝绸之路周"的举办，彰显了浙江省从文化传播到文明对话的升级。活动以匈牙利为主宾国，举办多场展览、论坛和讲座，并在线上推出丝路文物海报接力、百馆百物短视频接力、遗产点亮丝路直播接力、丝路纹样填彩游戏、丝路周超级锦鲤活动等丝路文化推广活动，在 40 天内吸引 24 万人次。②金华市策划开展"漂洋过海看金西"国际传播项目，聘请 5 名来自尼泊尔、吉尔吉斯斯坦等国家的"海外传播官"，其在推特账号发布的纪录片单条浏览量突破 15 万次，被各大搜索引擎收录总数达 7 万多条，显著提升金西文化在国际传播场域中的能见度与影响力。③

在城市 IP 塑造上，"'中国历代绘画大系'宋代绘画主题展"在海外 6 个国家和地区展开巡回展出，"诗画浙江"文旅国际推广活动相继落地葡萄牙里斯本、挪威奥斯陆、韩国首尔等城市，通过艺术展览与文旅体验相结合的方式，向世界展示"诗画江南 活力浙江"的文化内涵，有力提升浙江省文化品牌的全球认知度与影响力。在塑造城市 IP 的同时，浙江省还主办"2023'相聚浙里'国际人文交流年度盛典"，同步上线"浙里文化圈"国际板块"Inspiring Zhejiang"整合全省图书馆、博物馆、非遗馆资源，设置"云游浙江""眼见精彩"等四大内容，为国际友人提供智能推荐服务。④

通过非遗活化重塑文化基因，城市 IP 构建现代叙事，浙江省广播电视和网络视听产业正在形成"内容深耕—技术赋能—生态协同"的文化 IP 全球化路径，促进文化传播从"我说你听"到"共情共创"的范式转变。浙江省将进一步以文化 IP 为支点，推动中华文明与全球文明在数字时代的深度对话。

① 新华社新媒体.新华全媒＋｜丰富世界文明百花园：首届"良渚论坛"开启文明交流新空间 [EB/OL].(2023-12-03)[2025-03-27].https://baijiahao.baidu.com/s?id=1784272321643664476&wfr=spider&for=pc.

② 文旅中国.交流｜"2023 丝绸之路周"在匈牙利收官 [EB/OL].(2023-10-26)[2025-03-27].https://www.ccmapp.cn/news/detail?id=37939e2b-efdb-4398-8ea6-a7c10ac89cda&categoryname＝本网原创.

③ 金华传媒记者.奏响时代强音 凝聚主战场奋进力量：2023 年金华开发区宣传思想文化工作综述 [EB/OL].(2024-03-28)[2025-03-27].https://www.jhnews.com.cn/xw/1586591.

④ 中国新闻网.浙江办国际人文交流年度盛典 新添 10 个世界看浙江"窗口" [EB/OL].(2023-12-12)[2025-03-27].https://www.chinanews.com/sh/2023/12-12/10127224.shtml.

三、经验总结与启示

2023 年，在"八八战略"深入实施 20 周年之际，浙江省广播电视和网络视听产业锐意创新，以高质量发展为目标，不断增强先进文化的凝聚力，激活传媒的新质生产力，着力提高面向全社会的公共服务力，增强国际传播力，通过多方面的探索，为我们提供广播电视和网络视听产业创新发展的经验。

（一）文化凝聚力

浙江省广播电视和网络视听产业以主流价值为内核，以地域文脉为根基，把握主流舆论导向，构建起思想引领与文化传承深度融合的创新文化实践体系。通过强化主题宣传铸魂，深耕地域文化塑形，形成主流舆论强势引领与传统文化创新表达的共振效应，持续提升全省文化凝聚力和精神感召力。

1. 聚焦主题宣传，壮大主流舆论

2023 年，浙江省坚决拥护"两个确立"（确立习近平同志党中央的核心、全党的核心地位，确立习近平新时代中国特色社会主义思想的指导地位），坚决捍卫"两个维护"（坚决维护习近平总书记党中央的核心、全党的核心地位，坚决维护党中央权威和集中统一领导），深入贯彻习近平新时代中国特色社会主义思想，聚焦"八八战略"，全面展示"八八战略"的深远影响和实践成果。浙江省出版《"八八战略"的理论逻辑和时代价值》《解码："八八战略"为什么行》等重要读本，深度探究"八八战略"的理论和实践意义[1]，全面呈现"八八战略"引领下浙江省 20 载经济社会发展的辉煌成果、民生福祉的显著提升，以及干部群众奋发向前的精神风貌，深刻揭示"八八战略"的理论指导与时代价值；落实好重大主题宣传，高规格举办"八八战略"高峰论坛和专题新闻发布会，以及"全民阅读大会""良渚论坛"等重大活动；聚焦"最多跑一次""战疫情、促发展""经济翻身仗"等中心工作，坚守主流舆论阵地，坚持正确舆论导向，以深度性、原创性稿件宣传新思想，弘扬主旋律；同时，紧跟 AI 浪潮，大力发展新

---

[1]　浙江日报. 谱写浙江文化发展新篇章：近五年全省宣传思想文化工作纪事 [EB/OL]. (2023−12−22)[2025−03−27].http://wwj.zj.gov.cn/art/2023/12/22/art_1641242_59059390.html.

质生产力，着力发展智媒技术，打造融媒平台，让主流舆论实现大流量，让好声音成为最强音。①

2.立足地域文化，发掘浙江故事

浙江省立足地域文化优势，大力发展地方文化特色，以广播电视和网络视听产业赋能非遗传承，赓续中华文明千年文脉。2023年，浙江省举办非遗云上春晚，依托浙江省新媒体视频号矩阵进行直播，并在哔哩哔哩等平台上投放，3天内累计播放量超过13万次。非遗云上春晚通过《潮起·钱塘江涌听春潮》《承心·初心不渝映春晖》《守艺·守得云开待春来》《蝶新·破茧蝶变焕春颜》《共生·非遗共富春满园》等节目，集中展示浙江省非遗音乐、舞蹈、戏剧、曲艺、游艺、杂技以及体育，彰显非物质文化遗产的独特魅力。②同时，通过创作《大运河》《丹青中国心》等内容精品，溯源传统文化，讲述好浙江故事，传播好浙江声音。通过创新表达模态，以良渚文化、宋韵文化、大运河文化、河姆渡文化、阳明文化等为代表的，具有浙江省地域特色的中华优秀传统文化得到了创造性转化和创新性发展。

（二）新质生产力

新质生产力以创新驱动为核心，重塑传统产业格局，开辟高质量发展新赛道。浙江省以"广电＋文旅"为突破口，以文娱产业为增长极，以智媒技术为支撑点，将新质生产力贯穿于广播电视和网络视听产业，构建起多维度协同创新的产业生态体系。

1.加强业务融合，打造"广电＋文旅"新模式

浙江省广播电视和网络视听产业积极探索"广电＋文旅"的新型业务增长点，通过资源整合与优质内容IP开发，在"广电＋"赛道上不断提速、提质、提效，构建起影视创作、文化传播与旅游经济深度协同的产业生态体系，实现传统广电行业的转型升级，开创文旅产业价值重构的新格局。浙江省"广电＋

---

① 杭州日报.巩固壮大主流舆论 好声音成为最强音[EB/OL].(2024-02-04)[2025-03-28]. https://www.hangzhou.gov.cn/art/2024/2/4/ar t_812262_59093480.html.

② 浙江日报.非遗贺岁好戏迎新 浙江非遗云上春晚精彩不断.(2023-01-24)[2025-03-28]. https://baijiahao.baidu.com/s?id=175590497 4928825155&wfr=spider&for=pc.

文旅"的创新实践，深刻诠释"以文塑旅、以旅彰文"的发展理念，为全国提供文旅深度融合的浙江样板。

浙江省依托深厚的影视产业基础，系统性整合省内优质资源，推动"广电＋文旅"融合发展迈向纵深。横店影视城作为全球规模最大的影视拍摄基地，2023 年接待游客量突破 1980 万人次，接待剧组数量达 489 个，创历史新高。^①通过开发影视旅游打卡地图，串联省内百余个影视外景拍摄地，浙江省将影视创作场景转化为文旅消费场景，形成"影视创作—场景活化—旅游引流"的闭环链条。湖州影视城、象山影视城等影视基地因地制宜推出沉浸式体验项目，结合热播剧集开发主题旅游产品，实现影视流量向文旅消费的高效转化。

在内容 IP 开发领域，浙江省创新构建"精品内容—品牌 IP—产业生态"的价值转化体系。综艺节目《种地吧》的热播，推动杭州市西湖区三墩镇后陡门从普通乡村跃升为农旅融合示范区。后陡门通过"十个勤天·种地星球"项目打造田野直播间、线下音乐节等新业态，探索出"长视频引流、短视频裂变、直播电商转化"的立体运营模式。节目的衍生品如土特产、文化衫等商品被抢购一空，印证了"内容即消费"的产业逻辑。^②

2. 发展浙里文娱，布局年轻化产业

2023 年杭州市动漫产业以亚运会为支点，探索出"文化 IP＋场景融合"的实践经验。通过使中国国际动漫节彩车巡游落地湖滨步行街，结合亚运会霹雳舞、电竞等新兴项目，打造出"杭州欢迎你""亚运杭州"等沉浸式体验场景。这一模式既激活了城市公共空间，又通过线下活动聚集人流，为文化消费注入活力。电影《长安三万里》借助杭州市动漫游戏专项资金支持，在阿里云渲染技术的加持下，以唐诗串联叙事，使盛唐文化与现代动画技术深度融合，最终以豆瓣 8.2 分的高口碑验证了"文化底蕴＋技术突破"的内容生产逻辑。该片的成功推动了《武庚纪》等 IP 的孵化，头部作品带动了产业链升级。

在"网络视听＋电竞项目"的产业模式探索中，杭州市探索出了"赛事驱动＋

---

① 潮新闻.潮声 |"入戏""出戏"，城市在演哪一出大戏？ [EB/OL].(2024-12-03)[2025-03-28].https://baijiahao.baidu.com/s?id=1817371954332934381&wfr=spider&for=pc.

② 文旅中国.艺术 |《种地吧》：创新推动农文旅融合发展 [EB/OL].(2024-03-28)[2025-03-28].https://baijiahao.baidu.com/s?id=1794770154455539815&wfr=spider&for=pc.

跨界联动"的运营经验。例如，杭州市 LGD 俱乐部通过对战队 IP 与西湖、灵隐寺等文化地标进行绑定，开发主题文旅路线，将网络上的电竞粉丝转化为线下的消费者。又如，杭州市拱墅区以杭州电竞中心为核心，联动新天地商圈构建"赛事 + 消费"生态圈，通过举办大型赛事吸引人流，同步带动周边餐饮、住宿消费增长。[①]在人才培养领域，杭州市通过"产教融合 + 头部牵引"积累实操经验。华竞教育平台联合院校与企业，针对电竞解说、赛事运营等细分领域定向输送人才，同时依托腾讯、网易等头部企业的技术资源，推动"电竞 +AI""电竞 +VR"等新技术的应用。

杭州市动漫与电竞发展的核心经验在于"场景化激活文化资源"与"生态化整合产业链条"，并通过亚运会场景放大 IP 价值，依托政策引导集聚技术、资本、人才要素，最终形成"文化内容—技术赋能—消费转化—国际输出"的完整链路。这种以重大事件为杠杆带动产业升级的实践，为城市大文娱、大视听产业的发展提供了可参考的样本。

3. 以智媒为驱动，促进媒体深度融合

技术引领，激活融合创新动能。以传播大脑的成立为契机，浙江省在广播电视和网络视听产业率先布局生成式 AI 应用，以自主可控的智媒平台建设为核心，推动媒体融合向纵深发展，通过构建智能化内容生产体系，实现从选题策划到传播反馈的全流程技术赋能。依托传播大脑等技术平台，传媒逐步将 AI 能力嵌入采编播各环节，既提升内容生产效率，又强化主流价值精准触达。技术应用与内容创新的深度融合，推动传统媒体从"技术适配"向"技术引领"跃迁，为行业升级注入新质生产力。

平台筑基，重构传播生态体系。浙江省成立"Z 视介"新媒体平台，构建起以"平台聚合 + 生态重构"为核心的新型传播矩阵。依托数字化技术支撑，浙江省将分散的媒体内容、地域文化 IP 及用户终端进行有机串联，形成"内容生产—智能分发—多元互动"的全链条运营体系，推动主流价值传播从简单的资源叠加转向深度融合发展，实现传播效能从"物理相加"到"化学反应"的质变，

---

① 杭州日报. 群雄逐鹿的电竞产业赛道杭州要如何脱颖而出？ [EB/OL].(2024-01-26) [2025-03-28].https://www.hangzhou.gov.cn/art/2024/1/26/art_812270_59092842.html.

为区域媒体融合提供可操作路径。

生态协同，拓展融合发展边界。浙江省突破行业壁垒，构建"主流媒体 + 商业平台 + 社会力量"的开放协同生态。在视频化转型浪潮中，与头部互联网平台建立战略合作，将正能量内容植入短视频、直播等新兴载体。如，通过全景式传播亚运会相关信息等创新实践，探索"大屏带小屏、多屏联全域"的融合传播模式，使重大主题宣传既保持权威性，又颇具网感化特征。这种生态化发展路径，既巩固了主流舆论阵地，又实现了传播力与影响力的几何级提升。

媒体深度融合不仅是技术迭代的产物，也是系统性变革的成果。通过技术引领、平台筑基、生态协同三维发力，浙江省既守住了主流舆论阵地，又开创了广播电视和网络视听产业高质量发展新格局，为全国广播电视和网络视听产业践行"移动优先、深度融合、整体转型"战略提供了先行示范。

（三）公共服务力

浙江省广播电视和网络视听产业立足新时代使命要求，以构建现代化公共服务体系为目标导向，始终坚持政治性与人民性相统一、权威性与贴近性相融合、专业性与创新性相促进，走出一条"主旋律引领、全媒体融合、深层次赋能"的创新发展之路，形成具有浙江省辨识度的公共服务范式。浙江省广播电视和网络视听产业通过机制创新驱动服务升级，技术变革重塑传播形态，制度保障夯实发展根基，实现从单向传播向多元交互、从内容供给向价值引领、从媒体功能向社会服务的深刻转变。

1. 构建民生服务矩阵，筑牢基层宣传新阵地

浙江省广播电视和网络视听产业始终坚持"以人民为中心"的发展理念，通过打造立体化民生服务平台，有效发挥主流媒体在社会治理中的桥梁纽带作用。浙江电视台民生休闲频道打造民生节目矩阵，创新构建"新闻 + 调解 + 服务"三位一体的民生服务模式，将镜头对准百姓生活，把话筒交给基层群众，形成独具特色的社会治理创新样本。在节目矩阵中，《1818 黄金眼》以小人物折射大时代，将民生诉求转化为新闻生产力，并在全网构建起有 5000 万名粉丝的"黄金眼融媒矩阵"。其与网络大 V 深度联动，运用新媒体传播规律重构叙事逻辑，

实现民生诉求与社会治理的良性互动。①

在传播形态创新方面，浙江省广播电视和网络视听产业积极探索"轻量化传播＋深度化服务"的融合路径，积极参与基层群众生活，举办群众所喜闻乐见的日常活动，真正做到为群众办实事、办好事。如浙江电视台民生休闲频道的"老娘舅邻里节"，通过举办文艺晚会、社区活动等，丰富群众的精神文化生活。这种将社会服务融入内容生产的创新实践，实现了公共服务供给从单向传播向双向互动的质的飞跃，为基层社会治理注入媒体力量。

2. 聚焦乡村振兴建设，打造共同富裕新范式

党的二十大提出"加快建设农业强国"，浙江省主动担当，着力构建起"央地联动、跨界协同、全媒传播"的"三农"宣传新格局。

在传播体系方面，浙江广播电视集团、中央广播电视总台央广网浙江分网等平台和媒体组建了"乡村振兴短视频创作联盟"，加大了推进乡村振兴的创作和传播的力度，生动展现"千万工程"在浙江的美丽故事。②"乡村振兴短视频创作联盟"整合了央媒、省媒及地方资源，形成了覆盖创作、传播、服务的完整生态链，以融合传播体系助力"三农"发展。同时，在内容生产上聚焦"千万工程"实施 20 周年等重大主题，组织专业力量深入田间地头，创作出《云遇中国》《共同富裕会客厅》等精品力作③，用镜头记录农业强省建设，展现农民共富实践，推出鲜活的"三农"题材作品。这种"行走式创作"不仅丰富了乡村振兴的影像档案，更搭建起城乡对话的新型传播平台。

经验表明，提升公共服务力的关键在于构建价值引领和需求对接的双轮驱动机制。新时代广播电视和网络视听产业必须坚持守正创新：既要深耕内容品质，强化价值引导，又要创新传播形态，拓展服务边界；既要保持主流媒体的权威性，又要增强贴近性、服务性，生产更多"沾泥土""带露珠""冒热气"的

---

① 浙江宣传.浙江宣传｜电视民生新闻如何"转身"[EB/OL].(2024-01-09)[2025-03-28]. https://zjnews.zjol.com.cn/zjxc/202401/t20240109_26569010.shtml.

② 杭州日报."农业强国浙江先行"短视频大赛颁奖[EB/OL].(2023-03-01)[2025-03-28]. https://mdaily.hangzhou.com.cn/mrsb/2023/03/01/article_detail_3_20230301A0510.html.

③ 央广网.央媒关注｜"农业强国浙江先行"短视频大赛颁奖仪式举行[EB/OL].(2023-03-01)[2025-03-28].https://zj.cnr.cn/gstjzj/20230301/t20230301_526167764.shtml.

内容精品。

（四）国际传播力

浙江省广播电视和网络视听产业立足新时代国际传播使命，通过积极举办高规格国际论坛、推进国际友好交流与合作、加强地方文旅宣传、以个体叙事助推国际传播等，打造更立体、全面、高效的广播电视和网络视听国际传播矩阵，全面升级国际传播能力，让世界在浙江省看见"文明中国"。

积极举办高规格国际论坛。2023 年 12 月 9 日，国家广播电视总局、浙江省人民政府、阿拉伯国家联盟秘书处和阿拉伯国家广播联盟在杭州市共同举办第六届中国—阿拉伯国家广播电视合作论坛。论坛以"传承中阿友谊·共享视听发展"为主题，致力于共同推动"文明对话共同行动"的落实。[①]高规格国际论坛"落户"杭州，既是对中国国际传播能力提升的体现，也是对杭州市在推动国际文化交流与合作方面丰富经验的认可。此次论坛的成功举办，有助于加强中阿双方在广播电视和网络视听领域的交流与合作，也为全球广播电视和网络视听产业的共同发展贡献了中国智慧，进一步推动了杭州市作为国际文化交流重要城市的品牌建设。

推进国际友好交流与合作。2023 年 5 月 23 日，由国家广播电视总局国际合作司指导、浙江大学主办、浙江大学传媒与国际文化学院和广播电影电视研究所承办、中非视听工作室策展的中非视听交流作品展国内首次展映暨启动仪式在浙江大学紫金港校区顺利开展。作为国内首届以"中非合作"为主题的专业性展览，此次展览旨在在新的中非合作与国际化交流的背景下，通过广播电视和网络视听媒介构筑中国青年与非洲及其他地区青年之间的沟通平台，促进中非之间的友谊和相互理解。这一活动不仅加强了国际间的文化互动，也为全球青年的深度对话和合作开辟了新路径。[②]

---

① 新华社 . 第六届中阿广播电视合作论坛在杭州举行 [EB/OL].(2023-12-12)[2025-03-28]. http://www.chinaarabcf.org/ltjz/zagbdshzlt/dliuj/202312/t20231212_11200891.htm.

② 浙江大学传媒与国际文化学院 . 中非视听交流作品展国内巡展启动仪式成功举办 [EB/OL].(2023-05-25)[2025-03-28].http://www.cmic.zju.edu.cn/2023/0530/c35554a2765527/page.htm.

加强地方文旅宣传。在亚运会期间，绍兴文旅策划发布"名城绍兴·喜迎亚运"等多场大型线上活动，累计吸引 50 余个国内各省、区、市的海外媒体账号参与。绍兴文旅还将知名景点、美食、非遗体验转化为可观可感的旅游路线，变单纯"展示"为切实可行的旅游"攻略"，吸引海外游客到访观光。①

以个体叙事助推国际传播。杭州文旅推出"杭州老外不见外"系列视频，邀请驻杭外籍人士讲述自己在杭州的生活、工作和感受，以生动鲜活的人文体验故事展现真实立体、包容开放的杭州城市形象。②8 期视频总播放量超 37.5 万次，总曝光量超 140.8 万次 ③，系列视频荣获"2022—2023 年新华网文旅国际传播优秀案例"称号。以外国人的个体叙事为传播切口，是主流媒体在国际传播领域的重要尝试。通过外国友人的亲身经历和真实感受，"杭州老外不见外"系列视频向世界展现了一个立体、多元的杭州。这种传播方式为国际受众提供了全新视角，增强了报道的可信度、亲和力和共情力，有助于打破文化隔阂，消除文化壁垒，促进国际社会对浙江的了解和认同。

四、结语

2023 年，浙江省广播电视和网络视听产业通过开拓崭新业务、创新服务模式、拓展传播渠道、优化产业结构，推动产业的高质量发展，特别是新媒体业态的进一步发展成熟。同时，在精品内容创作、基地（园区）建设、媒体深度融合、公共服务标准化等领域亦取得了较好的成效，质量和规模得到了同步提升。新媒体矩阵的纵深布局催生出多元业态共生格局，智慧广电建设与媒体深度融合形成叠加效应，公共服务体系标准化建设与产业基地（园区）集群化发展相得益彰，共同推动着全省广播电视和网络视听产业从规模扩张向价值创造

---

① 新华网.绍兴文旅海媒获"新华网文旅国传优秀案例"[EB/OL].(2023-09-28)[2025-03-28].https://baijiahao.baidu.com/s?id=1778275555914365626&wfr=spider&for=pc.

② 新华网.杭州文旅"杭州老外不见外"系列视频宣传 [EB/OL].(2023-03-29)[2025-03-28].https://www.xinhuanet.com/city/20230329/370f653dbe2f40159866893a459a78fe/c.html.

③ 新华网."2022—2023 年新华网文旅国际传播优秀案例"推荐案例公示 [EB/OL].(2023-09-22)[2025-03-28].https://baijiahao.baidu.com/s?id=1777713634696798529&wfr=spider&for=pc.

的转型升级。

浙江省广播电视和网络视听产业以技术驱动产业的数智化转型，5G、4K/8K 超高清、元宇宙、AIGC 等前沿技术的场景化应用，催化了内容生产范式的革新、传播体系的再造和产业边界的延展，为构建现代化广播电视和网络视听产业体系注入持续动能。通过技术与创意的结合，传统业务加速转型，新兴业态快速落地，浙江省形成了从创作生产到产业联动的完整链条。在产业创新发展层面，浙江省逐步构建起了"原创孵化—跨界融合—生态共创"的创新循环体系。媒体深度融合在技术和创新的双重驱动下开始逐步显现业态裂变效应的成果，新生的内容模式、运营模式和业态模式等都在积极孕育发展当中。

2023 年，浙江省广播电视和网络视听产业进一步以文化凝聚力筑牢意识形态主阵地，以新质生产力激活产业生产力，以公共服务力构建惠民传播新范式，以国际传播力开拓文化"出海"新格局。这四大支柱构成"浙视听"高质量发展的实践框架，构建起彰显浙江省特质的广播电视和网络视听产业创新实践体系。本报告全面梳理 2023 年浙江省广播电视和网络视听产业的发展情况，通过文化凝聚力、新质生产力、公共服务力和国际传播力四个维度，重点总结浙江省广播电视和网络视听产业追求高质量发展的实践探索经验，可以为全国其他省域的广播电视和网络视听产业的发展提供重要参考。

"浙视听"指数：浙江省广播电视和网络视听产业创新发展指数报告

袁靖华　吴宇婷[①]　况尉娜[②]　陈宇辉[③]

摘要：发展广播电视和网络视听产业是推动建设高水平文化强省的重要环节。在生产效能稳步提升和政策支持可持续的背景下，浙江省广播电视和网络视听产业正朝着高质量发展的目标迈进。完善广播电视和网络视听产业综合评价体系，能够为未来整个产业的发展提供更多支持和指导。本报告基于现有文献对传媒产业、影视产业等的评价情况进行研究提炼，从生产力、影响力、创新性、国际性四个维度，构建完成浙江省广播电视和网络视听产业创新发展指数——"浙视听"指数。该指数是一个包含规模生产力指数、社会影响力指数、创新驱动力指数、国际传播力指数在内的综合评价指标体系，主要用于对浙江省广播电视和网络视听产业的发展实况进行指数评价和实证测算。对最近三年量化数据的测算结果表明：浙江省广播电视和网络视听产业在资源整合、创新能力、优秀作品产出等方面都取得了显著成效；未来，浙江省广播电视和网络视听产业还应在专业人才培养、平台影响力、国际传播力等方面继续努力，进一步提升全球影响力和全网辐射力。

关键词：浙江广电；视听产业；指标体系；指数应用

---

① 吴宇婷：浙江工业大学人文学院新闻与传播专业硕士研究生。
② 况尉娜：浙江工业大学人文学院新闻与传播专业硕士研究生。
③ 陈宇辉：浙江工业大学人文学院新闻传播学硕士。

广播电视和网络视听产业是传媒产业发展的支柱性力量。相较于庞杂的传媒产业，以广播电视和网络视听产业作为量化评估对象具有一定的可操作性，但目前尚未形成面向具体省域的广播电视和网络视听产业的整体性、系统性、数据化测评的评价指标体系。本报告聚焦浙江省广播电视和网络视听产业，从产业生产、社会影响、创新驱动、国际传播等多视角出发，构建多指标综合评价体系，提炼聚合形成"浙视听"产业创新发展指数，以期系统科学地、多维度地动态评估浙江省广播电视和网络视听产业的发展趋势，全面认知浙江省广播电视和网络视听产业发展的现实问题和未来路径，为浙江省后续进一步发展壮大全省的广播电视和网络视听产业以及开展相应的科学决策规划等，提供实证参考和学理支持。

一、研究缘起：广播电视和网络视听产业迈向高质量发展阶段

2021年3月，《浙江省数字化改革总体方案》明确提出构建整体智治体系。[1]2023年5月，国家互联网信息办公室发布的《数字中国发展报告（2022年）》显示：浙江省的数字化综合发展水平排名全国第一。[2]2023年1月，浙江省四大省属文化集团共同发起的省级融媒体技术平台——传播大脑成立，充实浙江省数字化治理的"工具箱"，丰富浙江省数字文化的内涵，实现数智技术赋能传媒发展。这都说明浙江省的传媒产业在数智化建设上一直走在全国前列。

在这一背景下，浙江省广播电视和网络视听产业正在经历创新内容生产、创新传播渠道、创新产业发展的全方位系统性变革。一方面，互联网技术已经从移动互联时代转入数字智能时代，MGC（用户生产内容）冲击着传统的生产与传播方式，ChatGPT等AI智能技术正在挑战内容生产的逻辑，智能创新在传媒产业变迁中发挥着不容忽视的关键作用，为产业发展提供无尽的想象空间。另一方面，互联网平台媒体的强势发展与传统广播电视媒体分庭抗礼，内外不

---

① 中共浙江省委改革办秘书处．浙江省数字化改革总体方案[EB/OL].(2021-03-01)[2025-03-28].https://zjjcmspublic.oss-cn-hangzhou-zwynet-d01-a.internet.cloud.zj.gov.cn/jcms_files/jcms1/web3250/site/attach/0/206e984f912642cab536f6983b3d85eb.pdf.

② 国家互联网信息办公室．数字中国发展报告（2022年）[EB/OL].(2023-05-23)[2025-03-28]. https://www.cac.gov.cn/2023-05/22/c_1686402318492248.htm.

确定因素为社会发展带来极大的挑战，传统产业链的断裂、民众传媒消费习惯的改变，无不冲击并挑战着传统产业格局。

当前，精准定位浙江省本土广播电视和网络视听产业发展现状，精准把握未来产业发展趋势，是实现广播电视和网络视听产业高质量发展的必要条件。2020年11月，《浙江省智慧广电建设行动计划》强调建设新监管平台，实现对广播电视、网络视听、广电公共服务、网络安全的监管和预警，建立新的运维机制。[①] 2021年3月，《浙江省广播电视和网络视听发展"十四五"规划》提出，强化规划实施全过程管理，完善规划执行、评估、考核等工作，提升规划目标任务的约束力。[②] 2021年10月，国家广播电视总局发布的《广播电视和网络视听"十四五"发展规划》要求建设基于"全网络、全样本、大数据、云计算"的节目收视综合评价体系。[③] 2024年11月，《浙江省人民政府办公厅关于加快推进大视听产业高质量发展的实施意见》则依托浙江省现有广播电视和网络视听产业的基础和优势，提出相应的发展目标、重点任务和组织实施措施。[④]

上述顶层规划为本报告开展产业创新发展指数的研究提供了靶向认知支持和政策理路启发。立基于上述文件提出的发展目标规划，浙江省广播电视和网络视听产业不仅需要打造满足人民精神需求的高品质文化载体，提升社会主义核心价值观与浙江省精神文化传播的效能，而且还要进一步发挥传媒产业的全社会辐射效应，催生社会经济加速发展的内生动能，提升全社会的文化创新活力。作为全社会文化产业的核心组成部分，广播电视和网络视听产业在经济发展的过程中积极转变产业发展模式，在推动区域文化传播以及构筑省域文化软

① 浙江省文化广电和旅游厅.浙江省广播电视局关于印发《浙江省智慧广电建设行动计划》的通知 [EB/OL].(2020-11-19)[2025-03-28].http://ct.zj.gov.cn/art/2020/11/19/art_1229678759_2516209.html.

② 浙江省文化广电和旅游厅.省发展改革委、省广播电视局关于印发《浙江省广播电视和网络视听发展"十四五"规划》的通知 [EB/OL].(2021-03-31)[2025-03-28].http://ct.zj.gov.cn/art/2021/3/31/art_1229678764_5283528.html.

③ 国家广播电视总局.广播电视和网络视听"十四五"发展规划 [EB/OL].(2021-10-08)[2025-03-28].https://www.nrta.gov.cn/art/2021/10/8/art_113_58120.html.

④ 浙江省文化广电和旅游厅.浙江省人民政府办公厅关于加快推进大视听产业高质量发展的实施意见 [EB/OL].(2024-11-05)[2025-03-28].http://ct.zj.gov.cn/art/2024/11/5/art_1229678760_2535084.html.

实力等方面越发凸显其重要的政治、经济与文化意涵。就浙江省而言，广播电视和网络视听产业正日渐成为全国广播电视和网络视听产业发展的重要一极，体现出浙江省锐意进取的创新发展经验，发挥出它的标杆性作用。

同时，浙江省广播电视和网络视听产业在不断冲刺发展的过程中率先面对诸多复杂的、新生的、叠加态的挑战，正处于重新思索、自我审视、迈向更高水平的创新机遇期和发展转型期，亟须通过科学系统的理论研究框架来构建一个相对客观全面的评价指标体系，以更好地规划和实现高质量发展。本报告将浙江省广播电视和网络视听产业的发展视为一个动态化的过程，着力通过指数研究，探究如下问题的答案：哪些因素影响着浙江省广播电视和网络视听产业的发展效益与竞争力？这些因素如何作用于广播电视和网络视听产业发展的实践过程？

二、文献梳理：传媒指数评价研究的依据

广播电视和网络视听产业的发展历时较久，但相比于更为成熟完备的产业理论与实践策略研究，学界和业界在评价指标体系研究方面仍相对薄弱。通过纵向梳理既往研究可以发现，内容建设评估、融合传播效能以及产业竞争力测度等三个维度，是开展相关评价指标体系研究的主要侧重点。

广播电视和网络视听产业内容建设评估一直是传媒评测体系中的重要一环。在内容为王、流量至上的新媒体传播时代，以流量为中心的市场评判标准越来越成为产业效果评测中的核心要素。那么，如何正确认识高流量与高质量的问题？曾培伦、张雨从传播力、引导力、影响力、公信力这"四力"入手，构建了以主题、内容、引导、互动、负面为核心指标的"高流量内容质量评价"体系，以期扭转目前"四力"评价指标体系过于倚重定量流量数据的倾向，目的是促进优质内容的生产，最终实现"四力"目标在新型主流媒体日常建设中的落地。[①]陈先红、李颖异从选故事、写故事、讲故事三个标准出发，构建了"中国好故事评价指标体系"。研究发现，一个中国故事的好坏，四分取决于"怎么讲"，

① 曾培伦,张雨."流量"即"四力"? 新型主流媒体内容建设评价体系研究[J].新闻界,2022(06):14-25.

三分半取决于"怎么写"，二分半取决于"讲什么"。① 这些研究发现为评测广播电视和网络视听内容建设提供了重要参考。

内容建设的范围并不能局限于产品本身，融合传播效能也需要被纳入考虑。钟瑛、李秋华以媒体品质、科技属性、用户价值为核心框架，认为传媒内容建设应全面结合媒体品质建设、科技属性驱动和用户价值主导，以有效提升综合创新水准。② 内容是传媒生产过程中的一个内在要素，优质传媒产品的传播应该考察传媒产品在融合环境下的传播情况，即需要从传播力层面提供评价标准。人民网研究院于2016年推出"中国媒体融合传播指数"，考察中国主流媒体（包括报纸、广播、电视）在传统端、PC端、移动端的综合传播力。③ 各地也开始纷纷推出基于地方特色的融合传播指数，例如北京融媒指数从传播度、知名度、合规度、美誉度、自主传播渠道和融媒机构发展潜力这六大维度出发，衡量北京市各级宣传系统及融媒机构的内容传播效能。④ 王妍、李昊展从媒体业务角度出发，构建了基于大数据、面向融合发展的广播电视和网络视听媒体业务指标体系，为广播电视和网络视听的业务指标融合化、规范化、标准化和应用性提供重要的体系支撑。⑤ 在视听信息层面，周勇、赵璇认为，视听信息传播效能的测度需要从传统广播电视向包括广播电视和移动终端的多屏互动媒体过渡。他们将传统收视率、时移收视、网络点击量、网络舆情等多个维度纳入考察范围，建立了"视听信息传播效果评估指标体系"。⑥ 而在微观层面的研究，当下的研究主要集中在视听应用的传播效果测评上。匡文波、武晓立以综合情况分析、知晓、态度和情感等作为一级指标，建立了基于微信公众号的健康传播效

① 陈先红，李颖异.基于综合评价法的中国好故事指数研究 [J].现代传播（中国传媒大学学报），2021,43(07):61−69.

② 钟瑛，李秋华.新媒体创新指数构建与案例考察 [J].现代传播（中国传媒大学学报），2018,40(04):140−146.

③ 唐胜宏，高春梅，张旭.2018中国媒体融合传播指数报告 [J].新闻与写作，2019(05):30−35.

④ 曾春."北京融媒指数"的设计与应用 [J].传媒，2020(15):28−30.

⑤ 王妍，李昊展.融合视域下广播电视和网络视听大数据业务评价体系构建 [J].现代传播（中国传媒大学学报），2022,44(03):1−9.

⑥ 周勇，赵璇.融媒体环境下视听传播效果评估的指标体系建构：基于VAR模型的大数据计算及分析 [J].国际新闻界，2017,39(10):125−148.

果的评价指标体系。①

在传媒产业中，还有一种评价标准是对传媒产业竞争力的测度。传媒产业往往和文化创意产业有内容上的交集，两者的测度指标也有一定的相似性。刘达等综合欧洲创意指数、香港创意指数、上海创意指数等现有文化创意指数，从人才竞争、科技创新、文创环境、文创消费、文创规模等方面，对 2006—2016 年北京文化创意综合指数及分类指数进行了测评。② 如果说文化创意产业与传媒产业的测度标准依然存在一定的差距，那么，广告产业测度自身发展的指标就颇具参考价值。李娜将区域广告产业的数字化和智能化发展作为研究背景，以技术、产品与服务为测度核心，构建了区域广告产业数字创新能力评价体系。③ 而在更大范围的传媒产业整体性评价指标中，包国强、黄诚则尝试构建中国传媒产业高质量发展的关键评价指标及其体系，该体系涵盖经济指标、产品与服务指标、现代产业与市场体系健全指标、社会指标、人才指标、科技指标、创新指标、管理指标、国际化指标、国家治理指标、双效统一指标、信用指标、从业人员感受指标等一系列重要指标。④ 产业发展的量是考察的一方面，产业健康发展的质也是评测体系需要着重考虑的。在《中国传媒产业生态系统健康评价研究》一书中，陶喜红关注传媒产业发展的中观层面，从产业生态学的角度，深入剖析传媒产业生态系统的健康情况，另辟蹊径地建构了以产业活力、产业组织和产业恢复力为一级指标的传媒产业生态系统健康评价指标体系。⑤

总体而言，评价研究正逐步成为中国广播电视和网络视听产业实证研究领域的重要发展方向。在涉及传播学、管理学、经济学等学科的跨学科学者的共

---

① 匡文波,武晓立.基于微信公众号的健康传播效果评价指标体系研究 [J].国际新闻界, 2019, 41(01):153—176.

② 刘达,王笛,郭俊峰,等.北京文化创意指数及经济增长效应测度 [J].城市问题,2019 (02): 44—52.

③ 李娜.区域广告产业数字创新能力评价：一个理论分析框架 [J].新闻与传播评论,2022, 75(05): 99—109.

④ 包国强,黄诚.中国传媒产业高质量发展的评价指标体系及模型构建：基于 AHP- 熵权法 [J].现代传播（中国传媒大学学报）,2021,43(04):1—8.

⑤ 陶喜红.中国传媒产业生态系统健康评价研究 [M].北京：中国社会科学出版社,2019:1—5.

同努力下，现有研究丰富了广播电视和网络视听产业的评价研究成果，为后续研究奠定了一定的基础，也为制定产业发展战略提供了参考和依据。但目前的产业指标体系研究尚处于探索阶段，仍有较多有待提升之处。

一是评价对象过于宏观，影响了指数测评的科学性、针对性和精准性。描绘一个产业的发展状态的指标往往带有一定的宏观概览特性，但又不能过于宏观。现有评价指标体系研究往往将传媒、新媒体、媒体作为研究的关键词，而广播电视和网络视听产业作为上述研究对象当中的重要模块，没有得到足够的重视，现有研究成果未能对广播电视和网络视听产业进行专门评价。广播电视和网络视听产业在整个传媒产业当中的地位是举足轻重的：向上，它是整个传媒产业的核心支撑；向下，它涵盖主流媒体、新媒体等嵌入民众日常生活的重要媒介。现有评价研究在广播电视和网络视听产业领域存在指标体系缺失，这在一定程度上弱化了传媒产业各要素的价值内涵，也忽略了各微观要素之间的联系。

二是评价周期的静态化，影响了测评指数对行业动态发展的及时追踪效力和解释力。现有理论模型一般适用于分析企业或者产业集群在每个时间横断面上的竞争力。广播电视和网络视听产业的发展是一个动态变化的过程，产业效益如收视/收听率、新媒体流量等都受所处时间段的影响。现有研究或忽视产业中要素本身的脉动，或未形成周期性指数研究频率，无法实现全面的、实时的、周期性的行业趋势追踪与检测。

三是指数量化研究没有与扎实的产业调查数据充分结合，影响了指数的测评可行性、在地可应用性与行业可操作性。一方面，多数的基于学理性考量的指数研究还停留于理论推想阶段，缺乏在行业实践中加以运行和实测的可落地性，或者对数据来源、实际测度能力等缺乏有效说明，没有加以实践应用验证，没有紧跟业界实际发展情况；另一方面，业界的一些指数看似五花八门，但往往存在指标选取随意、主观性较强等问题，没有对实践过程进行理论化、抽象化、专门化的总结。这些不足和欠缺，使得当前有关广播电视和网络视听产业的评价体系及其研究尚处于一种混乱、失序的状态。

因此，通过总结、吸收既有指数研究的重要启迪和研究经验，本报告提出构建"'浙视听'产业创新发展指数"，通过聚焦一个特定省级区域的代表性产业，锚定指数评价分析的研究对象，在理论与方法论方面进行科学、全面、动态的评价体系构建，并结合广播电视和网络视听产业一线调研的实测数据及对多平台数据的挖掘分析，开展实证应用与指数测算，以期弥补现有研究的缺失，有效服务于广播电视和网络视听产业的发展。

三、"浙视听"产业创新发展指数的体系框架

（一）理论模型

广播电视和网络视听产业要素庞杂多元，不同要素从不同维度影响着产业的发展。广播电视和网络视听产业在空间和产业链上的聚合，强调各要素之间的紧密性。这要求"浙视听"产业创新发展指数不能从企业、资源、政策等单一要素出发，而是既要关照当下、立足本土，更要远观未来、着眼全球，尽可能全面地囊括广播电视和网络视听产业发展的各个关键要素。

基于对既有理论模型的归纳分析，本报告构建了"1+4""浙视听"产业创新发展综合评价指标体系。"1"指"浙视听"产业发展综合指数，即综合指数，是分项指数逐级加权的汇总，反映浙江省广播电视和网络视听产业发展的整体状态；"4"指产业创新发展的四个方向，即"规模生产力""创新驱动力""社会影响力""国际传播力"，分别指向广播电视和网络视听产业发展赖以生存的各种客观要素。

这些指标也就是"浙视听"产业创新发展综合评价指标体系的四个一级指标。围绕产业链运行的上、中、下游，紧扣"创新"关键词，从平行维度和时间维度上进行纵横双向的研究维度构建。在平行维度，强调政策、硬件、人才、环境对产业发展的影响；而在时间维度，着力考察产业发展的创新潜能、创新成效、创新预期以及辐射影响。

1. 规模生产力指数

规模生产力指数是广播电视和网络视听产业实现创新发展的基础条件，如硬件基础、投资经营、视听产出等。就广播电视和网络视听产业而言，视听产品对硬件基础、资金投入等有较高的依赖度。更重要的是，规模投入越多，基

础设施越完善，视听产出也会越丰富，由此形成产业创新生产的自循环模式，这也会为广播电视和网络视听产业带来更大的经济效益与更强的文化生产力。

具体而言，规模生产力指数主要包括：基础设施与产出效益两个二级指标。基础设施主要考察固定资产投资情况、产业基地（园区）情况、广播电视节目制作经营单位情况，注重考察产业发展的根基是否牢固；产出效益围绕内容与经营两个部分，考察作品产出内容情况与实际创收情况。

2. 创新驱动力指数

创新驱动力指数是指由内容创新带动广播电视和网络视听产业效益的提升，或是用技术创新提高广播电视和网络视听产品的产出效率，或是由政策环境优化提供的创新扶持情况。在数字智能时代背景下，广播电视和网络视听产业渐渐从劳动密集型工作、单一平台传播转向智能制作、多渠道传播，这也使支撑产业发展的驱动力从生产要素堆叠转向了由创新人才、技术创新、知识产权积累等带来的"乘数效应"。首先，创新人才是产业实现创新发展的核心竞争力，而大数据等技术创新则成为当下媒体融合发展建设的重要基础，众多媒体单位越来越偏向引进熟悉数字媒体技术的人才。其次，知识产权积累等"硬实力"也在深刻影响产业的创新发展。

具体而言，创新驱动力指数分设了创新基础和政策环境两个二级指标。创新基础，注重考察支撑行业创新发展的知识产权与人才发展等方面的情况；政策环境，注重考察社会对广播电视和网络视听产业创新发展的政策支持与资金扶持等方面的情况。

3. 社会影响力指数

社会影响力指数是对广播电视和网络视听产业的社会传播力和认可度的评估。优秀的作品要满足人民群众的美好生活需求。高质量的内容和良好的作品口碑则是广播电视和网络视听产品深入民心的关键因素。2022年以来，《狂飙》《县委大院》《大山的女儿》不仅引起了民众的关注与热议，也获得了多项行业荣誉。就国内影响力而言，广播电视和网络视听产业需要在提升经济效益的同时聚焦社会效益，充分评估、发挥自身在艺术表达、价值引导、创作手法等方面的引领作用，以及在和谐社会构建中的重要作用。

具体而言，社会影响力指数强调从国内范畴考察受众对广播电视和网络视听产业内容产出的认可度、相关平台的影响力等。该指数分设受众认可与平台影响两个二级指标。受众认可，主要考察广播电视和网络视听作品的大众口碑情况与国内获奖情况；平台影响，则围绕平台的用户数来考察社会受众层面所认可的广播电视和网络视听平台的社会影响力。

4. 国际传播力指数

国际传播力指数是对广播电视和网络视听产业国际传播力的评估。全面提升国际传播效能是中国在实现中华民族伟大复兴过程中亟待实现的重大突破。就广播电视和网络视听产业的国际传播力而言，进军海外市场的规模，作品在异质文化群体中的覆盖率、认可度，国际合作的程度等，是掌握广播电视和网络视听产业国际化实况、推动文明交流互鉴应关注的具体指标。"浙视听"产业创新发展综合评价指标体系专门列出了一个国际传播力指数，这对于浙江省的广播电视和网络视听产业而言，具有特殊的意义。浙江省是打造新时代全面展示中国特色社会主义制度优越性的重要窗口，是中国改革开放的前沿和新时代文化高地、先行示范省份，浙江省广播电视和网络视听产业在国际传播领域的探索实践以及面临的发展挑战等，对全国媒体同行具有重要的参考价值。

具体而言，鉴于现有年报统计数据类目的有限性，国际传播力指数包括出口效益、出口产能两个二级指标。出口效益指标，以节目出口额与服务项目出口额两个方向为考察重点，着力衡量广播电视和网络视听产业对海外的传播效益；出口产能指标，以节目出口播出时长、电视剧出口播出量和对外广播电视节目播出总时长为考察依据，着力衡量广播电视和网络视听产业出口的效能。后续随着相关年报统计数据的进一步扩充，该指数的测量指标还需与时俱进地加以补充和丰富。

综上，我们构建完成了"浙视听"产业创新发展综合评价指标体系。具体图示呈现如下：图16可视化地揭示了"浙视听"产业创新发展综合评价指标体系的运行逻辑，图17可视化地揭示了"浙视听"产业创新发展综合评价指标体系的框架搭建情况。

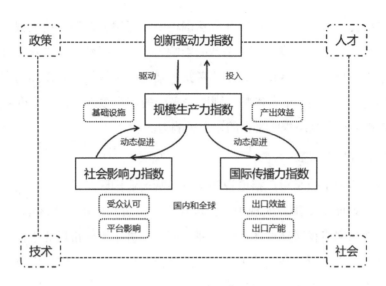

图 16　"浙视听"产业创新发展综合评价指标体系的运行逻辑

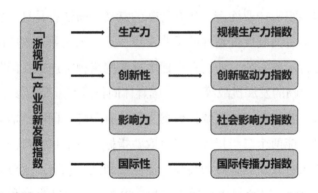

图 17　"浙视听"产业创新发展综合评价指标体系的框架搭建

（二）指标体系

"浙视听"产业创新发展指数是分项指数逐级构建而成的综合指数。基于上述理论模型，"浙视听"产业创新发展综合评价指标体系的建构遵循科学性、客观性、系统性、可行性原则，结合德尔菲法[①]对各项指标进行筛选、修正，将

———————

① 德尔菲法，也称专家调查法，1946 年由美国兰德公司创始实行。其本质上是一种反馈匿名函询法，大致流程是在就所要预测的问题征得专家的意见之后，对专家意见进行整理、归纳、统计，再匿名反馈给各专家，再次征求意见，再集中，再反馈，直至得到一致的意见。

各项指标具体划分为规模生产力、创新驱动力、社会影响力、国际传播力4个一级指标，下设8个二级指标、27个三级指标。

　　较之错综复杂、要素繁多的传媒产业指数，"浙视听"产业创新发展综合评价指标体系可被视为对浙江省广播电视和网络视听产业发展情况的一个集成式呈现，也是以浙江省为代表向全国的广播电视和网络视听产业提供的具有参照性的样本。这一相对可量化、数据获得性较高的省域产业框架，囊括浙江省广播电视和网络视听产业发展的全链条，涵盖浙江省广播电视和网络视听产业发展的新业态，实现对产业发展全貌的多维、客观、系统、科学的评估。"浙视听"产业创新发展综合评价指标体系的具体指标构成、具体指标说明及指标性质，详见表2。

表2　"浙视听"产业创新发展综合评价指标体系

一级指标	二级指标	三级指标	具体指标说明	指标性质
规模生产力指数	基础设施	固定资产投资／万元	广播电视机构固定资产投资	正向指标
		产业基地（园区）入驻机构数量／个	各级产业基地（园区）入驻机构数量	正向指标
		产业基地（园区）已投入使用面积／平方米	产业基地（园区）已投入使用面积	正向指标
		广播电视节目制作经营机构数量／个	广播电视节目制作经营机构设立情况	正向指标
	产出效益	视听作品产出片目总量／小时	互联网视频节目、音频节目、短视频、电视节目等出品量	正向指标
		影视视听作品摄制规划立项备案数／项	重大题材摄制公示（电影、电视剧、动画片等视听作品）、制作机构拍摄制作的备案情况	正向指标
		实际创收／万元	广播电视实际创收	正向指标

续　表

一级指标	二级指标	三级指标	具体指标说明	指标性质
创新驱动力指数	创新基础	视听作品著作权登记数量/个	视听作品著作权登记总数量	正向指标
		广播电视从业人员数量/人	广播电视从业人员总人数	正向指标
		专业人才占比情况/%	专业人才占总从业人员比重	适度指标
		高级人才占比情况/%	高级职称人才（正高＋副高）占总从业人员比重	适度指标
		青年人才占比情况/%	35岁及以下人才占总从业人员比重	适度指标
	政策环境	国家/省/地市公共预算支持度/万元	国家/省/地市公共预算数额	正向指标
		国家/省/地市政府性基金支持度/万元	国家/省政府性基金支持数额	正向指标
		视听媒体产业政策支持情况/个	浙江省广播电视局公布的视听媒体产业扶持政策数量	正向指标
社会影响力指数	受众认可	视听作品播放热度情况/项	影视综等各类视听作品在猫眼榜单（top 100）占比数量	正向指标
		视听作品受众口碑情况（系数）	top 100榜单中浙产视听作品的豆瓣评分情况	正向指标
		视听作品获奖情况/次	网络视听作品、纪录片等在广播电视奖中的获奖情况	正向指标
	平台影响	网络视听平均月度活跃用户数/人次	互联网视频、音频、短视频平均月度活跃用户总数	正向指标
		互联网网络电视年度活跃用户数/人次	互联网电视年度活跃用户数	正向指标
		交互式电视年度活跃用户数/人次	交互式网络电视年度活跃用户数	正向指标
		被中央广播电视总台采用情况/条	广播、电视新闻类节目被中央广播电视总台采用条数	正向指标

一级指标	二级指标	三级指标	具体指标说明	指标性质
国际传播力指数	出口效益	全年节目出口总额/万美元	全年节目出口总额	正向指标
		全年服务项目出口总额/万美元	全年服务项目出口总额	正向指标
	出口产能	节目出口播出时长/小时	全年节目出口播出总时长	正向指标
		对外广播电视节目播出总时长/小时	对外广播电视节目播出情况	正向指标
		全年电视剧出口播出量/部	全年电视剧出口播出数量	正向指标

四、“浙视听”产业创新发展指数的实证分析

2023 年是全面贯彻落实党的二十大精神的开局之年，是改革开放 45 周年和“八八战略”实施 20 周年，是贯彻落实浙江省第十五次党代会精神的关键之年，也是杭州亚运会举办之年。2023 年，全省 6219 家规模以上文化及相关产业企业实现营收 15,655 亿元，比上年增长 10.8%，增速高于全国平均水平 2.6 个百分点。[①] 在“2023 中国省市文化产业发展指数”的测算中，浙江省文化产业发展指数已连续 6 年排在前 3 位。据不完全统计，截至 2023 年，浙江省在国家级文化产业示范园区等国家级品牌数量排名中位列第一[②]，广播电视和网络视听产业在推动文化产业繁荣发展中发挥了重要作用。

浙江省广播电视局印发的《浙江省广播电视和网络视听发展三年行动计划（2022—2024 年）》指出：“2024 年年底，初步形成公共服务品质化、产业发展国际化、行业治理现代化的发展新格局，高水平建设广播电视和网络视听强省，

①　浙江省统计局.2023 年全省规模以上文化及相关产业企业营业收入增长 10.8%[EB/OL].(2024-02-01)[2025-03-28].htmlhttp://tjj.zj.gov.cn/art/2024/2/1/art_1229129213_5260025.html.

②　人民大学文化产业研究院.“2023 中国省市文化产业发展指数”结果发布[EB/OL].(2024-05-22)[2025-03-28].https://mp.weixin.qq.com/s?__biz=Mzk0ODM5ODkwMA==&mid=2247513093&idx=1&sn=9c2381ea61c72b5dd7d4acfffded97f1&chksm=c36aca5ef41d4348c05d018ac61611fc41cc2bf803b7bc898e4c45b014ba4d5411177fd5a0b6&token=2109279921&lang=zh_CN#rd.

成为新时代文化高地建设的排头兵、全国广播电视事业发展的领跑者。"① 浙江省广播电视和网络视听产业致力于成为浙江省新时代文化高地建设的排头兵和全国广播电视和网络视听事业发展的领跑者。本报告全面研究其最近三年的发展脉络、整体布局，预测其发展态势，不仅有助于全面系统地评估产业发展现状，推动产业转型升级，还有助于以浙江省的广播电视和网络视听产业的发展经验，为全国各省（区、市）的相关产业发展提供借鉴与参考。

（一）数据与样本说明

"浙视听"产业创新发展指数的数据样本主要来源于浙江省文化广电和旅游厅的非公开资料《浙江省文化文物广电和旅游统计年鉴2024》以及线上线下填报数据、网络抓取数据等。课题组通过大数据挖掘分析和多方面的一线数据抓取、行业数据的全面检索等，最终获得了以下三种类型的数据，如表3所示。在此基础上，课题组进一步开展了数据收集处理、标准化测算等程序，以保证"浙视听"产业创新发展综合评价指标体系的实测结果能够客观、科学、全面地反映浙江省广播电视和网络视听产业发展的实际情况。

表3 指数数据来源说明

数据分类	数据来源
第一类数据	国家广播电视总局、国家统计局、浙江省文化广电和旅游厅、中国统计年鉴等官方渠道发布的、公开和非公开的年报和统计数据等
第二类数据	由企业、事业单位线上线下填报的数据，课题组深入行业一线调研和采集到的数据等
第三类数据	从网络上抓取的数据，包括猫眼电影、豆瓣等平台的热度排名、评价数据等

（二）数据处理与测算

1.定量指标的无量纲化

由于具体指标的呈现形式、单位与作用方式彼此不同，不能直接进行对比，

---

① 浙江省文化广电和旅游厅.浙江省广播电视局关于印发《浙江省广播电视和网络视听发展三年行动计划(2022—2024年)》的通知[EB/OL].(2022-05-26)[2025-03-28].http://ct.zj.gov.cn/art/2022/5/26/art_1229678759_2516214.html.

必须对其进行无量纲化处理，以消除指标量纲影响。在"浙视听"产业创新发展各项分指数的实际计算中，课题组首先对原始数据进行了收集整理，而后根据不同的指标性质，采取了不同的处理方式。其中，适度指标专业人才占比情况、高级人才占比情况和青年人才占比情况均属于占比类指标，无须再次处理，直接采用原值作为最终结果。而对其他正向指标，则采用数据区间化方式处理，将数值锁定在 50~100。具体处理情况和结果见表 4。[①]

正向指标区间化处理计算公式如下：

$$标准化值=\left(\frac{T_i-T_{min}}{T_{max}-T_{min}}\times 50\right)+50$$

式中，T_i 表示三级指标变量数值，T_{min} 表示单一组变量的最小值，T_{max} 表示单一组变量的最大值。最后得到的无量纲化结果均分布于区间 [50，100]。[②]

表4　2021—2023 年"浙视听"指数指标无量纲化处理后数据[③]

具体指标名称	2023 年	2022 年	2021 年
固定资产投资	100	50	87.89
产业基地（园区）入驻机构数量	99.77	100	50
产业基地（园区）已投入使用面积	100	99.93	50
广播电视节目制作经营机构数量	100	72.08	50
视听作品产出片目总量	50	100	52.45
影视视听作品摄制规划立项备案数量	100	50	57.69
实际创收	100	87.70	50
视听作品著作权登记数量	100	79.80	50
广播电视从业人员数量	100	79.16	50

① 数据具体来源参见附录 2。其中，2021 年缺失的两个指标数据"产业基地（园区）入驻机构数量""产业基地（园区）已投入使用面积"，在表 4 的无量纲化处理中采用均值 50 替代。

② 数据计算说明：以三级指标固定资产投资为例，该指标 2023 年数值为 287,235.12 万元，2022 年数值为 253,165.22 万元，2021 年数值为 278,986.79 万元。根据标准化值公式计算得到，组间最大值 T2023=（1×50）+50=100 万元，最小值 T2022=（0×50）+50=50 万元，中间值 T2021=[50×（278,986.79－253,165.22）/（287,235.12－253,165.22）]+50 ≈ 87.89 万元。

③ 表中数据保留两位小数呈现（除整数外），但在实际测算过程中，均采用未修约原值。

续 表

具体指标名称	2023 年	2022 年	2021 年
专业人才占比情况	78.33	75.41	74.72
高级人才占比情况	52.23	52.20	52.20
青年人才占比情况	73.17	74.46	74.59
国家 / 省 / 地市公共预算支持度	77.20	50	100
国家 / 省 / 地市政府性基金支持度	100	54.47	50
视听媒体产业政策支持情况	50	100	85.29
视听作品播放热度情况	100	50	62.50
视听作品受众口碑情况（系数）	100	50	69.10
视听作品获奖情况	100	63.16	50
网络视听平均月度活跃用户数	50	93.66	100
互联网电视年度活跃用户数	100	60.80	50
交互式网络电视年度活跃用户数	50	96.88	100
被中央广播电视总台采用情况	100	52.28	50
全年节目出口总额	64.14	100	50
全年服务项目出口总额	100	50	84.84
节目出口播出时长	78.12	100	50
对外广播电视节目播出总时长	50	50	100
全年电视剧出口播出量	79.67	100	50

2. 确定权重及指标测算

本报告认为，各下属指标为对应的上属指标提供了支撑依据，具有同等重要性，所以最终采取等权重加权平均法来进行上级指数的合成。虽然等权重的赋值方法存在一定缺陷，但是能减少主观加权干扰，利于对不同年份之间的情况进行横向对比，同时明晰数值的动态变化。

在确定三级指标数值后，采用等权重加权平均法来确定各项分指数和综合指数。以"浙视听"产业创新发展指数的综合指数为例，综合指数 $P = \Sigma_{i=1}^{4} Q_i W_i$。

其中，Q_i 表示4个一级指标，W_i 表示各一级指标对应的权重。[①] 同理，每个一级指标由其对应的二级指标加权合成，每个二级指标由其对应的三级指标加权合成。最终测算结果见表5。

表5 2021—2023年"浙视听"产业创新发展指数各项测算结果 [②]

项目	2023 年	2022 年	2021 年
基础设施	99.94	80.50	59.47
产出效益	83.33	79.23	53.38
规模生产力指数	91.64	79.87	56.43
创新基础	80.75	72.21	60.30
政策环境	75.73	68.16	78.43
创新驱动力指数	78.24	70.18	69.37
受众认可	100	54.39	60.53
平台影响	75	75.90	75
社会影响力指数	87.50	65.14	67.77
出口效益	82.07	75	67.42
出口产能	69.26	83.33	66.67
国际传播力指数	75.67	79.17	67.04
综合指数	83.26	73.59	65.15

（三）"浙视听"产业创新发展指数结果分析

截至2023年12月31日，"浙视听"产业创新发展指数测算了2021年、2022年、2023年共计三年的数据指标。如图18所示，"浙视听"产业创新发展综合指数在整个测算周期内呈稳步上升的态势。

---

① 数据计算说明：以综合指数为例，该指标由4个一级指数构成，权重 =1/4=0.25。2023年总指标 P=（规模生产力指数 + 创新驱动力指数 + 社会影响力指数 + 国际传播力指数）× 0.25=（91.64+78.24+87.50+75.67）× 0.25 ≈ 83.26。

② 表中数据保留两位小数呈现（除整数外），但在实际测算过程中，均采用未修约原值。

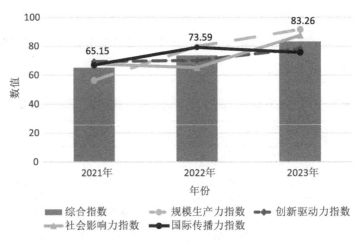

图 18　2021—2023 年"浙视听"产业创新发展指数对比

如图 18 所示，在"浙视听"产业创新发展指数中，社会影响力指数经历了 2022 年的回落和 2023 年的上升，国际传播力指数在 2022 年处于高点而在 2023 年有所下降，规模生产指数和创新驱动力指数在 2021—2023 年一直处于稳步上升的态势。

总体来看，浙江省广播电视和网络视听产业整体呈现上升发展态势。2023 年，规模生产力指数、创新驱动力指数以及社会影响力指数的上升反映了浙江省广播电视和网络视听产业在生产能力、创新能力、受众认可等方面取得的进步。国际传播力指数的下降反映了浙江省广播电视和网络视听产业仍面临诸多挑战，在扩大浙江省的文化影响力、塑造浙江省的国际品牌等方面仍需努力。

综上，从"浙视听"产业创新发展综合评价指标体系的实测结果看，浙江省广播电视和网络视听产业正处于全面实现高质量发展的关键一跃阶段。进一步立足浙江、辐射全国、放眼全球、拓展世界视域，稳步提升规模生产力、创新驱动力、社会影响力和国际传播力，应是浙江省广播电视和网络视听产业创新发展的主要着力点，也是今后进一步跃阶提升的主要目标。

1. 规模生产：产业资源进一步整合，视听生产力稳步提升

《浙江省广播电视和网络视听发展"十四五"规划》指出，要做优做强产业生态，打造视听产业高地。① 通过产业聚合、生态创建来构建规模生产力，是浙江省广播电视和网络视听产业发展的基石。"浙视听"产业创新发展指数当中的"规模生产力指数"由基础设施、产出效益两大模块测算得出。如图 19 所示，总体而言，规模生产力指数处于稳步上升的状态。结合数据看，2023 年较 2022 年上涨了 14.74%，2022 年较 2021 年上涨了 41.54%。其中，基础设施和产出效益指标均在 2021—2023 年呈现上升趋势。2023 年基础设施指标较上年上涨了 24.15%，产出效益指标较上年上涨了 5.17%。2022 年基础设施指标较上年上涨了 35.36%，产出效益指标较上年上涨了 48.43%。②

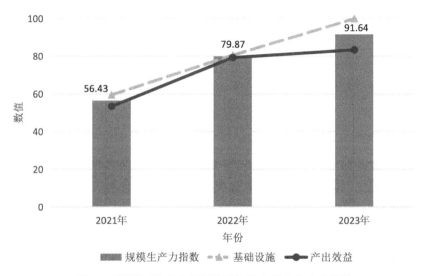

图 19　"浙视听"产业创新发展指数之规模生产力指数

　　基础设施模块指标包括固定资产投资、产业基地（园区）入驻机构数量、产业基地（园区）已投入使用面积、广播电视节目制作经营机构数量 4 个指

---

① 浙江省文化广电和旅游厅．省发展改革委、省广播电视局关于印发《浙江省广播电视和网络视听发展"十四五"规划》的通知 [EB/OL].(2021-03-31)[2025-03-28].http://ct.zj.gov.cn/art/2021/3/31/art_1229678764_5283528.html.

② 指标变化幅度＝（本年度指标数值－上年度指标数值）/ 上年度指标数值。以规模生产力指数为例，2023 年规模生产力指数为 91.64，2022 年规模生产力指数为 79.87，2023 年规模生产力指数较 2022 年变化了（91.64-79.87）/79.87 ≈ 14.74%，即上涨约 14.74%。此处举例说明采用的是表格中修约后的数据，但在实际测算中，均采用未修约原值，结果保留两位小数。表格数据计算结果与原值计算结果或会有所不同。

标。①2023 年基础设施指标显著上涨，主要原因是固定资产投资额、产业基地（园区）已投入使用面积与广播电视节目制作经营机构数量 3 个指标的上涨。2023 年，固定资产投资额为 287,235.12 万元，较 2022 年上涨了 13.46%；产业基地（园区）已投入使用面积为 29,704,925.27 平方米，较 2022 年上涨了 0.13%；广播电视节目制作经营机构数量为 2915 个，较 2022 年上涨了 9.14%。浙江省持续推进充分发挥产业基地（园区）示范先导作用的政策举措落地，全省广播电视和网络视听产业基地（园区）不断开花结果，打造了一批具有龙头带动作用和全国影响力的品牌企业，增强了产业集聚的规模效应，促进了广播电视和网络视听产业做大做优做强。

2023 年，浙江省产业基地（园区）入驻机构数量 5750 个，较 2022 年下降了 0.45%。进一步研究发现，在所有入驻机构中：属于广播电视和网络视听产业的机构数量为 2831 个，较 2022 年上涨 7.32%；高新技术企业数量为 60 个，较上年上涨 185.71%。这说明浙江省广播电视和网络视听产业基地（园区）的发展正在从"量"的提升转向对"质"的追求。2023 年 8 月，浙江省广播电视和网络视听产业基地（园区）联盟正式成立，为进一步整合行业资源、促进合作共赢提供了机会，浙江省广播电视和网络视听产业规模化、集群化特征越发鲜明。②

对浙江省广播电视和网络视听产业的产出效益进行测算，采用视听作品产出片目总量③、影视视听作品摄制规划立项备案数④和实际创收⑤三个维度来衡量，从作品产出和实际收益方面综合评价产业产出效益。2022 年产出效益指标的提升得益于视听作品产出片目总量和实际创收两个指标的上涨。作品摄制规

① 《浙江省文化文物广电和旅游统计年鉴 2024》。

② 浙江省文化广电和旅游厅.浙江省广播电视和网络视听产业基地（园区）联盟正式成立[EB/OL].(2023-08-10)[2025-03-28].https://ct.zj.gov.cn/art/2023/8/10/art_1652990_59020013.html.

③ 《浙江省文化文物广电和旅游统计年鉴 2024》。

④ 国家电影局.国家电影局电影备案立项公示[EB/OL].(2025-03-31).https://www.chinafilm.gov.cn/xxgk/gsxx/dybalx/.国家广播电视总局.电视剧、动画片拍摄制作备案公示[EB/OL].(2025-03-31).https://www.nrta.gov.cn/col/col8/index.html.

⑤ 《浙江省文化文物广电和旅游统计年鉴 2024》。

划立项备案数较 2021 年有小幅度下降，主要是由电影备案数量减少导致。2023 年产出效益指标较 2022 年上涨了 5.17%，主要原因是影视视听作品摄制规划立项备案数量的增加。如图 20 所示，2023 年浙江省作品摄制规划立项备案数量为 366 部，相较于 2022 年增长了 55.08%。其中，动画片与电影的备案数量出现了大幅度上涨。2023 年的实际创收为 5,783,554.40 万元，较上年增幅为 3.74%，这与《浙江省文化文物广电和旅游统计年鉴 2024》新增广电 5G 业务收入与网络直播业务收入两个板块有关。随着今后全省经济发展提速和市场加快回暖，预计浙江省广播电视和网络视听产业的产出效益将有进一步的显著提升。2023 年视听作品产出片目总量较上年下降了 50.41%，主要是由互联网音频节目产出量大幅度下降导致——2023 年互联网音频节目年度新增量为 1,355,003 小时，2022 年是 5,300,000 小时。在"耳朵经济"火热的当下，音频内容的消费力不容忽视，探索音频业务不仅是广播行业适应数字化转型的关键路径，同时也是推动广播电视和网络视听产业高质量发展的重要一环。

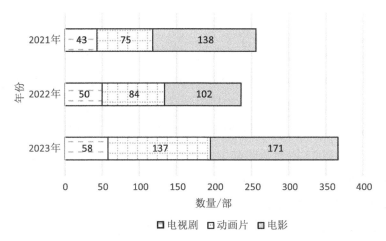

图 20　2021—2023 年浙江省影视视听作品摄制规划立项备案数量

2. 创新驱动：人才聚合、政策利好，营造良好创作环境

对于广播电视和网络视听产业的发展而言，创新是重要驱动力。创新需要人才的集聚，同时也需要政策环境的利好。"浙视听"产业创新发展指数的创新驱动力指数由创新基础和政策环境两大模块组成。从总体上看，创新驱动力指

数在 3 年间呈现稳步上升趋势，如图 21 所示。2023 年创新基础指标和政策环境指标相较于 2022 年均有所上升。其中，2023 年创新基础指标较上年上涨了11.83%，政策环境指标较上年上涨了 11.11%。

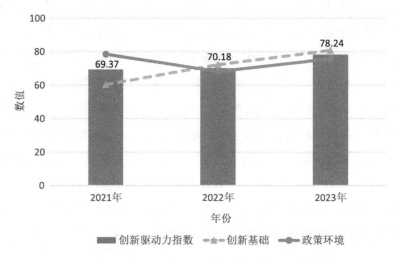

图 21 "浙视听"产业创新发展指数之创新驱动力指数

创新基础模块主要由视听作品著作权登记数量[①]、广播电视从业人员数量、专业人才占比情况、高级人才占比情况、青年人才占比情况[②]5 个指标组成。其中，视听作品著作权登记数量、广播电视从业人员数量、专业人才占比情况和高级人才占比情况在 2023 年较 2022 年的增幅分别为 27.66%、5.16%、11.51%和 1.29%，成为 2023 年创新驱动力指数大幅上升的主要力量。如图 22 所示，广播电视从业人员数量、专业人才占比情况、高级人才占比情况这 3 个指标在近 3 年均保持稳定上升趋势，青年人才占比情况虽出现小幅度下跌趋势，但是整体保持在 48% 左右水平。浙江省在加强广播电视和网络视听产业人才队伍的培养上，以"建立一支政治强、业务精的行业领军人才后备军，培养造就一

---

① 浙江省版权保护与服务网.作品登记信息公示表 [EB/OL].(2025-03-31).http://home. zjbanquan.org/Home/SubIndex/50/57.shtml.

② 《浙江省文化文物广电和旅游统计年鉴 2024》。

批造诣高深、成就突出、影响广泛的广播电视和网络视听产业杰出人才"[1]为目标，先后推出了"领跑者计划""青雁计划""蔚蓝金声计划"等人才培养计划，为浙江省的广播电视和网络视听产业遴选领军人才和青年创新人才队伍。2024年12月，国家广播电视总局印发了2023年度全国广播电视和网络视听行业领军人才工程、青年创新人才工程入选名单[2]，浙江省在新闻宣传、文艺创作、国际传播、经营管理、科技与工程技术、理论研究等6个界别中有15名领军人才、26名青年创新人才入选。今后浙江省还需要进一步发挥高层次人才的引领示范作用，为推动广播电视和网络视听产业进一步创新创优提供高素质、高水平的人才支持。

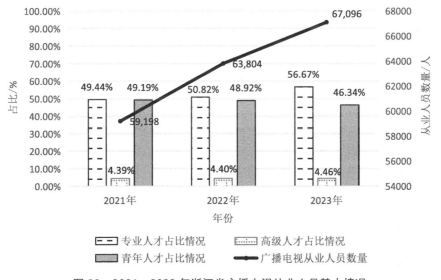

图 22 2021—2023 年浙江省广播电视从业人员基本情况

与创新基础指标对比，政策环境指标略有波动。政策环境指标由国家/省/

---

① 浙江省文化广电和旅游厅.关于印发浙江省广播电视局关于加强广电人才队伍建设的实施办法的通知[EB/OL].(2022-12-30)[2025-03-28].http://ct.zj.gov.cn/art/2022/12/30/art_1229678760_2516458.html.

② 国家广播电视总局.国家广播电视总局印发2023年度全国广播电视和网络视听行业领军人才工程、青年创新人才工程入选名单[EB/OL].(2024-12-02)[2025-03-28].https://www.nrta.gov.cn/art/2024/12/2/art_114_69733.html.

地市公共预算支持度、国家/省/地市政府性基金支持度①、视听媒体产业政策支持情况②3个指标构成。2022年政策环境指标的下滑主要是由国家、省、地市公共预算支持度锐减导致。相较于2021年，2022年国家/省/地市公共预算支持度下降了14.06%。2023年政策环境指标较2022年上涨了11.11%，得益于国家/省/地市公共预算支持度和国家/省/地市政府性基金支持度两个指标的上涨，这两项分别上涨了8.90%和11.24%。在浙江省广播电视局披露的2023年部门预算中，一般公共预算支持为7606.28万元（2022年为6984.68万元），政府性基金支持为2194.52万元（2022年为1972.71万元）。政策环境指标一方面与当年政府的财政状况有关，另一方面与产业规划挂钩，所以受具体经济发展状况影响较大，难免出现波动。近几年，《浙江省广播电视和网络视听发展"十四五"规划》③、《浙江省广播电视和网络视听发展三年行动计划（2022—2024年）》④、《浙江省人民政府办公厅关于加快推进大视听产业高质量发展的实施意见》⑤等一系列具有导向性、规划性的省级政策的颁布，为全省广播电视和网络

① 浙江省广播电视局.浙江省广播电视局2023年部门预算[EB/OL].(2023-02-22)[2025-03-31].https://www.zj.gov.cn/art/2023/2/22/art_1229278078_5070216.html.浙江省广播电视局.浙江省广播电视局2022年部门预算[EB/OL].(2022-03-02)[2025-03-31].https://www.zj.gov.cn/art/2022/3/2/art_1229278078_4886233.html.浙江省广播电视局.浙江省广播电视局2021年部门预算[EB/OL].(2021-03-10)[2025-03-31]. https://www.zj.gov.cn/art/2021/3/10/art_1229278078_4666039.html.

② 浙江省广播电视局.浙江省广播电视局2023年政府信息公开工作年度报告[EB/OL].(2024-01-31)[2025-03-31].https://www.zj.gov.cn/art/2024/1/31/art_1229777204_90127.html.浙江省广播电视局.浙江省广播电视局2022年政府信息公开工作年度报告[EB/OL].(2023-01-11)[2025-03-31]. https://www.zj.gov.cn/art/2023/1/11/art_1229706624_69135.html.浙江省广播电视局.浙江省广播电视局2021年政府信息公开工作年度报告[EB/OL].(2022-01-30)[2025-03-31]. https://www.zj.gov.cn/art/2022/1/30/art_1229617844_65521.html.

③ 浙江省文化广电和旅游厅.省发展改革委、省广播电视局关于印发《浙江省广播电视和网络视听发展"十四五"规划》的通知[EB/OL].(2021-03-31)[2025-03-28].http://ct.zj.gov.cn/art/2021/3/31/art_1229678764_5283528.html.

④ 浙江省文化广电和旅游厅.浙江省广播电视局关于印发《浙江省广播电视和网络视听发展三年行动计划(2022—2024年)》的通知[EB/OL].(2022-05-26)[2025-03-28].http://ct.zj.gov.cn/art/2022/5/26/art_1229678759_2516214.html.

⑤ 浙江省文化广电和旅游厅.浙江省人民政府办公厅关于加快推进大视听产业高质量发展的实施意见[EB/OL].(2024-11-05)[2025-03-28].http://ct.zj.gov.cn/art/2024/11/5/art_1229678760_2535084.html.

视听产业的发展指明了方向。文化产业具有意识形态和市场的"双重属性"，广播电视和网络视听产业置身其中，政策导向性需求显著。浙江省通过主动、积极、正向的激励和引导，使得全省广播电视和网络视听产业发展的政策环境持续利好，有力促进了产业的繁荣发展。

3. 社会影响：浙产作品备受瞩目，平台社会影响力有待加强

浙江省广播电视和网络视听产业在国内具有明显的头部品牌依赖性，即当年有没有生产出具有社会影响力的头部作品，对产业发展的影响较大。如图23所示，在受众认可上，3年间指标忽高忽低，波动较大；而平台影响指标在2023年略有下降。总体而言，"浙视听"产业创新发展指数的社会影响力指数在这3年间呈现稳步上升的发展态势。其中，2023年的受众认可指标较上年上涨了83.86%，平台影响指标较上年下降了1.19%。

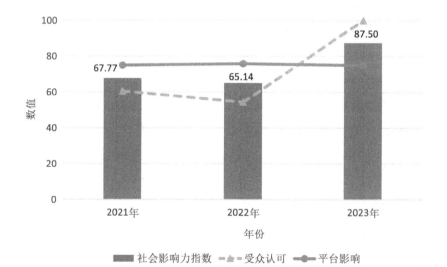

图23 "浙视听"产业创新发展指数之社会影响力指数

社会影响力指数的受众认可指标，包括视听作品播放热度情况①、视听作品

---

① 猫眼专业版APP资料库。

受众口碑情况（系数）[①] 以及视听作品获奖情况 [②] 3 个指标。2022 年受众认可指标下降的原因是，视听作品播放热度情况和视听作品受众口碑情况（系数）这两个指标的下降，这两个指标较 2021 年分别下降了 9.09%、3.02%。2022 年浙产电影和综艺在受众认可层面上表现稍显不佳。2023 年受众认可指标的大幅度上涨得益于这 3 个三级指标的一致增长。视听作品播放热度情况、视听作品受众口碑情况（系数）以及视听作品获奖情况较 2022 年分别上涨 40%、8.16% 和 30.43%。视听作品播放热度情况，按照"猫眼电影·中国电影票房总榜 top 100""猫眼电影·剧集 top 100"等榜单的上榜作品在浙江省备案的占比情况进行计算。虽然在这两个榜单中，2023 年在浙江省备案上映的电影数量较少，但是由浙江省的公司作为主要出品单位的浙产电影共有 19 部，较 2022 年多 1 部。《河边的错误》《热烈》《熊出没·伴我"熊芯"》等浙产电影，不仅获得了高票房，还收获了优秀的口碑。视听作品受众口碑情况（系数），以浙产作品在豆瓣的评分为准进行相应计算。2023 年总共播出 28 部浙产电视剧、28 部浙产网络剧。2023 年以《狂飙》爆火开年，同时，《莲花楼》《显微镜下的大明之丝绢案》《当我飞奔向你》等不同题材的剧集亦收获了大批受众好评。此外，浙产作品也取得了不俗的奖项成绩，在国家广播电视总局披露的季度、年度广播电视奖项推优中，2023 年浙产作品共获奖 60 次，而 2022 年则为 46 次。《热烈》《万里归途》《人生大事》《大山的女儿》等 12 部浙产作品入选第十七届"五个一工程"优秀作品奖。[③] 从总体来看，浙产作品在 2023 年表现出色，热度与口碑双丰收，佳作频出，彰显了浙产作品在内容质量层面上的高追求。

"浙视听"社会影响力指数的平台影响指标包括四个指标。其中面向受众端的指标有网络视听平均月度活跃用户数、互联网电视年度活跃用户数、交互式电视年度活跃用户数，面向上级部门的指标是被中央广播电视总台采用情

---

① 豆瓣电影评分（https://movie.douban.com）。

② 国家广播电视总局.公告公示 [EB/OL].[2025-03-28]. (https://www.nrta.gov.cn/col/col113/index.html?uid=14416&pageNum=1.

③ 浙江省人民政府.文艺精品力作迭出、文艺人才不断涌现:浙江文艺,何以姹紫嫣红 [EB/OL].(2025-02-17)[2025-03-28].https://www.zj.gov.cn/art/2025/2/17/art_1229823372_60255704.html.

况。[1]2023 年互联网电视年度活跃用户数和被中央广播电视总台采用情况两项指标，均位列 3 年来的第一位。交互式电视年度活跃用户数指标有所下降。网络视听平均月度活跃用户数指标的下滑是导致平台影响指标下降的主要原因。如图 24 所示，2023 年，网络视听平均月度活跃用户数为 360,792,410 人次，较上年下降了 79.35%，主要原因是互联网视频以及短视频平均月度活跃用户数的流失。进一步研究后发现，相关数据的大幅波动与地市数据统计缺失有关。

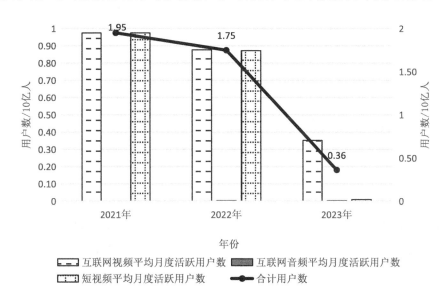

图 24　2021—2023 年浙江省网络视听平均月度活跃用户数

4. 国际传播: 视听"出海"效益显著, 出口产能动力不足

视听节目是国际传播中最具感染力、传播力的表现形式。"浙视听"国际传播力指数依据出口效益和出口产能两个维度来衡量浙江省广播电视和网络视听产业的国际传播能力。如图 25 所示，近 3 年国际传播力指数出现波动，2023年国际传播力指数较 2022 年略有下降。其中，2023 年出口效益指标较上年上涨了 9.43%，出口产能指标较上年下降了 16.88%。

---

① 《浙江省文化文物广电和旅游统计年鉴 2024》。

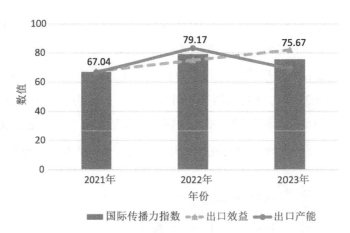

图 25 "浙视听"产业创新发展指数之国际传播力指数

从出口效益的视角看，全年节目出口总额及全年服务项目出口总额[①]成为衡量"浙视听"出口效益的重要指标。2023 年，浙江省全年节目出口总额为 861.18 万美元，全年服务项目出口总额为 839.29 万美元，分别较上年下降52.35%、上涨 103.13%。2023 年，全年服务项目出口总额的大幅上涨导致了出口效益指标的上涨。一方面，2023 年亚洲地区服务项目出口上涨约 256.38%；另一方面，2022 年多个地区影视服务出口数据缺失。全年节目出口总额指标出现下滑，既与外部市场环境欠佳有关，也与各年度统计的具体数据存在较多缺失有关。

出口产能指标由节目出口播出时长、对外广播电视节目播出总时长、全年电视剧出口播出量[②]三个指标构成。2023 年浙江省节目出口播出时长以及全年电视剧出口播出量指标均出现了大幅度的下滑，原因和全年节目出口总额指标的下滑类似，与统计数据存在较多缺失有关。此外，从《浙江省文化文物广电和旅游统计年鉴 2024》所披露的统计指标来看，浙江省广播电视和网络视听产业的出口相关指标在不同地区的统计口径上可能存在差异，导致近三年在欧洲、美洲、亚洲地区的出口额与出口时长等指标均出现了大幅度异常波动。

2023 年的国际传播力指数较 2022 年略微下降，反映了浙江省广播电视和

---

① 《浙江省文化文物广电和旅游统计年鉴 2024》。

② 《浙江省文化文物广电和旅游统计年鉴 2024》。

网络视听产业在海外的传播发展方面还存在较多不足，缺少能够长期支撑浙产作品"出海"的核心驱动力。浙江省广播电视和网络视听产业迫切需要加强海外主流平台的频道建设，用更加积极主动的姿态去拓展海外市场，塑造品牌形象。2023 年 4 月 18 日，由浙江广播电视集团牵头打造的重大文化传播平台正式启动，其核心载体 Z 视介客户端全新上线。Z 视介以"深耕浙江、解读中国、影响世界"为目标定位，努力打造兼具文化服务、文化交流功能的重大文化传播平台。①2024 年 5 月，浙江省国际传播中心在杭州成立。浙江省国际传播中心汇聚全省国际传播资源力量，努力打造"具有鲜明浙江特色的现代化省级国际传播实体"。②2024 年 11 月，《浙江省人民政府办公厅关于加快推进大视听产业高质量发展的实施意见》提出，要通过优化税收等，积极推出有关扶持企业开设海外分公司、开展海外合拍合作、创作国际视听精品等一系列措施，助力浙江省广播电视和网络视听产业加速"出海"。③从目前相关部门的举措来看，无论是平台建设还是政策扶持，浙江省已经开始意识到相关问题，开始加快针对广播电视和网络视听产业进行国际传播的谋篇布局，积极探索国际传播新路径、新方法。只有从平台、人才、政策等多个维度深化改革，才能早日实现广播电视和网络视听作品出口效益和出口产能的双重提升。

五、"浙视听"产业创新发展指数的现实意义

编制和发布"浙视听"产业创新发展指数，对于促进浙江省广播电视和网络视听产业的高质量发展具有重要意义。该指数的编制，能够聚焦浙江省广播电视和网络视听产业的动态发展情况，相对全面、客观、系统、科学地反映浙

---

① 浙江宣传."Z"来了！浙江传媒舰群整队出发 [EB/OL].(2023-04-18)[2025-03-28]. https://mp.weixin.qq.com/s/8A70DQrPkV_0TCzzMpaaQA.

② 潮新闻.传播浙江之美、讲好中国故事，浙江国际传播旗舰出海 [EB/OL].(2024-05-13) [2025-03-28].https://tidenews.com.cn/news.html?id=2809615&language=en&from_channel=5fc8a d707952f60001e6f0a1&top_id=2809660.

③ 浙江省文化广电和旅游厅.浙江省人民政府办公厅关于加快推进大视听产业高质量发展的实施意见 [EB/OL].(2024-11-05)[2025-03-28].http://ct.zj.gov.cn/art/2024/11/5/art_1229678 760_2535084.html.

江省广播电视和网络视听产业的发展态势和景气程度。因此，"浙视听"产业创新发展指数可以成为政府管理部门监测、管理和指导浙江省广播电视和网络视听产业及相关文化产业发展的重要手段，也是制定有关产业政策、进行科学规划决策的重要实证依据。同时，"浙视听"产业创新发展指数还可为上级主管单位、上下游产业单位提供及时有效的信息服务，便于其及时应对市场变化，合理调整产业布局、生产计划等。

第一，"浙视听"产业创新发展指数通过提供指数监测、预警与引导，成为主管部门开展行业评估指导工作的有力助手。

通过该指数，主管部门可常规化监测各地广播电视和网络视听产业的建设情况，了解动态变化趋势；同时对产业趋势进行预测判断，及时指出广播电视和网络视听产业发展的潜在风险。今后，全省广播电视和网络视听产业可以以该指数为基础，深入推动建立各地各级的常态化调研评估机制；组织专家学者对各地的广播电视和网络视听产业发展情况进行客观量化评估，总结梳理各地各级产业发展的创新模式，形成具有针对性的调查报告和政策建议，指导地方政府实践。

第二，"浙视听"产业创新发展指数有助于鼓励视听创作的高质量发展，助力浙江省广播电视和网络视听产业提升社会影响力。

指数的构建包含多维度的测评指标，能够以体系化评估产业发展的整体态势，可为全省广播电视和网络视听产业的发展升级提供科学指导。测评的根本目的是助推浙江省广播电视和网络视听品牌的高峰与高原建设，推动产业生产力的整体提升和高质量发展。生产传播优质的视听作品是广播电视和网络视听产业服务社会的主要方式。依据"浙视听"产业创新发展指数，各地媒体单位可以更加科学系统地、更具现实针对性地、更有目标指向性地进一步完善支持浙江省广播电视和网络视听媒体发展的专项政策激励机制，扶持优质电影、电视剧、纪录片、广播剧等视听作品的创作与传播，促进文化与广播电视和网络视听产业的交融发展，为建成新时代文化高地助力。

第三，"浙视听"产业创新发展指数可以辅助进行学科研究和行业升级，为广播电视和网络视听产业的实证研究提供学理参考。

指数的构建基于量化研究，力图从实证角度来丰富广播电视和网络视听产业的研究成果。一是以"浙视听"产业创新发展指数综合评价指标体系为基础，可以进一步推动建立浙江省广播电视和网络视听产业大数据库，进一步全面完善相关指标数据，并定期抓取相关数据，为后续推出广播电视和网络视听产业发展的"数字驾驶舱"奠定基础，从而实现对浙江省广播电视和网络视听产业建设情况的全面、实时、动态反映。二是以"浙视听"产业创新发展指数综合评价指标体系为基础，可以在后续研究中重点推动各地媒体研究机构与高校相关院系的研究合作，携手发展广播电视和网络视听产业、媒介经营管理等领域的高层次智库建设，促进更多产业理论研究与实践应用研究的融合。

六、结语

综上，本报告以浙江省广播电视和网络视听产业的发展为研究出发点，立足于实地调研与数据挖掘分析，提出了包括规模生产力指数、社会影响力指数、创新驱动力指数、国际传播力指数等4个一级指标及与之相关的8个二级指标、27个三级指标的"浙视听"产业创新发展指数综合评价指标体系。"浙视听"产业创新发展指数综合评价指标体系的建立，试图改变现有产业评价体系过于侧重经济利益的单一倾向，期望借助指数的导向作用，鼓励广播电视和网络视听产业整体的高质量发展，激发产业主体的能动性，助力构建物质生产与精神文化生产共进的广播电视和网络视听产业发展格局。

此外，本报告所构建的"浙视听"产业创新发展指数模型，通过指标的操作化选取，兼顾过程性指标和结果性指标，有助于政府及其他产业主体把握广播电视和网络视听产业发展过程中各要素之间的短期和长期发展、静态和动态发展的关系，助力相关产业主体深入了解本地区或本单位在产业发展中的成效及存在的问题，推动各产业主体积极作为，推动浙江省广播电视和网络视听产业的生产力和传播力进一步提质增效，推动浙江省广播电视和网络视听产业快速稳定地实现高质量发展。

Ⅱ

分报告

2023年浙江省广播电视和网络视听剧精品创作发展报告

张李锐[①]　赵丁蓉[②]

摘要：2023年是全面贯彻落实党的二十大精神开局之年，浙江省广播电视和网络视听产业坚持以习近平新时代中国特色社会主义思想为指导，深入学习贯彻党的二十大精神，服务好杭州亚运会和亚残运会主题宣传活动。浙江省抓住重要节点机遇，广播电视和网络视听剧创作快速复苏，产业链上下游和产品供给逐步向好，彰显出影视大省雄厚的创作实力和深厚的创作底蕴。遵循"精准选题、精彩叙事、精心制作"的高标准要求，浙江省在思想深度、艺术表现与传播手段上不断探索与创新，打造出一系列思想性、艺术性、观赏性俱佳的精品。本报告立足浙江省广播电视和网络视听产业生态体系，调研2023年浙江省视听剧产制全貌，逐一分析电视剧、网络剧片/剧作、纪录片、短视频、动画片、广播剧、电视文艺节目及广播电视制作经营单位的口碑变化和市场变化，以个体折射整体，以期为未来的广播电视和网络视听内容创作提供有益经验。

关键词：浙产视听剧；美学对话；主旋律；提质减量

2023年3月，全国两会顺利召开，浙江省广播电视和网络视听产业深入贯彻党的二十大精神，对标社会主义文化强国目标，加强主流媒体传播能力建设，增强中华文化传播力和影响力，全面提升传播的效能，通过提质实现创作

---

① 张李锐，浙江工业大学人文学院副教授，硕士生导师。
② 赵丁蓉，浙江工业大学人文学院新闻传播学硕士研究生。

突破，努力稳固市场基础，持续推出优质作品。2023 年，浙产电视剧通过备案公示共 50 部、办理电视剧发行许可证 25 部，数量居全国第二。其中，两部电视剧分获第二十八届上海电视节白玉兰奖"最佳中国电视剧"奖和评委会大奖。12 部电视剧在中央电视台首播，数量创浙江省历年最好成绩。[①] 此外，共制作动画片 65 部，19,469 分钟；备案网络剧 373 部，数量居全国第一。在此形势下，2023 年浙产视听剧创作风起云涌，展现出无限活力。

一、精品视听剧讲述中国故事、诠释浙江精彩

视听剧作为一种新兴的文化传播媒介，它在讲述中国故事方面发挥着越来越重要的作用，特别是在浙江省这片拥有深厚文化底蕴的土地上，视听剧成为展示浙江省独特魅力的重要载体。浙江省作为中华文化发祥地之一，不仅承载着丰富的历史传统和文化内涵，还具有独特的地域特色和审美价值，这些元素在浙江省视听剧中得到了充分的挖掘和展现，极大程度地助力浙江故事和中国故事"借船出海"，深化文明交流互鉴，推动中华文化更好走向世界。

（一）电视剧：主旋律创作铿锵和谐，类型化融合创新审美视角

浙江省广播电视和网络视听产业牢牢坚守讲好中国故事和传播中华文化的使命担当。2023 年，在中央电视台一套播出的浙产电视剧《熟年》《富春山居》《冰雪尖刀连》共 3 部；在中央电视台八套播出的浙产电视剧《狂飙》《风雨送春归》《欢乐颂 4》《平凡之路》《长风渡》《莲花楼》《潜行者》《骄阳伴我》《爱在青山绿水间》共 9 部；10 部在一线卫视、网络平台首播，其中《纵有疾风起》在江苏卫视、北京卫视和腾讯视频首播，《不就是拔河么》在浙江卫视、爱奇艺首播，《薄冰》《白色城堡》《我的人间烟火》《以爱为营》在湖南卫视、芒果 TV 首播，《无与伦比的美丽》在江苏卫视、东方卫视首播，《泳往直前》在浙江卫视首播，《许你野马春风》在芒果 TV 首播。

---

① 浙江省统计局 .75 载长歌奋进 文化强省赓续前行：新中国成立 75 周年浙江文化产业发展成就 [EB/OL].(2024−09−30)[2025−03−31]. http://tjj.zj.gov.cn/art/2024/9/30/art_1229129213_5380125.html.

2023年，在浙产电视剧中出现了一部现象级作品——《狂飙》，其入选"中宣部2023年度影视作品精选""国家广电总局2023中国剧集精选""CMG第二届中国电视剧年度优秀电视剧"。① 这部现象级爆款作品融合刑侦扫黑、官场反腐、悬疑推理等多种类型元素，超越正反鲜明、非黑即白的二元对立的传统人物设定，以令人钦佩的现实主义锐度，为当下现实题材电视剧的创作注入信心和勇气。

古装剧《长风渡》《陌上人如玉》等承袭最为常见的"古装＋爱情"模式，延续以往古装爱情题材的叙事传统。《莲花楼》则结合悬疑探案的元素，抽丝剥茧般地解开迷雾之下的真相。《为有暗香来》《微雨燕双飞》倾注现代女性的个体意识，着重表现女性在面对情感、命运、个人价值时的抉择与成长。《燕山派与百花门》《田耕纪》《兰闺喜事》《花轿喜事》皆以幽默诙谐的喜剧风格为观众营造一种轻松治愈的氛围。《武神主宰》《长月烬明》打通玄幻剧与古装剧的壁垒，实现两种类型的有机融合。古装剧近两年回暖趋势明显，创作内容有了明显的变化：作品以更多的平民视角和市井风情取代了以往的宏大叙事与宫廷神话；"大IP＋大投资＋大明星"的豪华配置，开始让位于"小而美"的精品创作；以宫斗、权谋、大女主为重心的文本被植入家庭、喜剧、悬疑等新元素。从这些方面可知，"古装＋"模式的创新开拓实现了古装题材的创作升维。

职场剧《向风而行》《平凡之路》《白色城堡》则以更专业的视角观察当下的行业现状，以更多的篇幅来书写当代职场的故事。《向风而行》聚焦民航行业，通过对飞行员生活的真实刻画，展现了一群勇敢追梦人的奋斗历程。该剧不仅关注个人成长，还反映了社会变迁下人们对职业理想的不同追求，引发了观众的共鸣。《平凡之路》以律师行业为背景，探讨了法律工作者的职业道德和社会责任问题。该剧通过对案件的深入剖析，不仅展示了律师工作的艰辛，还传递出法治精神的重要性。《白色城堡》则以医院为舞台，讲述了一群医护人员在救死扶伤的过程中所经历的心路历程。该作品不仅强调了医患关系的复杂性，还表达了对于生命价值的深刻思考。

2023年，中国电视剧市场呈现出百花齐放的繁荣景象，尤其以浙江省出品

① 浙江文旅政务．浙江电视剧集（2022—2023）发展报告[EB/OL].(2024-07-24)[2025-03-31].https://mp.weixin.qq.com/s/kBodwAPYz7J0JDKiU46Z_Q.

的电视剧为代表，其内容丰富多样，涵盖了多个类型，不仅在故事情节上有所突破，在表现手法上也进行了大胆的尝试与创新。

（二）网络剧片／剧作的生产：以传统文化赋能，开启美学新对话

2022 年，全国首个"网标"花落浙江省。网络剧《对决》在正片前新增了"网络剧片发行许可证"片头，编号为"（总局）网剧审字（2022）第 001 号"，这标志着网络剧在申领发行许可证、"网上网下统一标准"上迈出了实质性的一步。相比 2022 年，2023 年浙江省网络剧备案公示数下降 83 部，发证量增加 5 部。网络剧备案数量下降，但是发行量增加，提质减量趋势明显。另外，从创作特点上来看，浙产网络剧开始以传统文化赋能，以中华优秀传统文化作为创作支点，对中华优秀传统文化进行创造性转化和创新性发展，开启网络剧与传统文化的美学对话，构成广播电视和网络视听市场一道独具风韵的靓丽风景线。[①]

浙产网络剧在创作中展现出对传统文化的深刻理解与创新运用。《正好遇见你》以单元剧形式呈现非遗文化，通过戏剧化表达让传统文化"活"起来。这种创新形式既保留了传统文化的精髓，又使其更贴近当代观众的审美需求。这种对传统文化的创造性转化，不仅丰富了剧集的艺术表现力，更推动了传统文化的现代传播。

浙产网络剧在视觉美学上追求极致，将传统美学元素与现代技术完美结合。《长月烬明》中的服装设计融合了传统刺绣与现代剪裁，既展现东方韵味，又符合现代审美；场景设计借鉴传统园林艺术，创造出虚实相生的美学意境；在叙事美学上，这部剧突破传统套路，构建起独特的叙事体系。《异人之下》这部剧将道教文化融入现代奇幻故事，通过年轻化的表达方式，让传统文化焕发新生，这种叙事创新的方式不仅丰富了剧集的文化内涵，更拓展了东方美学的表现空间。东方美学意境的构建体现在细节之中，从色彩运用到镜头语言，从音乐设计到场景布置，浙产网络剧都展现出对传统美学的深刻理解与创新运用，这种美学追求不仅提升了剧集的艺术品质，更推动了东方美学的现代传播。

---

① 浙江文旅政务 . 浙江电视剧集（2022—2023）发展报告 [EB/OL].(2024-07-24)[2025-03-31].https://mp.weixin.qq.com/s/kBodwAPYz7J0JDKiU46Z_Q.

　　浙产网络剧在创作中始终坚定文化自信，通过影视化表达展现中国文化的独特魅力。《异人之下》不仅在国内市场获得成功，更在国际上引发关注，成为传播中国文化的重要载体，这证明传统文化与现代艺术形式的结合能够产生强大的文化影响力。在国际传播方面，浙产网络剧展现出独特优势。通过流媒体平台，这些剧将中国文化传播到世界各地，让更多观众了解和欣赏东方美学，这种文化输出不是简单的文化移植，而是通过创新表达实现文化的深度交流。对国产剧创作而言，浙产网络剧的成功提供了重要启示，传统文化不是创作的束缚，而是创新的源泉。只有深入挖掘传统文化精髓，结合现代艺术表达，才能创作出既有文化底蕴又具时代特色的优秀作品。

（三）纪录片：立足城市精神品格，地域标识大幅提升

　　浙江省正持续深化落实"八八战略"，不断书写中国式现代化的精彩故事，纪录片作为时代的见证者，记录了浙江省在追求现代化进程中，对传统文化和核心价值观的传承和创新。近年来，浙江纪录片人创作的一批又一批面向大众、面向未来、独具韵味的优秀浙产纪录片，成为浙江省打造"新时代文化高地"的鲜明标识。

　　2023年浙江省出品的纪录片在内容创作与艺术表达上亮点纷呈，多部作品斩获荣誉，彰显了浙江省的纪录片制作的实力。《定风波》由浙江省文化产业投资集团和中央广播电视总台等共同出品，在中央电视台九套播出，围绕宋韵文化，从诗文、书画、美食等主题出发，描绘苏东坡的人生与精神世界，解读其当代价值。摄制组前期调研广泛，拍摄足迹遍布国内外，采访超20位中外专家学者，通过情景再现、诗词朗诵、歌曲演绎、动画展演等多种艺术形式以及科技手段，全方位呈现苏轼形象。其成就不仅是对这部纪录片在内容深度与制作水准方面的高度认可，也体现出浙产纪录片在历史文化题材挖掘上的深厚底蕴。

　　杭州亚组委、浙江广播电视集团联合出品的《绽放》，聚焦杭州亚运会开闭幕式，以时间为轴，解构、解读、解密筹备历程中的决策、元素和节目。本片每集35分钟，前4集围绕亚运会开闭幕式，最后一集着眼亚残运会开闭幕式。为兼顾文献价值和传播特性，项目组历时3年全程跟踪拍摄，除正片外，还制

播了100多条微纪录短视频，全网传播量近2亿次。①《绽放》凭借独特的题材和广泛的传播影响力，在纪录片领域具有重要意义，展现了浙产纪录片紧跟时代热点、创新传播方式的特点。

大型纪录片《李叔同》由嘉兴市委宣传部指导，平湖市委宣传部与浙江广播电视集团联合出品，从人格养成、艺术成就、精神世界三大维度解读李叔同的传奇人生。项目组外景拍摄历时10个月，足迹遍布国内多地及日本，后期与国内专业团队合作。该作品体现了浙产纪录片在人物传记类题材上的探索与创作实力。

（四）短视频：借力融媒，创新发展

2023年，广播电视和网络视听作品与短视频的融通发展已成为常态，成为媒介融合发展的主要途径。浙江广播电视集团在抖音、快手、今日头条、视频号等平台打造出诸多爆款短视频号。以抖音平台为例，浙江广播电视集团账号@美丽浙江，粉丝已超过1200万名，发布的短视频点赞量已超过4.2亿次。

在这个移动优先的时代，短视频成为现在最便捷、最广泛的传播方式。第五十三次《中国互联网络发展状况统计报告》显示，截至2023年12月，中国短视频用户规模近10.92亿名，较2022年12月增长近2500万名，互联网普及率达77.50%。②拿起手机就能录，打开客户端就能剪、能发，短视频拍摄、制作、推送的门槛大大降低。那么，人人只要拿起手机，就可以参与大赛，分享他们心目中的"诗画江南 活力浙江"。③

浙江广播电视集团秉持用户思维，加强创意策划。在亚运会举办前夕，浙江广播电视集团推出了多部爆款亚运宣传片，包括《丹青游》《爱之城》《潮前》《杭州的路名藏了什么》等，这些亚运主题系列创意短视频，成功打造了具有广

---

① 杭州第十九届亚运会.三年跟拍，终于绽放！杭州亚运会开闭幕式官方纪录片今起播出[EB/OL].(2023-11-28)[2025-03-31].https://mp.weixin.qq.com/s/3ccuotsgGOwxKQZBX-_Wng.

② 央视新闻.10.92亿人！有你吗？[EB/OL].(2024-03-22)[2025-03-31].https://mp.weixin.qq.com/s/yopkGogBsLZdFqhzfjzZbw.

③ 浙江宣传.8259个视角看浙江[EB/OL].(2023-03-11)[2025-03-31].https://mp.weixin.qq.com/s/Ydh5Qi3q6l7BqOGJpcQNMQ.

泛传播度的现象级短视频产品矩阵，为杭州亚运会营造声势。《丹青游》着眼文化与亚运的交融，让"传统的"变成"潮流的"；《爱之城》着眼温暖与爱的交融，把"大城大爱"表达得淋漓尽致；《潮前》着眼时代与精神的交织，以时间为尺，以水为引，大开大合，让人激情澎湃；《杭州的路名藏了什么》着眼烟火气与平凡人心的交互，揭开杭州路名里的中国式浪漫。同时，浙江广播电视集团加强全媒体联动、全渠道运营，发动中国蓝新闻、Z视介、美丽浙江、中国蓝名嘴等新媒体矩阵全力宣推，联动人民日报、新华社、央视新闻、潮新闻、四川观察、大象新闻等主流新媒体平台和各大商业平台置顶推送，"#当传世名画中的主角来到杭州""#跟着亚运进入丹青宇宙""#杭州亚运会宣传片爱之城"等话题登上微博、抖音等社交媒体热榜前三位。

　　凭借优质的内容供给和有效的运营策略，亚运主题系列创意短视频形成了传播热潮，引发了受众的共情共鸣，实现了"出圈"又"出海"的传播效果。在沙特阿拉伯利雅得召开联合国教科文组织第四十五届世界遗产大会期间，《丹青游》作为创意暖场片播放。另外，外交部发言人华春莹海外账号点赞转发《丹青游》，称其"让人沉浸在丹青的艺术中，体验杭州的过去与现在"。网友们纷纷表示："这才是能代表浙江水准的亚运宣传片"，"这很杭州，这很江南，杭州终于找到了属于自己的文旅密码"。①短视频通过社交平台的海量传播，也带来了网友之间的高频互动，让网友从"我看"变成"看我"，从"要我看"变成"我要说"。在热闹的评论区中，网友的点赞、转发和评论，让省域品牌变得更有血有肉、可知可感。

　　2023年度的浙江省广播电视节目奖新媒体类评选活动旨在表彰在新媒体领域具有创新性和影响力的优秀作品。此次评选涵盖了多个新媒体领域节目类别，包括短视频、直播节目、网络综艺节目等，多数获奖作品都注重内容创新，不仅涵盖传统电视节目类型的内容，还积极探索新兴内容形态，并且普遍重视新技术的应用，如AI、AR（增强现实）、VR等技术手段，使得节目更加生动有趣。

---

① 新闻战线.论道短视频｜浙江广播电视集团：亚运短视频透出"浙"里韵味[EB/OL].(2023-09-30)[2025-03-31].https://mp.weixin.qq.com/s?__biz=MjM5NjEwMjMwNw==&mid=2649869903&idx=1&sn=0567cedf9d3c44d76a7a01e21df345f0&chksm=beeb0783899c8e958ef18c62968b8c41e5196aa47c678884e1642ad3e1ebc7fadbbb3bb7a542&scene=27.

随着观众参与需求的提升，互动性强的新媒体领域节目获得了更多关注，不少作品将浙江省地域文化与新媒体形式相结合，使节目内容更具特色和吸引力。

亚运会的举行为浙江省短视频的发展提供了很好的契机。"2023 年度浙江省广播电视节目奖颁奖暨创新创优研讨会"在杭州举行，宁波日报报业集团选送的作品《锻"甲"建"网"，桥梁大国攻克世界难题》荣获浙江省广播电视新闻奖新媒体类新闻性短视（音）频一等奖。《锻"甲"建"网"，桥梁大国攻克世界难题》以短视频形式反映了宁波大学力学团队历经 3 代科研人员 30 余年呕心沥血、潜心钻研，发明刚柔匹配导向桥墩防船撞技术和自适应恒阻力耗能船舶拦截技术，一举攻克大桥防船撞这一世界难题的故事。面对这一横跨 30 余年的重大科技类新闻事件，宁波日报报业集团主创团队从宁波大学力学学科多年的研究历程下手，进行抽丝剥茧式的梳理，并在短时间内精准选取了报道角度。在这篇新闻报道中，主创团队登上偏远小岛，在关键试验现场顶着烈日和海风跟拍了数日，捕捉了大量生动鲜活的细节，增强了作品的生动感和现实感。该报道通过独家直击画面和深入采访，做了一次深入浅出、详略得当的媒体翻译和一场可亲可感、有血有肉的大众传播。作品在宁波日报新媒体平台甬派客户端发布后，当日播放量突破 24 万次，点赞量达 5065 次，人民视频、新华视频等媒体纷纷转发。视频中海上蹲点拍摄画面和相关人物同期声等的有效运用，引发业界同行点赞，业内同行普遍认为"这是具有时代意义的珍贵画面"，"极富现场感染力"，"为重大科技类新闻的生产提供了可参考的模板"。[①]

（五）动画片：聚焦新时代的社会变迁，传递温暖向上的精神力量

在动漫游戏产业方面，2023 年，杭州市成功举办了第十九届中国国际动漫节，通过举办"中国动漫之都"等活动，以动漫节为平台发展动漫产业的"杭州模式"。2023 年杭州市动画片取得三大成就：原创动画片产量连续多年居全国第一；在各城市中，于 2023 年获国家广播电视总局动画推优数量名列全国第二

---

① 宁报人家. 浙江省广播电视节目奖揭晓，宁波日报报业集团作品获一等奖 [EB/OL]. (2024-08-23)[2025-03-31].https://mp.weixin.qq.com/s/yFFpNRfZrmRTiFHSOixXZg.

（并列）；2023 年前三个季度，杭州市动漫游戏产业营收突破 500 亿元大关。[①]

2023 年浙江省共制作动画片 65 部，19,469 分钟；备案网络剧 373 部，其数量居全国第一。[②]动画片《大山里的"梦之队"》以贵州"村 BA"为蓝本，展现了乡村少年的成长故事，获得了广泛好评，该片还入选了国家广播电视总局 2023 年第四季度优秀国产电视动画片推优名单。《海底小纵队（第八季）》由中英两国团队联合制作，融合了国际先进的动画制作技术和理念，有着国际化的视野，展现出浙产动画片走向世界的实力和野心；同时它将海洋知识巧妙地融入冒险故事，让孩子们在快乐中学习，体现了浙产动画片注重社会效益和教育价值的寓教于乐创作理念。

浙产动画片在内容创作、技术创新和文化传播等方面取得了显著成就。通过将传统文化与现代审美相结合，这些动画片不仅在国内市场占据了重要地位，还在国际舞台上展现了中国文化的独特魅力。这些作品的成功为国产动画的创作和发展提供了新的方向，也为浙江动画产业的持续繁荣奠定了坚实基础。

（六）广播剧：丰富文化生活，实现创新创优

浙江省依靠浓厚的文化氛围和丰富的文化资源为广播剧创作提供素材与灵感来源。浙江省广播剧数量丰富，涵盖单本剧、连续剧和微剧等多种形式，题材广泛，包括历史剧、现实剧、儿童剧等多种类型。广播剧不仅在省内广播电台播出，还通过华语环球节目中心、喜马拉雅等新媒体平台向海外传播，扩大了影响力。

2023 年浙江省的广播剧创作取得了显著成果。广播剧《通向马德里》由浙江广播电视集团和义乌市融媒体中心联合出品。该剧紧扣"义新欧"中欧班列开通 10 周年这一主要节点，聚焦习近平总书记亲自推动"义新欧"中欧班列的发展历程，生动展现了义乌人民干在实处、走在前列、勇立潮头的精神力量，以

---

① 中国国际动漫节.营收突破 500 亿元、行程超过 5 万公里……2023 杭州动漫游戏产业成绩单新鲜出炉 [EB/OL].(2023-12-22)[2025-03-31].https://mp.weixin.qq.com/s/rRgn01dO-WkyIcutb7ubvg.

② 浙江省统计局.75 载长歌奋进 文化强省赓续前行：新中国成立 75 周年浙江文化产业发展成就 [EB/OL].(2024-09-30)[2025-03-31]. http://tjj.zj.gov.cn/art/2024/9/30/art_1229129213_5380125.html.

及浙江省持续推动"八八战略"走深走实、奋力谱写中国式现代化浙江篇章的实干风貌。这部广播剧在"中国之声""浙江之声""商场之城"等多个平台播出，获得 2023 年度浙江省广播电视节目奖文艺类广播剧一等奖。

广播剧《遇见良渚》入选第十七届精神文明建设"五个一工程"优秀作品奖，这部剧以良渚文化为主题，展现了浙江省深厚的历史文化底蕴；广播剧《东出朔门》获得了 2023 年中国广播剧研究会广播单本剧特别推荐作品，这部剧在多地广播电台播出，并通过新媒体平台向海外传播，取得了广泛的社会反响；广播剧《最美的年代》获得了 2023 年中国广播电视大奖广播电视节目奖广播剧类三等奖；广播剧《寻找施昕更》获得了 2023 年度杭州市广播电视节目奖广播剧单本剧一等奖；广播剧《时空画师》获得了 2023 年度杭州市广播电视节目奖广播剧单本剧二等奖；广播剧《守望》获得了 2023 年度杭州市广播电视节目奖广播剧连续剧二等奖。2023 年，浙产广播剧在创作、播出和获奖等方面均取得了优异成绩，展现了浙产广播剧的高质量发展和文化影响力。

（七）电视文艺节目：题材多样化，类型多元化

2023 年，浙产电视文艺节目在题材与类型上不断创新突破，呈现出题材多样化、类型多元化的繁荣景象，为观众带来了丰富多元的视听体验，在文化传播与社会价值传递方面发挥了重要作用。《手艺人大会·发型师季》《万里走单骑：遗产里的中国（第三季）》《2023 中国文学盛典·茅盾文学奖之夜》等几部由浙江卫视出品的电视文艺节目入选"2023 年度广播电视创新创优节目名单"，这是对浙产电视文艺节目在内容创新、文化价值传递和制作水平等方面的高度认可，这些节目以其独特的题材和新颖的形式，为广播电视行业的发展提供了新的思路和范例。

《手艺人大会·发型师季》聚焦发型师这一独特的手艺人群体，深入挖掘发型设计背后的文化内涵与技艺传承，展现了传统与现代融合的魅力。节目通过发型师们的创意比拼，将发型艺术与中国传统文化元素相结合，如古典发饰、传统服饰等，在展现现代时尚潮流的同时，弘扬传统文化。这部电视文艺节目不仅让观众了解到发型设计这一行业的专业性和艺术性，也体现了浙产电视文艺节目对传统文化在现代生活中传承与创新的关注。

《万里走单骑：遗产里的中国（第三季）》致力于探寻中国的世界遗产，以独特的视角和生动的叙事，带领观众领略中国丰富的文化遗产。在节目中，嘉宾们深入各个世界遗产地，通过实地体验、专家讲解等方式，展现世界遗产的历史、文化和艺术价值。从古老的建筑到传统的手工艺，从自然景观到人文风情，节目全方位地呈现了中国世界遗产的魅力，体现了浙产电视文艺节目对文化遗产保护与传播的担当。

《2023中国文学盛典·茅盾文学奖之夜》以文学为核心，将"茅盾文学奖"这一中国文学界的重要奖项与电视文艺节目相结合，打造了一场文学的盛宴。节目通过对获奖作品的解读、作家的访谈以及文艺表演等形式，展现了中国当代文学的发展成果和文学魅力，它不仅让文学爱好者更深入地了解获奖作品，也提升了文学在大众文化中的影响力，体现了浙产电视文艺节目对文学艺术领域的关注和助力。

此外，在2023微博视界大会上，浙江卫视出品的综艺节目《奔跑吧》获选"年度创新传播作品"和"年度影响力作品"；《王牌对王牌》获选"年度品质作品"；《青春环游记》获选"年度创新传播作品"。

浙产电视文艺节目凭借题材的多样化和类型的多元化脱颖而出，为观众带来了丰富的精神食粮，也为行业的发展做出了积极贡献。未来，期待浙产电视文艺节目继续秉持创新精神，推出更多高品质、有深度的作品，满足观众日益增长的文化需求。

二、突出亮点：在精品创制上打好"组合拳"

浙江省作为全国文化体制改革先行区和数字经济发展高地，在广播电视精品创作领域始终以"领头雁"姿态构建系统性培育机制。通过政策引领、机制创新、生态构建三位一体的战略布局，浙江省形成了具有浙江特色的精品创作孵化模式，为全国广播电视和网络视听产业高质量发展提供了重要样本。

（一）发挥"领头雁"作用：做好精品创作规划和孵化工作

浙江省扶持电视剧精品创作，全力打响"浙产好剧"品牌。一是强化政策资金保障。研究制定《浙产好剧"四个一百"工程实施方案》[①]，拟策划百个重要题材、创建百个影视外景拍摄地、培育百家重点机构、推出百部优秀作品，发挥浙江文化艺术发展基金、"之江潮"杯文化奖等的激励作用，集结优势资源扶持优秀作品。二是扎实抓好重点选题。建立重要题材入库推优机制，围绕重大宣传期和重要宣传节点，梳理确定年度重点电视剧，做到"每周一追踪，每月一汇总"，不定时到剧组跟踪指导拍摄制作工作，从细节上把控好创作进度，提高作品质量。三是完善拍摄配套服务。做大做强横店影视城、象山影视城等影视拍摄基地，支持摄影棚、服化道、灯光器材、群众演员等配套产业发展，构建涵盖专业拍片、制片、后期服务的综合运营体系，打造浙江省影视文化精品创作大平台。

浙江省在精品视听剧作生产方面逐渐建立起了"全生命周期"培育体系，着力实施"种子—苗子—果子"三阶段培育计划：在创意阶段设立"之江编剧村"，汇聚全国 200 余位编剧人才，通过驻点创作、剧本研讨等方式培育原创 IP；在制作阶段推行"项目制工作室"，《琅琊榜》制作团队东阳正午阳光影视有限公司（以下简称正午阳光）就受益于浙江省的税收优惠和场地支持政策；在播出阶段构建"台网联动"矩阵，浙江卫视与中国蓝 TV 协同推广，使《王牌对王牌》等节目实现跨屏传播。

（二）用好"金钥匙"：创新驱动与技术应用

2023 年，浙江省出品的广播电视和网络视听作品在创新驱动与技术应用方面成绩斐然。在技术应用上，浙江省切实强化科技赋能，出台《浙江省广播电视实验室管理办法》[②]，推动一批重点项目参与广播电视总局高新视频创新应用大赛、AI 应用创新大赛，借助生成式 AI、沉浸式体验、超高清等新技术，在内容制作、呈现形式上不断探索。比如在一些作品的制作中，利用生成式 AI 优化

---

① 浙企 e 站.浙江省广播电视局关于印发《浙产好剧"四个一百"工程实施方案》和《关于开展浙产好剧"四个一百"工程申报工作的通知》的通知 [EB/OL].(2023-12-28)[2025-03-31].https://mp.weixin.qq.com/s/jNvtbGACdNx7CzFsrpLFsQ.

② 浙江文投.政企联动聚合力 省文投集团和省广电局开展战略合作 [EB/OL].(2023-12-06)[2025-03-31].https://mp.weixin.qq.com/s/8ujdboiBEFpiN0KhL_J4ng.

后期制作流程，提升特效制作的效率与质量，使画面更加逼真震撼；通过超高清技术，让观众能更清晰地感受作品中的每一处细节，带来极致的视觉体验。

浙江省大力实施文旅深度融合工程，研究制定广电与文旅融合发展的政策举措。《万里走单骑：遗产里的中国（第三季）》，以新颖的节目形式与传播手段助力文化遗产活化，入选 2023 年度广播电视创新创优节目名单；落地杭州市西湖区后陡门的互动真人秀节目《种地吧》，更是依托巨大的全网传播量实现文旅引流，变"流量"为"留量"。在万物互联、万物可融的时代，浙江省深入探索"视听＋文旅"有效途径，广泛开展"跟着微短剧去旅行"创作计划，精心梳理"跟着影视剧去旅行"主题游径，积极营造各类新业态、新场景，化视听"眼球"为地上"脚印"，变线上"流量"为线下"留量"，争创具有鲜明浙江辨识度的文、广、旅融合标志性成果。

（三）搭起"高架桥"：平台融合与渠道拓展

浙江省在广播电视和网络视听精品创作中，以搭建"高架桥"为战略抓手，通过构建平台，融合新生态，拓展立体化传播渠道，实现内容创作与传播效能的系统性升级。这种"平台贯通、渠道织网"的实践路径，不仅打通了作品从创作到触达用户的全链路，更在媒介深度融合的时代探索出具有示范意义的"浙江方案"。

浙江省积极整合产业内部资源，打破传统频道、频率之间的界限。例如，浙江广播电视集团通过旗下多个电视频道和广播频率的协同，对不同类型的素材进行有机融合，为优秀作品的创作提供丰富的素材来源。新闻类素材、文化类素材与综艺娱乐类素材相互碰撞，催生出既具新闻深度又有文化内涵与娱乐属性的新形态纪实类节目。浙江省广播电视局与浙江省文化产业投资集团签订合作备忘录，进一步助推全省广播电视和网络视听产业高质量发展，建设精品创作生产服务体系，孵化打造优质影视内容，加强影视行业人才队伍培育，开展影视重大宣传活动，促进影视文化国际交流合作，打造"浙产好剧"等浙江文艺品牌，全面提升浙江省广播电视和网络视听产业的竞争力、影响力和传播力，为中国广播电视和网络视听力量"走出去"提供良好的契机。

打造国际渠道，走向海外舞台。政府牵头组织各类国际文化交流活动，为企业搭建沟通桥梁。浙江省积极参与戛纳国际电视剧节等国际广播电视节目交流活动，通过版权输出、联合制作等方式，将浙江省优秀的广播电视和网络视听作品推向国际市场。一些展现中华优秀传统文化与浙江地域特色的纪录片、动画片成功登陆海外电视台和视频平台，提升了浙江省广播电视和网络视听作品的国际影响力。浙江省积极举办"浙江国际影视周"，邀请国际影视行业专家、企业代表参会，促进国际合作洽谈；同时，利用外交渠道，推动浙江省与"一带一路"国家的文化交流与合作，为广播电视和网络视听作品走向海外创造更多机遇。

三、广播电视制作经营单位的研究与分析

在数字化与信息化高速发展的时代浪潮下，广播电视行业作为文化传播的关键枢纽和社会发展的重要驱动力，正经历着深刻变革。2023 年，浙江省广播电视制作经营单位积极顺应这一行业变革趋势，在政策的有力引导和市场的高效驱动下，砥砺前行，不断探索创新发展路径。

这一年，浙江省聚焦创新广播电视行业模式，全力完善服务全产业链，将其作为重点任务，通过深入实施创新驱动发展战略，推动广播电视与新兴技术深度融合，不断拓展行业边界，提升内容生产质量与传播效率。同时，以改革为动力，破除体制机制障碍，激发市场主体活力；以开放为引领，加强与国内外同行的交流合作，引入优质资源，助力行业升级。

在政策支持与市场需求的双重推动下，浙江省广播电视制作经营单位积极优化营商环境，吸引了众多优秀人才和企业入驻，形成了良好的产业生态。各单位在内容创作上深耕细作，推出了一系列兼具思想性、艺术性和观赏性的精品力作，不仅满足了广大群众日益增长的精神文化需求，也在全国范围内产生了广泛影响。

（一）电视节目制作经营：区域协同发力，多元内容领航

浙江全省电视节目制作经营单位投资额总计 31 亿元，系统外制作经营单位

投资额达 5.65 亿元。① 其中杭州市核心集聚区，电视节目制作经营单位投资额为 16.7 亿元，约占全省制作经营单位投资总额的 1/2。金华市、宁波市等地协同发展，聚焦电视剧、动画片、纪录片等内容的制作经营。

杭州市的电视节目制作经营单位主要集中在滨江区（高新区）、西湖区和余杭区。滨江区依托高新技术产业和影视产业园区，吸引了大量优质制作公司，如以电视剧制作为主营业务的华策影视，2023 年推出了《以爱为营》等多部热播剧，其特点是注重内容品质，题材多元化，能够精准把握市场需求和观众喜好，在演员阵容、场景搭建、剧情打磨等方面都投入巨大，作品制作精良，具有较高的话题度和收视率。西湖区凭借文化底蕴和旅游资源，成为综艺节目和纪录片制作的重要基地，蓝天下传媒集团（以下简称蓝天下传媒）与浙江卫视合作推出了多档现象级综艺，其中劳作纪实互动真人秀《种地吧》以"长视频＋短视频＋沉浸式直播＋直播带货"的新思路，打破了传统综艺节目的制播形式。余杭区则因数字经济的快速发展，成为新媒体内容制作的热点区域，杭州小白杨影视有限公司（以下简称小白杨影视）积极响应文化助力乡村振兴号召，与淳安县等多地合作开展"乡村影像记录计划"，制作乡村题材纪录片和短视频，丰富乡村居民的精神文化生活，助力乡村旅游宣传推广。

相较于杭州市制作经营单位的多元化发展，金华市和宁波市相关企业的头部效应则更为显著。2023 年，横店集团实现营收 949 亿元，同比增长 7.1%；贸易出口额 201 亿元，同比增长 24%；全年新增投资 50 多亿元；直接新增就业 2700 多人。影视文旅是横店集团的主导产业之一，2023 年横店集团影视文旅板块迅速掀起了恢复生产经营的热潮，全年新开了 25 家影城，举办了两场横店马拉松赛事，横店影视节活力回归，横店 OST 音乐节亮丽开场，横店文旅博览会首次亮相，25 座高科技摄影棚投入使用。过去一年，横店影视城构建全方位、全链条、全过程服务体系，从场景搭建到餐饮住宿等一应俱全，共接待剧组 489 个，游客接待量达到 1980 万人次，创历史新高。② 横店影视城在科技赋能上成果显著，合作研发具有自主知识产权的虚拟拍摄系统，储备大量数字素

---

① 《浙江省文化文物广电和旅游统计年鉴 2024》。

② 横店发布 .949 亿元！横店集团 2023 年"成绩单"出炉，一起来看~[EB/OL].(2024-01-19)[2025-03-31].https://mp.weixin.qq.com/s/ofLTs0eZgkyiQA2yow9LaA.

材和模型库，建设影视云，推动影视工业化进程。

无论是国资背景的影视集团、民营的影视公司还是影视文化产业实验区管理委员会，浙江省的制作经营单位都在内容创作、产业发展和市场拓展等多个层面呈现出显著共性。在内容创作上，积极突破传统，华策影视的多样电视剧题材、蓝天下传媒的综艺模式创新、小白杨影视的聚焦乡村题材，以及横店影视屡获大奖的广泛题材作品，均体现出制作经营单位对观众多元需求的关注，且都在剧本、拍摄、后期等环节严格把关，注重内容品质，力求为观众呈现兼具思想性、艺术性和观赏性的优质内容。在产业发展方面，产业效应现象明显，杭州市不同区域依托自身优势吸引企业形成特色产业区，金华市和宁波市影视产业园企业高度集聚，头部效应突出，促进产业内资源共享与协同发展，同时紧跟市场趋势，积极拥抱新媒体和新技术，如杭州时光坐标影视传媒股份有限公司与横店影视城联合打造了第三代数字虚拟摄影棚。在市场拓展上，品牌塑造意识强烈，通过持续输出优质作品树立良好品牌形象，并且不仅深耕国内市场，还积极响应国家倡议，搭建国际平台的推广渠道，影视"出海"持续"破圈"。

（二）网络视频节目制作经营：产业崛起，文化"破圈"

2023年，浙江省网络视频节目制作投资额总计10.8亿元，销售额高达14.6亿元，其中杭州市、宁波市和金华市所占份额占据前列位置。在网络视频节目种类上，浙江省网络视频节目制作多聚焦网络剧、网络电影、网络动画片和网络微短剧。在杭州市网络视频节目产业，制作投资与销售成绩斐然。制作投资额总计5.5亿元，西湖区独占鳌头，约占一半。在销售额方面，全市共8.5亿元，滨江区以3.4亿元领先。在众多企业中，杭州平西府文化传播有限公司表现亮眼，网络视频节目销售额达1459.84万元，是投资额的3倍。[①] 在内容产出与合作方面，该公司参与腾讯视频"遇见非遗"活动，发布景德镇陶瓷文化视频，播放量超560万次，传播了陶瓷文化；在业务拓展上，该公司持续深耕游戏内容制作、知识类节目制作、动漫IP孵化等领域，旗下"是脑洞君啊"等动

---

① 《浙江省文化文物广电和旅游统计年鉴2024》。

漫 IP 达人、"阿阳精分了"等游戏 IP 达人持续活跃，不断挖掘新内容方向与受众需求。

除了深耕国内市场，网络视频节目已经成为中华优秀传统文化"走出去"的重要窗口。浙江龙果映画影视科技有限公司（以下简称龙果映画）作为中国（浙江）影视产业国际合作实验区内一家专注于影视内容制作与发行的创新型企业，注重挖掘中国传统文化与现代生活的结合点，制作了如《非遗传承人》这样的网络纪录片，以年轻化的叙事方式和精美的视听语言，展现了非物质文化遗产的独特魅力。此外，龙果映画还积极与国际制作团队合作，采用"中外合拍＋本土化改编"的模式，推出了网络剧《东方奇谭》。节目上线后，龙果映画利用社交媒体平台进行精准传播，节目在东南亚、欧美等地区引发了广泛关注，成为中华文化"软实力"输出的成功案例。在 2023 年，龙果映画还通过参与国际影视节展（如戛纳国际电视剧节、釜山国际电影节等），展示了其网络视频节目的创新成果，获得了国际影视行业的高度评价。这些举措不仅提升了龙果映画的品牌影响力，也为中华文化的全球传播开辟了新路径。

2023 年，得益于各级政府的大力扶持和企业的积极响应，浙江省网络视频节目的制作迎来发展高潮。西湖区建立浙江省首个微短剧审查分中心，从剧本源头把控质量，还帮助企业积极申报"文化产业大礼包"补贴；余杭区的 2 亿元发展基金与"黄金 10 条"政策，为企业发展注入强大动力；桐庐县启动富春江影视基地项目，企业可以借此将微短剧从线上延伸到线下，从侧面促进了文旅融合；临平区举办两届杭州·微短剧大会，搭建交流平台，1 亿元的"大美临卓"基金提供融资保障，临影厂影视拍摄基地及"1+N"全域影视拍摄矩阵提升拍摄效率与质量，推动产业链协同发展。象山影视城在象山县率先实施的《象山网络剧高质量发展十条意见》的推动下，进一步促进了网络剧产业的精品化和多样化生产。依托政策支持，象山影视城积极参与国内外影视展览和交流活动，如第二十七届香港国际影视展，与多家国际知名影视企业深入交流并达成合作意向；举办海峡两岸影视文化交流活动，促进两岸影视行业合作；开展影视剧组演员打卡亚运活动，显著提升象山影视城的知名度和影响力。2023 年，象山影视城年接待拍摄剧组量首次突破了 66 个。象山影视城更打造了"唐宋奇妙夜""梦华夜宴"等一系列爆款演出，为影旅融合注入新的活力。[①]象山影视城还吸引了中影年年等数字文化企业落户，推动了数字影视、原创动漫、特效制作等产业发展，形成了完整的影视产业链。这些代表性企业为象山影视产业的持续发展奠定了坚实基础，进一步巩固了象山影视城作为国内头部影视拍摄基地的地位。

四、浙产视听剧创作与产业发展的趋势展望

浙江省将持续以习近平文化思想为指导，深入学习宣传贯彻习近平总书记考察浙江重要讲话和在宣传思想文化工作会议上的重要讲话精神，自觉承担起举旗帜、聚民心、育新人、兴文化、展形象的使命任务，推动实施浙产好剧"四个一百"工程，在规划策划、导向把关、资源整合、队伍组织、工作协调、后勤保障等方面形成合力，创作出一批社会效益与经济效益俱佳的电视剧、动画片、纪录片、广播剧等精品力作。

（一）优化创作导向，推动精品创作

内容为王始终是视听剧创作的第一要义，浙江省需要进一步优化视听剧的创作导向，注重故事内容的质量、创新性和深度，鼓励精品创作，推动主旋律与多样化并存发展。

首先，坚持超前谋划，强化规划引领。切实提升文艺精品创作的组织化程度，坚持用超前眼光、系统思维来谋划创作工作，提升主动设计布局能力，发挥好规划引领作用，加快形成"谋划一批、储备一批、创作一批、推出一批"的文艺创作生产格局。坚持多维度讲故事，根据不同受众群体的需求，提供多样化的叙事方式和视角，满足不同年龄层和兴趣群体的需求。专注优质内容创作，始终坚持以高质量的内容为核心竞争力，确保剧情设计合理、人物形象鲜明、制作精良，以吸引并保持观众的兴趣。

---

① 象山影视城. 央视 CCTV-6《中国电影报道》：2023 象山影视城再攀高峰，2024 象山影视城再启征程 [EB/OL].(2024−01−10)[2025−03−31].https://mp.weixin.qq.com/s/TNFI__coUQkeZ_ZNlMnvYw.

其次，在强调视听剧的创作营收的同时，应使视听剧更加有效地彰显社会责任意识，引导健康向上的生活方式和社会价值观，坚持量质并举，引导树立正确世界观。继续动态调整《浙江省广播电视和网络视听"十四五"重点文艺作品选题规划》，坚持思想精深、艺术精湛、制作精良相统一。例如，《富春山居》一剧聚焦乡村振兴，展现了浙江省"八八战略"和"千万工程"的成果，体现了"绿水青山就是金山银山"的理念，传递了人与自然和谐共生的积极价值观；又如，《爱在青山绿水间》这部剧以环保和乡村振兴为主题，强调可持续发展和人与自然的和谐共生，展现出新时代乡村的美好生活。

（二）畅通输出渠道，谋划多圈层传播

第五十一次《中国互联网络发展状况统计报告》由中国互联网络信息中心（CNNIC）于 2023 年 3 月 2 日发布。报告显示，截至 2022 年 12 月，中国网民规模达到 10.67 亿名，较 2021 年 12 月增长 3549 万名，互联网普及率提升至75.6%。[①] 随着互联网和新媒体的发展，传统的电视台播放已经不能满足所有观众的需求，利用流媒体平台等多元化的发行渠道，视听剧可以更广泛地覆盖观众群体。

浙产视听剧可以利用社交媒体营销，通过微博、微信公众号、抖音等社交平台进行宣传推广，利用短视频、互动话题等方式吸引更多年轻观众的关注。例如，《狂飙》作为一部备受瞩目的电视剧，其社交媒体营销策略可以说非常多样化且高效：在微博上进行话题营销，创建一个专属的话题标签，如＃狂飙，鼓励观众参与讨论，还可以定期发布互动话题，如"你最喜欢哪个角色？""最震撼的一幕是什么？"等；在抖音、快手上制作一系列短视频，选取剧中的精彩片段，配以热门音乐或流行梗图，吸引年轻观众的关注，并且可以在短视频平台发起创意挑战，如"模仿剧中经典台词""重现剧中的场景"等，让观众参与进来，提高用户活跃度。

坚持国际化传播，加强与海外平台的合作，将优秀的浙产视听剧推向国

---

① 人民邮电报 .CNNIC 发布第五十一次《中国互联网络发展状况统计报告》 我国网民规模 达 10.67 亿 [EB/OL].(2023-03-03)[2025-03-31].https://www.zjwx.gov.cn/art/2023/3/3/art_1673579_58872836.html.

际市场，提升其国际影响力。在此可以借鉴中国第一家全数字英文媒体"第六声"。"第六声"坚持"普通人视角，人情味报道"，"以情动情"的共情传播具有打动人心的力量，并且共情的传播效果在异质文化中表现得尤为突出。当共情触发，横亘在文化间的鸿沟于无形中消失。受传者基于情感的一致性对信息内容进行"同向解码"，随着情感的不断"传染"，形成范围逐渐扩大的群体认同，最终迎来共情传播的"终极阶段"——全球全人类的凝聚力和认同感增强，这也是国际化传播追求的终极目标。

（三）联动影视和文学，深挖浙江题材富矿

浙江省拥有丰富的文化资源和独特的地域特色，这些都可以成为视听剧的重要灵感来源。浙江省有效利用浙江省本土的历史文化、民间传说、地方风土人情等素材进行深度挖掘与创作，推动影视作品与其他媒介形式相结合，如文学、漫画、游戏等，形成联动效应，在拓宽传播渠道的同时也增加了收入来源。

在大力创作全国重大题材作品的同时，深耕地方文化。浙江省拥有丰富的历史文化资源，包括西湖、乌镇等知名景点，以及越剧等传统文化形式，通过挖掘和展现这些独特的历史文化资源，可以制作出具有强烈地方特色的浙产视听剧。要强化地缘视角、突出浙江区域特色、聚焦浙江人民生动实践，不断推出扎根浙江大地，讲述浙江故事，体现浙江精神，彰显浙江气质，发展传承浙江优秀传统文化的生动实践，创作具有浙江辨识度的文艺精品。

此外，还可以举办各种形式的文化交流活动，吸引更多的创作者参与其中，共同讲好浙江故事。如举办好中国电视艺术创新峰会、中国国际动漫节、MIP China 国际影视内容高峰论坛、横店影视节等活动，培育、强化重大节展的学术交流、产业交易功能，进一步凸显政策引导性、行业引领性和跨界融合性：把中国电视艺术创新峰会打造成电视行业政策发布的权威平台和最具影响力的优质内容创作合作平台；进一步提升中国国际动漫节的专业化、国际化、产业化、品牌化、市场化水平；把 MIP China 国际影视内容高峰论坛打造成一个有影响力的国际化文创品牌：通过"民间主导、市场运作、政府支持"的方式，将横店影视节打造成为国际优秀民间影视节。

（四）推动技术创新与应用，提升创作传播效果

技术创新是推动广播电视和网络视听产业发展的重要动力，浙江省积极采用最新的数字技术，如 AI、VR、AR 等，将其应用于浙产视听剧的策划、制作、后期处理及营销推广等各个环节，以提升作品的艺术表现力。同时，通过技术创新优化用户体验，如使用先进的数字拍摄技术，如 4K、8K 高清摄影设备，以及无人机航拍等，使画面更加清晰细腻，增强观众的视觉体验，提高观众的满意度和忠诚度。

另外，CGI（计算机生成图像）技术和动画特效的应用，能够丰富剧情的表现力，实现用许多传统拍摄手法难以达到的效果，这些技术创新及其应用将极大地提升浙产视听剧的质量和影响力，同时也推动整个行业的进步与发展。随着技术的不断进步，浙产视听剧的创作与广播电视和网络视听产业未来的发展充满希望。通过持续优化创作导向、拓展传播渠道、深入挖掘本地文化资源以及推动技术创新，浙产视听剧的创作有望在全球范围内获得更大的影响力，并为地方经济注入新的活力。

五、结语

2023 年浙江省在广播电视和网络视听剧精品创作方面取得了令人瞩目的成绩。数字化转型是浙江省广播电视和网络视听产业发展的重要趋势之一。各大平台纷纷推出数字化战略，通过智能化推荐、大数据分析等方式优化内容分发，增强用户体验。预计未来浙江省广播电视和网络视听产业将进一步推进技术创新，特别是进一步增强 AI、5G、云计算等技术的应用，以实现更高水平的内容制作与分发，展现出强劲的发展势头和广阔的市场前景。

"月晕而风，础润而雨。"随着技术的进步和市场的变化，一些新的业态和模式将逐渐涌现，如 VR 直播、交互式观影等，为行业发展注入新活力。面对新一轮信息技术革命带来的变革和全球广播电视和网络视听产业的竞争新态势，浙江省将继续把握时代脉搏，深化技术融合，优化内容生态，推动产业高质量发展，努力成为全国乃至全球广播电视和网络视听产业的引领者。

2023 年浙江省广播电视和网络视听产业的媒体融合与创新发展报告

吴晓平^①　王　丽^②　陈启敏^③

摘要：2023 年浙江省广播电视和网络视听产业持续深入推进自身的高质量发展。本报告从全省媒体融合的研究视角出发，全面调研了浙江省广播电视和网络视听媒体的融合发展和创新发展实践。研究发现，浙江省广播电视和网络视听产业重点在高质量推进产业集群建设、拓展产业融合生态边界、地区产业转型、文旅赋能、城市媒体融合与文化符号塑造等方面有了新的突破与尝试；在基础设施建设与技术性能上有了多元合作的创新探索；而且省市媒体在利用长短视频拓展融媒生态、深入推进国际传播方面有重要的创新探索。本报告的调研与发现，对后续进一步推进浙江省广播电视和网络视听产业的媒体深度融合和高质量发展创新具有一定借鉴意义。

关键词：媒体融合；创新发展；高质量发展；新业态

2023 年，为全面贯彻省委数字化改革工作部署，有力落实《浙江省广播电视和网络视听发展"十四五"规划》^④，根据《浙江省广播电视和网络视听发展三

---

① 吴晓平：浙江工业大学人文学院讲师。
② 王丽：浙江工业大学人文学院新闻与传播学硕士研究生。
③ 陈启敏：浙江工业大学人文学院新闻与传播学硕士研究生。
④ 浙江省文化广电和旅游厅．省发展改革委 省广播电视局关于印发《浙江省广播电视和网络视听发展"十四五"规划》的通知 [EB/OL].(2021-03-31)[2025-01-10].https://ct.zj.gov.cn/art/2021/3/31/art_1229678764_5283528.html.

年行动计划（2022—2024年）》^①和《关于加快推进媒体深度融合发展的意见》等文件精神，浙江省全面推进媒体深度融合，着力构建资源集约、结构合理、协同高效的全媒体传播体系，探索广播电视和网络视听产业高质量发展的创新路径。作为全国文化产业发展的先行者，浙江省充分发挥影视大省、视听强省的资源优势，围绕"融合发展"与"创新驱动"两大核心，推动省市媒体在多领域合作、传播形态创新、视听集群深化等方面取得显著成果。

一、浙江省省级视听平台的媒体融合创新实践

从以技术赋能为核心的融媒平台建设，到文旅联动带动新业态边界延伸，再到集群化发展助推产业协同，浙江省省级广播电视和网络视听媒体平台在拓展传播边界、丰富传播形态和构建产业生态等方面均取得了突破性进展。

（一）拉长视听触角：多领域合作拓展创新业态边界

在推动广播电视和网络视听产业高质量发展的过程中，省级媒体平台始终秉持"创新驱动、跨界融合"的发展理念。根据《浙江省关于促进文化和科技深度融合的实施意见》^②，以浙江广播电视集团、华数集团为代表的省级媒体，通过与科技、金融和文旅等多个行业的深度融合，成功开辟了广播电视和网络视听产业发展的新天地，推动了多个领域的协同创新与资源共享。

科技与广播电视和网络视听深度融合，推动产业协同和场景创新。2023年，浙江省在科技与广播电视和网络视听深度融合领域取得显著突破，通过企业间协同与政企合作双轮进行驱动，构建起多元化的广播电视和网络视听产业创新生态。2023年12月13日，华数集团与金成集团在白马湖畔的华数数字电视产业园正式签署战略合作协议，双方以"平等协商、合作共赢、稳步推进"为原

① 浙江省文化广电和旅游厅.浙江省广播电视局关于印发《浙江省广播电视和网络视听发展三年行动计划（2022—2024年）》的通知[EB/OL].(2022-05-19)[2025-01-10].https://ct.zj.gov.cn/art/2022/5/26/art_1229678759_2516214.html.

② 浙江发布.让文化插上科技的翅膀高飞,《浙江省关于促进文化和科技深度融合的实施意见》印发[EB/OL].(2020-09-25)[2025-01-10].https://mp.weixin.qq.com/s/ctE0tU7vGoxi27jbjCSwJw.

则，建立联合工作组，重点围绕智家物联、教育内容、数字化平台等领域开展深度合作。① 此次合作旨在通过资源共享、优势互补和技术协同，打造高效的产业协同机制，推动品牌价值共创，为科技赋能广播电视和网络视听产业提供实践范本。此外，华数集团与临平区政府签订战略合作协议，以"数智临平·品质城区"建设为目标，全面推进文化产业数字化。此次合作聚焦三大方向：一是提升区域数字服务能力；二是创新 5G 产业发展模式；三是构建国家级微短剧产业生态。这一政企合作模式不仅加速了临平区数智化变革进程，也为共同富裕示范区建设提供了重要支撑。②

1. 消费金融与广播电视和网络视听深度融合，解锁属于"新物种"的独特生活方式

在探索与金融领域的跨界合作方面，浙江广播电视集团携手中国建设银行浙江省分行，共同推出了 Z 视介首张联名卡——"Z 卡"。③ 此举标志着浙江广播电视集团"Z 伙伴计划"自启动以来，首次在金融领域迎来重要合作伙伴，在品牌 IP、流量渠道、运营共建等方面展开全方位的联动合作。2023 年，浙江广播电视集团创设"风云传播中心"，携手中国建设银行浙江省分行举办风云浙商2023 传播力大会④，成立 ZMG 国货传播联盟，整合多方资源，创新传播手段，颂扬新国货的卓越品质与新浙商的奋进精神，为新消费领域注入强劲动能，实现浙商品牌价值的全面提升。

2. 文旅与广播电视和网络视听深度融合，打造美丽浙江流动舞台

2022 年 10 月，浙江省文化和旅游厅发布《关于实施文旅融合"五百五千"工程及其三年行动计划》。同年年底，《浙江省人民政府关于推进文化和旅游产

---

① 格视智库. 华数集团与金成集团签约 [EB/OL].(2023-12-15)[2025-01-10].https://mp.weixin.qq.com/s/uzEYnqmfU4Yu8zajRz50Iw.

② 华数传媒. 华数集团与杭州临平区签订战略合作协议 [EB/OL].(2023-06-28)[2025-01-10].https://mp.weixin.qq.com/s/vEn7Ya_x0st-kbi0GFqm4A.

③ ZMG 部落. 这张今天首发的联名"Z 卡"，见证美好生活双向奔赴 [EB/OL].(2023-11-22)[2025-01-10].https://mp.weixin.qq.com/s/0v-xqFslb12z4Tfl4Qv59w.

④ 浙江经视. ZMG 风云传播中心、ZMG 国货传播联盟今天正式成立 [EB/OL].(2023-11-22)[2025-01-10].https://mp.weixin.qq.com/s/PjaCjxhbAnIz1TIR99gJXg.

业深度融合高质量发展的实施意见》①出台。2023 年 2 月，浙江省召开文旅深度融合发展动员部署会，印发《浙江省文旅深度融合工程实施方案（2023—2027年）》②，要求部署文化和旅游深度融合发展，加快推动文化和旅游产业强省建设，统筹广电媒体资源，将广电新媒体平台打造成为全新的流动舞台。这为文旅融合工作锚定了新方向。

2023 年，浙江广播电视集团与飞猪、携程等旅游平台紧密合作，深度推进文旅资源融合，共同挖掘展示浙江省丰富的文化和自然资源，为游客带来前所未有的体验，推动区域经济的发展。例如，浙江省打造线上线下相结合的文旅体验活动，吸引了大量游客来到丽水、嵊州等地的著名景点，促进了本地文旅经济的发展。Z 视介推出"浙里文化圈"系列活动，联动临安博物馆、嘉善博物馆、绍兴博物馆等全省各地展馆资源，借助 VR 技术，提供"云上展览"服务，让广大网民足不出户即可感受中华历史、浙江文明跨越时空的永恒魅力。

通过一系列跨界合作的深化，浙江广播电视集团不仅在"科技＋视听""消费金融＋视听""文旅＋视听"等多个领域取得了闪亮成果，还通过资源整合和协同创新，进一步推动了全省广播电视和网络视听产业的升级与转型，为推动广播电视和网络视听产业高质量发展提供了经验和创新模式。

（二）模式创新与形态丰富：多元传播推动生态升级

浙江省省级媒体平台秉持"创新驱动、融合发展"的理念，着力推动广播电视和网络视听产业升级，打造多元化的传播生态。浙江省通过不断融合技术创新与内容创作，推动平台功能的升级与传播形态的多样化，不仅提升了自身的传播力与竞争力，也为产业的高质量发展注入了源源不断的动力，充分发挥了媒体技术优势，构建了一个更加智能化、互动化和精准化的传播生态。

---

① 杭州文广旅游发布.浙江省人民政府关于推进文化和旅游产业深度融合高质量发展的实施意见[EB/OL].(2022-12-07)[2025-01-10].https://mp.weixin.qq.com/s/2VZdLMNjtrCGRqBQW0LKKA.

② 浙江文旅政务.全文来了！浙江省文旅深度融合工程实施方案（2023—2027 年）[EB/OL].(2023-02-15)[2025-01-10].https://mp.weixin.qq.com/s/IzyhDdX8C0t7PcNo-fJ3Ew.

1.技术驱动：提升平台融合效能

2023 年 11 月，在世界互联网大会·乌镇峰会举办期间，浙江卫视创新性地设立了虚拟演播室，与峰会官方数字虚拟形象——"小互"进行独家合作，推出了《全媒体搜索·"小互"说峰会》专栏节目。[①] 该节目由主持人李嘉欣与虚拟数字人"小互"携手，以虚实融合的互动播报形式，深度解读峰会亮点，推出了《当"小互"遇上"谷小雨"：两小只畅聊乌镇峰会 10 年》《"小互"说峰会：数字点亮新生活》等新形态内容，展示了由技术驱动的媒体创新力量。

华数集团精准洞察行业需求，持续深耕智能化泛视频服务平台的完善工作。华数集团通过深度整合音视频生产、通信等多元服务，构建起强大且灵活的个性化配置体系，以满足不同场景下的多样化需求。在技术创新层面，华数集团借助 AI，精心打造了全面的音视频处理算法库，并将其高效封装至 SDK（软件开发工具包）及分布式音视频传输系统之中。这一创新性举措，使得华数集团能够为外部提供一站式综合融媒服务，从而有力地支撑了社会治理、民生服务、智慧家庭以及垂直行业等核心业务的广泛推广。基于在面向行业媒体的智能视频服务平台上所积累的卓越的媒体综合配置能力，华数集团成功搭建起跨屏、跨网的融媒综合门户产品。该产品整合了电视屏、移动屏、城市屏、智慧屏等多种终端，打破了屏幕与网络的界限，实现了全方位的内容覆盖。[②]

2023 年 4 月 18 日，浙江广播电视集团再次迈出了重要一步，Z 视介客户端上线。[③] 这一平台的推出，标志着浙江广播电视集团"中国蓝"品牌的全新升级，同时也标志着媒体深度融合的一次重大实践的落地。作为浙江省省级媒体融合改革的重要组成部分，Z 视介的上线不仅有助于构建融为一体、合而为一的全媒体传播格局，其自身亦将成为浙江省打造重大文化传播平台的核心力量。Z 视介自上线之日起，就秉持着守正创新的理念，既坚守文化的灵魂、特质和

---

① ZMG 部落.乌镇峰会 | 我们记录"10 年之约"[EB/OL].(2023-11-10)[2025-01-10].https://mp.weixin.qq.com/s/9WntpScHtq_vO5NMJtg71w.

② DVBCN 中广 5G.华数传媒沈子强：智能化泛视频服务，赋能行业融媒创新 [EB/OL].(2023-12-01)[2025-01-10].https://mp.weixin.qq.com/s/-Yspc2mBTQl_59xe-_quIw.

③ 浙江发布."视听新物种"，Z 视介来了！[EB/OL].(2023-04-18)[2025-01-10].https://mp.weixin.qq.com/s/BcIc_q2MeRdvsFfF8RpXRg.

形态，又勇于创新互联网的传播方式、互动方式和表达方式。Z视介独创了视频部落化的运营模式，通过设立"亚运体育""国潮艺风""跑男青春""天赐音乐""播客陪伴"等五大部落，精准捕捉并满足观众的兴趣点，构建起新型交互社群。同时，Z视介还开设了"非遗""戏曲""宋韵"等16个子频道，特别设置的"视介官"专区，已经吸引了超过3万名创作者加入。他们通过线上线下相结合的方式，共同推动了优秀文化的创新创造和裂变传播。

2023年5月24日，ZMG好易购家庭购物频道与传播大脑正式签署战略合作协议，标志着双方将开启全面且深入的合作新篇章。① 双方基于"优势互补、资源共享、合作共建、利益共享"的核心理念，联合共建全省、市、县融媒电商一体化技术平台，这一举措不仅是对打造省域融媒电商大矩阵的积极探索，更是双方顺应电商产业和数字经济发展趋势，主动求变、科学应变、准确识变的重要战略部署。ZMG好易购家庭购物频道将充分依托其"浙里云购"技术体系，为全省、市、县融媒电商一体化技术平台的建设，提供强大的技术开发和专业的电商运营服务；传播大脑也将发挥其独特优势，与ZMG好易购家庭购物频道携手，为全省各地方客户端提供以服务百姓民生、助力数字经济、提升传播力为主旨的融媒电商服务。

2.形态创新：探索内容生产新路径

在内容形态创新方面，浙江省省级媒体注重"短视频""微短剧"等新型内容形态的生产和传播，探索内容制作的多样性与精准化。2023年，在"一带一路"倡议提出10周年之际，浙江广播电视集团融媒体新闻中心积极"走出去"，重磅推出全球融媒新闻行动《筑梦丝路》。② 浙江广播电视集团派出多路记者奔赴全球五大洲，以"挖掘丝路建设亮点，传播丝路精神"为宗旨，用纪实手法和蹲点手段，深入挖掘"一带一路"国家与中国深化各领域合作、扩大经贸往来、促进人文交流的鲜活故事，全景式展现共建"一带一路"成绩单，搭建具有国际化视野的融合传播通道，提升国际社会对共建"一带一路"的认同、共鸣和共

---

① 传播大脑.传播大脑牵手好易购，共建浙江省县融电商一体化技术平台[EB/OL].(2023-05-24)[2025-01-10].https://mp.weixin.qq.com/s/6GAwv3QRJI5wjHYD4D9vhQ.
② ZMG部落.讲好"一带一路"全球故事 这个新闻行动正在火热进行中[EB/OL].(2023-11-20)[2025-01-10].https://mp.weixin.qq.com/s/LrVP_P9uFaZe8F0Ae91bEQ.

情。2023 年，浙江卫视和 Z 视介客户端在同步上线具备传统节目形态的《丹青中国心》的同时，独家策划"宋韵今辉"云探展，为观众呈现了一场古韵与风雅的跨时空相遇。另外，Z 视介"国潮艺风"部落特别上线"宋韵今辉"线上展专区，深入挖掘圈层文化的社交属性，让观众在高科技全景互动的加持下，沉浸式线上逛展。①

同时，浙江省省级媒体充分利用来华外籍博主的影响力，进行了一系列国际传播。如浙江卫视通过电视与新媒体平台的协同联动，构建起前后方紧密合作的团队，对"洋网红 Rose"进行了持续的跟踪报道，并推出了一系列以"'非洲玫瑰'回娘家"为主题的报道，精心制作了《"新丝路"上的"玫瑰"故事》H5互动作品，并在第三届"一带一路"国际合作高峰论坛的民心相通专题论坛上进行了案例展示，不仅增强了论坛的互动性和吸引力，也进一步提升了"一带一路"倡议的国际认知度。

此外，多个作品采用中英文双语呈现，设计精良，融合了多种新媒体技术手段，巧妙嵌入了短视频、长视频，为读者提供了丰富多样的浏览体验。这一创新性的尝试，不仅展示了浙江广播电视集团在新媒体融合方面的积极探索，也为"一带一路"倡议的国际传播提供了新的视角和路径。

在 2023 年世界互联网大会·乌镇峰会期间，浙江卫视创新推出《第一视点 | 乌镇 10 年容融与共》，以"微纪录片 + 微访谈"的形式，探访乌镇向"网"的生活，携手 AI 领域专家，深度走访乌镇，以微观视角映射出乌镇 10 年间的深刻转型，见证思想引领的强大力量。② 截至目前，该报道在各平台的观看量已突破 1260 万次。

为紧扣"文化 + 科技"主题，浙江广播电视集团精心打造了一系列节目，致力于为观众带来全新的沉浸式视听体验。其中，浙江卫视制作并在 Z 视介客户端播出的《国风·无双》特别节目尤为亮眼。该节目以青春视角对国风文化进行了创新表达，迅速吸引了大众的目光。《国风·无双》特别节目由《国风无双》

---

① 影视前哨.博览、深研、精品、妙悟,《丹青中国心》有极致追求下的匠心传承 [EB/OL].
(2023−05−08)[2025−01−10].https://mp.weixin.qq.com/s/1nHNdgrNJCxKGncPtMEqGA.
② ZMG 部落.乌镇峰会 | 我们记录"10 年之约" [EB/OL].(2023−11−10)[2025−01−10].
https://mp.weixin.qq.com/s/9WntpScHtq_vO5NMJtg71w.

群英会宣传片、《国风无双》群英会，以及《乐·无双》《画·无双》《意·无双》《棋·无双》《启·无双》共 7 个篇章构成，全方位、深层次地展现了东方美学的独特魅力，彰显了新时代的文化自信。以《棋·无双》篇章为例，节目组巧妙地使街舞文化与传统文化相结合，展开了一场别开生面的碰撞与交流。在节目录制现场，巨大的中国象棋盘成为舞台，习武者与街舞舞者以独特的方式"以武会舞"。同时，节目组运用立体建模、CG 动画制作和动捕技术等先进手段，对节目内容进行精心包装，为观众呈现出一场刚柔并济、融会贯通的视听盛宴。①

（三）集群发展与辐射示范：打造视听产业高地

随着浙江省广播电视和网络视听产业的快速发展，省级媒体平台通过不断优化产业集群建设，深化跨行业协作，通过加强与政府、企业和科研机构的合作，建立了多个具有示范性和引领作用的产业基地（园区），为浙江省视听产业的持续增长提供了坚实基础，推动了区域广播电视和网络视听产业的整体升级。

基地（园区）建设：推动产业集群化。在文化产业蓬勃发展的浪潮中，产业集群发挥着强大的推动作用。浙江广播电视集团积极投身其中，深度参与多个产业基地（园区）的建设，通过整合影视、旅游和科技等多元资源，全力打造具有区域引领意义的产业高地，为浙江省广播电视和网络视听产业的繁荣发展注入强大动力。例如，其与地方政府合作的典型案例——中国海影城以"广电""影视""海洋""数字""游戏 IP"为特色，打造集主题游乐、休闲度假、特色研学、影视拍摄、艺术展览为一体的大视听产业基地（园区），通过将影视拍摄、文旅体验和国际会展三者有机结合，为浙江省广播电视和网络视听产业提供了一个全新的文化传媒资源整合平台，推动了影视制作的本地化发展，也带动了地方经济和文化产业的双向发展，提升了浙江省的文化影响力。②此外，浙江省联合横店影视文化产业集聚区成功举办了"全球影视产业博览会"，吸

---

① ZMG 部落.Z 视介《国风·无双》：国风新表达，美学新境界 [EB/OL].(2023-05-20)[2025-01-10].https://mp.weixin.qq.com/s/vojsNqT5QIBHljwJ7t-EIQ.

② 北纬 30 度最美海岸线.浙江广电重大文化产业项目建设进入核心关键期："中国海影城"三期核心区开工 [EB/OL].(2023-06-16)[2025-01-10].https://mp.weixin.qq.com/s/YbCZWwMi4mYZVIOdcHRlAA.

引了超过 200 家企业参与。通过节展活动，横店影视文化产业集聚区进一步强化了园区的资源集聚效应，促进了产业链上下游的合作与交流。① 中国（之江）视听创新创业基地同样成绩斐然。截至 2023 年，该基地实现营收 148.72 亿元，成功吸引和培育了 255 家优质的广播电视和网络视听企业，其中包括 28 家国家高新技术企业，集聚效应十分明显，构建起集影视制作、衍生品开发等于一体的完善的产业链。同时，其创新创业生态持续优化，产教融合优势日益凸显，为浙江省广播电视和网络视听产业的创新发展贡献了重要力量。② 此外，2023年 8 月 8 日，浙江省广播电视和网络视听产业基地（园区）联盟在横店成立，华数白马湖数字电视产业园等 9 家单位担任理事单位。③ 该联盟的成立，有助于整合各方资源，加强基地（园区）间的合作与交流，进一步推动浙江省广播电视和网络视听产业的集群化发展。

这些产业基地（园区）的建设与发展，充分发挥了产业集群的优势，促进了资源共享、协同创新，推动了浙江省广播电视和网络视听产业的高质量发展。

1. 深化协作：打造区域联动发展新格局

浙江广播电视集团注重区域产业联动和协同发展，积极推动影视文化基地和科技创新基地相结合。横店影视文化产业实验区作为国内领先的影视基地，以其丰富的拍摄场景为影视创作提供了广阔的空间。在传统的前端生产的基础上，近年来，横店影视城积极探索丰富后期制作技术，配备了世界一流的特效制作设备和专业团队，实现了从剪辑、调色到视觉特效的全方位高质量制作。2023 年，浙江广播电视集团与横店进一步深化合作。以浙江省广播电视和网络视听产业基地（园区）联盟成立大会在横店的顺利召开为契机，双方联合举办了多届影视制作工作坊，邀请了国内外知名导演、编剧和制片人前来授课，分享行业最新理念与前沿技术，为整个影视行业搭建起宝贵的学习与交流平台，

① 中国工业新闻网.浙江东阳："传承文化，智影未来"2023 横店影视文化产业博览会开幕[EB/OL].(2023-10-31)[2025-01-10].https://www.cinn.cn/p/275711.html.
② 国家广播电视总局.中国（之江）视听创新创业基地打造全国数字视听创新高地[EB/OL].(2024-05-22)[2025-01-10].https://www.nrta.gov.cn/art/2023/5/22/art_114_64350.html.
③ 金华日报.广电头条 | 浙江省广播电视和网络视听产业基地（园区）联盟在横店成立![EB/OL].(2024-08-10)[2025-01-10].https://mp.weixin.qq.com/s/3U8q9lpMUGcqzOJRk5jluw.

有力推动了行业知识的传播与技术的进步。① 在跨区域合作方面，华数集团与湖北省广播电视信息网络股份有限公司在华数白马湖数字电视产业园签署战略合作协议。双方充分发挥各自在资源资质、能力经验以及市场地位方面的优势，特别是华数集团在智慧家庭、智慧社区、智慧城市等领域积累的丰富经验，聚焦业务场景拓展、流程优化升级、能力协同提升以及资本合作等多个领域，制订详细计划，分步推进合作。通过这种跨区域的强强联合，浙江省广播电视和网络视听产业有望整合优势资源，开拓新的业务模式，提升整体竞争力，为产业在更广泛区域内的协同发展提供示范，助力构建区域联动发展的全新格局，推动产业向更高质量、更具规模的方向迈进。②

2023 年 6 月 8 日，浙江广播电视集团在杭州举办了"Z 朋友"融合传播协作会，并正式发布了区域传播协作新模式。在此次活动中，浙江广播电视集团与首个区域传播协作方——嵊州市举行了签约仪式。此前，双方已在新闻宣传、文旅节目录制（如《还有诗和远方》）和综艺节目创制（如《中国好声音·越剧特别季》）等方面开展了紧密合作。在此次签约后，双方将在新闻报道、文旅节目、综艺创制、宣传活动、传播渠道等多个领域展开深度协作。浙江广播电视集团将整合自身的内容资源和传播优势，为嵊州市提供全方位的支持，双方共同探索一条区域传播与地方发展相结合的新路径。③

随着"视听西湖"品牌效应持续凸显，越来越多优质的广播电视和网络视听项目落户浙江省。2023 年 11 月 29 日，以"大视听、新产业、向未来：AI 驱动大视听产业创新发展"为主题的 2023 中国视听创新大会启动，邀请数百位相关领域知名企业家、专家学者、主管部门领导、企业机构负责人、媒体人和专业观众齐聚大会，助力广播电视和网络视听产业综合性交流。④

---

① 广电猎酷.浙江省广播电视和网络视听产业基地（园区）联盟在横店成立 [EB/OL].(2023-08-09)[2025-01-10].https://mp.weixin.qq.com/s/MUROcNTcDfqk6ZuWugygDw.
② 华数传媒.华数集团与湖北广电网络达成战略合作 [EB/OL].(2024-09-15)[2025-01-10].https://mp.weixin.qq.com/s/8Zxj04ngkXYWeigb5U1jHw.
③ 浙江之声.Z 朋友，相约"中国蓝"新平台 [EB/OL].(2023-06-08)[2025-01-10].https://mp.weixin.qq.com/s/MkAytTG6NbhWSlHJ6KSeXA.
④ 美丽西湖.2023 中国视听创新大会开幕，五大亮点引关注 [EB/OL].(2023-11-29)[2025-01-10].https://mp.weixin.qq.com/s/h6vpPGw_r59hpYuUlY0Kkg.

2. 平台创新：赋能产业链协同发展

2023 年，浙江省省级媒体还通过平台创新推动产业链的协同发展。例如，华数智家智慧家庭平台（以下简称华数智家）以"新视听＋智能终端"产业链布局为核心，推动了智能家居与广播电视和网络视听内容的深度融合，开辟了全新的产业发展方向。华数智家通过将广播电视和视听内容与智能家居设备深度融合，为用户打造高度个性化的体验，如用户可通过语音指令操控电视内容播放，并能根据个人偏好定制推荐内容。[①] 此外，通过与硬件厂商和互联网平台的合作，华数智家不仅提升了在家庭广播电视和网络视听市场的占有率，还推动了广播电视和网络视听产业在智能家居场景中的应用。[②]

2023 年，省级多家媒体和机构联合深度打造了省级一体化技术平台——传播大脑，实现媒体数据的共享与智能资源调度。[③] 截至 2023 年 12 月底，传播大脑已向全省两家省级媒体（潮新闻、Z 视介）、10 家地市级媒体、80 家区县级媒体提供了技术服务。

截至 2023 年年底，传播大脑成绩斐然：已有 1/3 浙江人成为传播大脑的注册用户；每天有 250 万条内容在传播大脑上发布；有 8.9 万篇地市原创爆款内容通过这一平台，成功推向全国。这一平台不仅提升了新闻传播的时效性，还显著增强了浙江省省级媒体在全国范围内的媒体融合效能。特别是在重大新闻事件的报道中，传播大脑能够运用智能算法迅速生成分发方案，实现内容的精准触达，为融媒体传播提供了强有力的支撑，也为视听产业的数字化转型探索了新路径。

浙江省广播电视和网络视听产业的省级主流媒体坚持"稳中求进，变中求新"，坚持"口碑做第一，数据做第二"，扎实推动融合创新发展，矢志不渝地

---

① 广播电视信息.华数传媒控股股份有限公司党委副书记、总裁乔小燕：共创智能电视新时代 华数的创新探索与用户体验提升 [EB/OL].(2024-09-19)[2025-01-10].https://mp.weixin.qq.com/s/2T-snMmaEPxbFggSElgTNQ.

② 浙江文化产业.是什么让华数"跃"向数字时代 [EB/OL].(2023-09-06)[2025-01-10].https://mp.weixin.qq.com/s/IJlmWml7aXXwUBnIVz4Q2g.

③ 浙江在线.传播大脑 CTO 亮相，"天目蓝云"暨应用场景发布，技术生态联盟成立——浙江媒体融合"一张网"建设启动 [EB/OL].(2023-03-29)[2025-01-10].https://zjnews.zjol.com.cn/zjnews/202303/t20230329_25575532.shtml?mode=m2pc.

推进全媒体传播体系的建设，致力于提升资源集约利用、传播精准度和平台智能化程度。在区域发展的广阔舞台上，浙江广播电视集团通过精心打造中国海影城、"两山"安吉智慧广电产业基地等一系列重点项目，有力地促进了广播电视和网络视听产业与文化、旅游、科技等多元领域的深度融合，成功孵化了一批具备区域引领效应的示范基地，并构筑了千亿级规模的产业集群，为区域经济的蓬勃发展注入了强劲的新动力。

在技术革新的前沿阵地，省级媒体继续深化融合创新的战略部署，并聚焦技术革命与国际合作的机遇，全力推动全省广播电视和网络视听产业实现更高质量、智能化、多元化的发展。华数集团致力于提升技术创新融合程度与服务品质，大力推行"5G+超高清+AI"技术的深度融合应用，精心构建了华数智家和传播大脑，积极探索广播电视和网络视听产业数字生态的新形态与新路径。同时，浙江省省级媒体还通过实施《筑梦丝路》等一系列国际传播项目，充分发挥内容资源与传播渠道的整合优势，有力提升浙江省文化软实力的国际影响力与传播力。

二、浙江省地市、县级视听产业的媒体融合创新实践

自 2014 年《关于推动传统媒体和新兴媒体融合发展的指导意见》发布以来，各级媒体融合工作在中央与地方多层级的政策设计下持续推进。[①] 浙江省作为数字经济与文化产业较发达的省份，涌现出"长兴模式"等一系列典型案例。随着媒介融合进入深水区，地市媒体在不断探索创新、锐意进取的过程中，积累了不少成功经验，但同时亦面临着发展理念与业务拓展不均衡、人才队伍建设不到位、新平台吸附力不够强、资金保障压力大、新媒体建设乏力与内容创优不足等多重挑战，亟须在体制机制、经营模式、内容创新和技术赋能等方面进一步改革突破。

---

① 中国政府网.推动主流媒体在融合发展之路上走稳走快走好 [EB/OL].(2014-08-10)
[2025-01-10].https://www.gov.cn/xinwen/2014-08/20/content_2737635.htm.

（一）浙江省地市媒体的积极创新实践

1.战略导向持续深化，政策规范系统布局

2023年，浙江省在全省范围内部署了地市广电媒体的集中挂牌与深度融合工作，嘉兴、舟山、丽水、金华等地市广电媒体机构相继挂牌成立新的新闻传媒中心、传媒集团，标志着此轮地市媒体融合步入加速阶段。2023年1月9日，嘉兴市新闻传媒中心、嘉兴传媒集团挂牌，以"向网而生、因融而兴"为导向，以"融为一体、合而为一"为目标，围绕"高质量打造红船旁的新型主流媒体"定位，坚持"先立后破、边建边融、宜融则融、能融尽融"原则，着力从总体规划、人员融合、资金保障、用户黏合、机制创新等方面着手，为嘉兴市广电媒体的深度融合的改革发展铺平道路。同年1月18日，舟山市新闻传媒中心、舟山传媒集团挂牌，全力打造海洋特色新型主流媒体，为现代海洋城市建设书写新的时代篇章。同年1月19日，丽水市新闻传媒中心、丽水传媒集团正式挂牌，进一步整合资源、融合服务、聚合用户，打造优质全媒矩阵，并创新经营管理，推动产业提质增效。[1]同年2月21日上午，金华市新闻传媒中心、金华市传媒集团正式挂牌成立，充分整合报纸、广播、电视、新媒体等各大平台，以新闻的力量高水平服务金华高质量赶超发展。[2]纵观2023年全年，浙江省地市媒体通过机构整合调整，已大体完成地市级报刊和广电两块主体业务的融合，地市媒体融合初具形态。

2.体制机制不断完善，融合模式各有特色

地市媒体融合的难点之一，在于如何形成高度协同、高效运转的新型组织形态。2023年，浙江省各地市新闻媒体中心在机制体制改革方面下足功夫，通过全流程再造，深入激发媒体融合新势能。衢州市新闻传媒中心从2023年10月开始，对原有两家单位进行梳理，对60多项制度进行重新修订完善，使各项工作有章可循、有法可依，真正实现以制度管人管事。衢州市新闻传媒中心构

① 新闻战线.互联网思维·市场化机制·全方位融入：浙江省地市级媒体深度融合发展的启示[EB/OL].(2023-05-15)[2025-01-10].https://mp.weixin.qq.com/s/2NHybUdM_JdHTbkM6tq3Rw.
② 运营视讯."报社＋广电"！2023年以来，又有多家地市级融媒体中心挂牌成立[EB/OL].(2023-02-23)[2025-01-10].https://www.sohu.com/a/646968204_121119272.

建新闻内容生产和经营创收两大顶层设计，全面推进采编流程再造、融媒指数提升、业态模式重组三大工程，搭建人事管理、薪酬考核、经营体制、组织文化四大保障体系。此外，衢州市新闻传媒中心还先后制定了《新闻采编审核流程》等8项内容生产管理制度，同时开发了"智媒云厨"融媒生产系统。[①] 湖州市新闻传媒中心改革朝3.0方向推进，加快数智传媒中台建设，打造全媒传播体系，深化"新闻+"应用场景，打造全效治理体系，强化机制保障，创新考核制度，打造人才支撑体系，建立融媒矩阵，打造内容生产体系。[②] 面对新形势、新任务、新机遇，嘉兴市新闻传媒中心直面时代变革，坚持守正创新，以高质量打造红船旁"站位高、融合深、传播强、产业兴、队伍优"的新型主流媒体为目标，全力推进在思维理念、机制体制、平台建设、内部管理、人才技术等方面的深度融合创新，如重建组织、干部、薪酬、制度体系，以改革激发媒体融合发展创新动能，奋力开创地市级媒体融合改革高质量发展新局面。[③] 在此过程中，多地市强化了人才培养与评价机制改革，在考核中更加突出优质原创内容、深度报道、短视频制作、创新表达等指标，引导全体媒体从业人员向多能型、复合型人才发展，鼓励团队协作与创意创新，不断积累融合实践经验。

3. 技术系统多元对接，平台建设优化升级

技术赋能是媒体融合深度化的催化剂，不仅关系到内容生产模式的变革，也决定了媒体在移动端、社交端的竞争力。全媒体传播体系的核心不仅在于组织架构重塑，更在于如何借助 AI、大数据、云计算、VR、AR 等新技术，实现智能化生产、精准化传播与全程化交互。2023 年 2 月 23 日，衢州市新闻传媒中心对外官宣，旗下"三衢"客户端将成为百度文心一言首批生态合作伙伴，

---

① 传媒评论.衢州新闻传媒中心党委书记、主任吴德生：全媒创新深入融合，多维激发媒体生产力 [EB/OL].(2024-12-06)[2025-01-10].https://mp.weixin.qq.com/s/0iHiUYPkEbJaUU_bu9A3Ow.

② 传媒评论.全媒体传播体系下市融改革路径探索与实践：以湖州市新闻传媒中心市融改革为例 [EB/OL].(2024-04-17)[2025-01-10].https://mp.weixin.qq.com/s/i8WtQYBqKQNM343dgTz0Tw.

③ 嘉兴市人民政府.嘉兴市新闻传媒中心 [EB/OL].(2023-05-05)[2025-01-10].https://www.zjjgbz.gov.cn/art/2024/9/6/art_1229761252_728521.html.

优先获得领先 AI 的加持。[①] 嘉兴市新"读嘉"致力于"以自研技术为核心驱动力"，紧盯前沿技术应用，不断推出融媒技术产品，掌握融合发展主动权[②]，通过"1+3+N"模式（一个融媒大脑、三大系统、N 条应用路径），实现从内容策划到多端分发的数字化和一体化融合。例如，其云视频会议系统的自研与应用使嘉兴市在技术创新层面具备了自主可控的优势，满足安全性与可靠性的双重需求。[③] 湖州市新闻传媒中心的"南太湖号"客户端不断升级，如南太湖号二楼全新上线、首页直播广告条支持轮播、在线视频自动播放，给观众带来更好的服务。[④]2023 年 8 月 14 日，绍兴市新闻传媒中心"牛市倍"上线，致力于打造文艺范、公益范、亲民范的智慧服务平台，为广大用户提供一个优质实惠、快捷方便、品类齐全、安全放心的手机端购物渠道，不断拓展"媒体 + 政务 + 服务 + 商务"的融合发展路径。[⑤] 这些实践昭示着技术系统多元对接的趋势：地市媒体不再局限于被动地适应技术，而是积极主动地进行技术迭代，通过智能化助力，催生新型产品形态和用户体验场景。

4. 国际传播能力提升，传播效能增强

当下国际舆论格局复杂多元，如何更好地"走出去"已成为主流媒体的重要课题。作为区域传播主体，地市媒体通过国际传播中心和海外矩阵平台探索国际传播新路径，在讲好本土故事的同时提升中国形象。2023 年 12 月 26 日上午，义乌"一带一路"国际传播中心在义乌市融媒体中心正式揭牌成立，着力构建"12444+N"国际传播体系，协调推进平台、内容、队伍、服务、品牌、评价

---

① 衢州传媒网.打造三衢 AI 实验室！三衢客户端宣布通过百度智能云接入文心一言能力[EB/OL].(2023-02-23)[2025-01-10].https://www.qz123.com/xinwen/202302/t20230223_8705502.shtml.

② 嘉兴市人民政府.从春天出发，我们继续一路同行 嘉兴市委、市政府唯一官方新闻客户端——"读嘉"全新升级上线 [EB/OL].(2023-02-22)[2025-01-10].https://www.jiaxing.gov.cn/art/2023/2/22/art_1536591_59569411.html.

③ 嘉兴音乐广播.自主可靠、灵活低时延！嘉兴市新闻传媒中心让视频直播上"云" [EB/OL].(2023-02-11)[2025-01-10].https://mp.weixin.qq.com/s/n1PPRU_HhIjGQJoaPnGm8w.

④ 湖州发布.ta 有大动作！全新升级 [EB/OL].(2023-08-30)[2025-01-10].https://mp.weixin.qq.com/s/XJASyzVfCNPL1y7MKZQwEg.

⑤ 绍兴传媒.越牛新闻"牛市倍"重磅上线！新服务提升用户新体验 [EB/OL].(2023-06-30)[2025-01-10].https://mp.weixin.qq.com/s/gSMccKkL6HAo1HkUq35mtA.

"六位一体"建设，重点面向常驻义乌市的外商、来义乌市采购的客商，讲好外商在义乌、义商在海外创业创富的故事，讲好共建"一带一路"的故事。① 省会城市杭州市近年来的国际传播能力快速提升，在有关网络传播、媒体报道、社交媒体、搜索引擎和国际访客5个维度上的"国际传播影响力"指标均进入前10位，这对周边城市也起到了很好的辐射带动作用，彰显出省会城市的效仿示范价值。② 宁波市等积极借助大型赛事活动提升城市形象，不断加深国际用户对本地文化与产业的理解与认同。2023年，宁波市配合亚运会制作推出沉浸式创意动画系列英文短视频 "What's Hype in Ningbo"（《玩转宁波》）并结合宁波火炬传递，向全球推介宁波市三大"亚运主题线路"，展示沿线滨海美景，取得了较好的传播效果。③

（二）浙江省县级媒体融合探索的前沿实践

2023年，中央、省、市、县四级的媒体融合纵向体系已基本打通，全媒体传播体系的"主流化、多元化和分层化"特征也在基本形成。作为"末梢神经"的县级融媒体中心至关重要，不仅肩负着打通基层宣传、服务和治理"最后一公里"的重要职责，更是全媒体时代巩固党和政府的基层舆论阵地、提供公共文化服务和进行社会治理的重要载体。浙江省作为中国经济发展水平和数字化水平较高的省份之一，在县级媒体融合方面起步较早、推进力度较大，已形成覆盖全省90个县（市、区）融媒体中心的全覆盖格局。截至2023年9月，浙江省已有14家县级融媒体中心年营收突破亿元，取得了显著成效。安吉、长兴、瑞安、温岭等地在实践中走在全国前列，部分县级融媒体中心甚至提出了冲刺上市的目标。这些成绩表明，浙江省县级融媒体中心正从基础性融合向深层次融合推进，并在体制机制、技术创新、价值转换等方面呈现出鲜明特色。

---

① 义乌市人民政府.义乌"一带一路"国际传播中心揭牌 [EB/OL].(2023-12-27)[2025-01-10].https://www.yw.gov.cn/art/2023/12/27/art_1229187636_59467584.html.

② 杭州日报.中国城市国际传播影响力指数发布 杭州实现历史性突破 [EB/OL].(2023-11-27)[2025-01-10].https://www.hzzx.gov.cn/cshz/content/2023-11/27/content_8649773.htm.

③ 宁波市文化旅游研究院.宁波文旅海外平台传播成绩亮眼：三次蝉联"文化旅游美誉度领军城市"称号，入选中国城市（区）国际传播示范案例 [EB/OL].(2024-01-30)[2025-01-10].http://wglyj.ningbo.gov.cn/art/2024/1/30/art_1229057569_58928047.html.

1. 体制机制创新与内在结构优化

2023 年，浙江省一些地方先后出台大部制改革方案，引入跨平台指挥中心和多部门协同机制。龙港市融媒体中心在温州市率先推出大部制 2.0 改革及 4 项改革内容[①]；桐乡市传媒中心通过采访、策划、编辑、视觉、运营、专题孵化器等多要素协同，开启了融媒改革 2.0 版[②]；舟山市普陀区融媒体中心则组建北极星工作室、头条工作室、国际传播工作室，推动作品生产与传播渠道全能化[③]；庆元县融媒体中心与福建省政和、寿宁等县的融媒体中心签订浙闽边界"县级融媒体共享联盟"合作协议，探索形成"合作产品'共推'、营销资源'共享'、业务技能'共学'、舆论引导'共鸣'"的联动闭环[④]。这些实践表明，县级融媒体中心已经认识到，要想突破体制机制束缚，必须进行机构重塑与理念创新，使原本相互割裂的新闻采编、技术支撑、市场运营等环节紧密衔接，实现"策、采、编、发、评"一体化、数据化和智慧化。

2. 技术赋能与平台升级

技术赋能是媒体融合的内在逻辑，也是县级融媒体中心在新形势下提升内容生产力与运营效率的关键。2023 年以来，浙江省各县级融媒体中心普遍坚持移动优先的理念，做优做强客户端、抖音号、视频号、快手号等新媒体平台账号，形成了多矩阵、多渠道的传播格局，不仅满足了用户碎片化阅读的需求，也使新闻资讯能够在更短时间内触达目标受众，从而实现了内容影响力的裂变式提升。在平台层面，一些县级融媒体中心开始探索更加多元化的服务功能。如：新昌县融媒体中心的"我爱新昌"客户端除了具备提供新闻资讯的功能，还

---

① 龙港新闻网.模块＋工作室！龙港"媒共体"改革 2.0 版启动 [EB/OL].(2023-06-25)[2025-01-10].http://www.lgxw.cn/system/2023/06/25/014791516.shtml.

② 浙里融媒.权威发布 2023 年度浙江县融发展报告 [EB/OL].(2024-07-12)[2025-01-10].https://mp.weixin.qq.com/s/yBfSDg04rjRx3yNUdL6-Yw.

③ 普陀区人民政府.区融媒体中心以融合指数提升为杠杆推动争先进位 [EB/OL].(2023-08-07)[2025-01-10].http://www.putuo.gov.cn/art/2023/8/7/art_1229698491_58974692.html

④ 庆元县人民政府.浙闽边界"县级融媒体共享联盟"在庆元组建 [EB/OL].(2023-08-10)[2025-01-10].https://www.baidu.com/link?url=8vEoXl0QOmgdQYjI7ZEu29SVrrqYM2A99ZrWV6PtKVbVAxS0QrmgzKKxtSNYoQZbR9uy68-tGe7v4YsQyWUgCiwSkp4oBRoWOUg7lHVlEE7&wd=&eqid=98b93c990008d3ca0000000467813421.

开发了"融媒臻选"和"爱社区"两大论坛，提供"一站式供应链服务"，开展社交互动[①]；仙居县传媒中心完成了"爱仙居"客户端的迭代升级，以"一端三号多平台"的模式整合了全县 79 家微信公众号资源[②]；长兴县融媒体中心的"掌心长兴"客户端率先接入百度文心一言，这标志着 AIGC 在县级媒体内容生产中的进一步落地[③]。

3. 从"末梢神经"到"枢纽神经"的价值转换

值得关注的是，部分县级融媒体中心正逐步从"末梢神经"转变为基层公共信息与社会服务的"枢纽节点"。在"媒体＋政务＋服务＋商务"模式下，一些领跑的县市（如安吉县、长兴县、温岭市、瑞安市等）依托本地较强的经济基础和开放的政策环境，衍生出诸如"数字政府""智慧乡村""数字文化"等一系列项目，大大丰富了县级媒体在社会治理与经济发展中的角色功能。

安吉县融媒体中心组建的浙江文澜信息发展有限公司，通过与华为、新华三、阿里云等企业合作，研发智慧化产品并将其推广到了全国 24 个省份的 300 余个市县。安吉县融媒体中心还成立了浙江白云齐产业发展有限公司，研发运营了"安吉优品汇"平台，向全国推介来自安吉县的农产品。该平台系统构建起"平台＋强村公司（基地）＋农户"产销模式，助力安吉本土的优质农产品、特色日用品走出县域、推向全国，自上线以来，已发展会员近 6000 名，累计销售额达 3 亿元。[④]温岭市融媒体中心以数字政府、数字社会、数字文化为核心，已建设 50 余个项目，营收达到 8000 余万元。[⑤]这些实践证明，在政治和经济环境

[①]　传媒."我爱新昌"APP：如何让县级媒体客户端"活"起来[EB/OL].(2023-07-21)[2025-01-10].https://mp.weixin.qq.com/s/ZLOFsztbquhOvSkyHK81FA

[②]　仙居新闻网.爱仙居"客户端全新升级上线[EB/OL].(2023-01-05)[2025-01-10].http://www.rjxj.com.cn/xjxw/202301/Content_871505.shtml.

[③]　浙江记协网."掌心长兴"接入百度"文心一言"[EB/OL].(2023-02-14)[2025-01-10].https://www.baidu.com/link?url=LFW7G3FLNMYpCRQC83K9yhaVX8JI8r543I1hGEXA34rTM78hkljqWLC1xP3dAVfbAY4TVzZGh2EjsCblOwZqOlFAYHQSgYWd1C-B8Twa8ee&wd=&eqid=ee008a0f0016201a00000004677e4c05.

[④]　国家广电智库.安吉融媒：打造"安吉优品汇"平台，做优综合信息服务[EB/OL].(2024-05-11)[2025-01-10].https://mp.weixin.qq.com/s/BTK8S_KW6qyunnM0Blm7mA.

[⑤]　传媒评论.县级融媒体中心的浙江探索和建设进路[EB/OL].(2023-10-08)[2025-01-10].https://mp.weixin.qq.com/s/OVKj1NYCZJ2KYubXZNp-Ow.

相对较好的浙江省，县级融媒体中心有机会在做好本地化新闻信息传播的同时，进军更广阔的公共服务与产业经营领域，形成"可造血"的可持续发展模式。

（三）浙江省地市、县级媒体融合存在的问题及挑战

随着媒体融合从"量变"向"质变"不断推进，浙江省各级媒体在实践中积累了丰富经验，但也面临着诸多现实挑战。这些问题既是产业转型、技术升级、用户迭代过程中的必然阵痛，也是进一步深化系统性变革、实现高质量发展必须正视和解决的难题。

1. 发展理念与业务拓展不均衡

部分融媒体中心虽在机构层面实现了基础性重组，但在理念上仍未真正实现"从传统到融合"的全面转变。尤其是在产业拓展、技术投入、内容创新等方面，一些基础较弱的县对新媒体生态的理解不足，难以找到新的增长点。一方面，传统广告经营和有线电视收视费等旧业务快速下滑；另一方面，新媒体运营又无法及时形成规模效益，"两张皮"现象仍较为普遍，缺乏系统化制度设计和企业文化建设，部门壁垒难以被彻底打破。

2. 人才队伍建设不到位

人才短板是当前各级融媒体中心普遍面临的瓶颈。人才结构不尽合理、内生培养能力不足、外部高层次人才引进困难等情况时有发生，尤其是在县级层面，"存量老化、增量不足"成为普遍面临的难题。一是复合型人才紧缺。媒体融合要求记者具备全媒体策划、视频制作、数据分析、技术运用等多元技能。金华市新闻传媒中心在推进"全媒深融系统建设"项目的过程中，急需兼备新闻素养与数字技能的复合型人才，但原先的人才储备多为传统文字记者和广电专业背景人员，补齐这方面缺口需要时间和政策支持。二是人才流失与吸纳困难并存。部分地市媒体在转型中，一方面面临传统人才年龄偏大、理念转型迟缓的窘境；另一方面，由于编制限制、薪酬不具竞争力，数字技术、产业经营、平台运营等领域的专业人才引进和留用难度大，数字经济时代的高薪诱惑和灵活就业机会更导致部分优秀人才出走。如绍兴市新闻传媒中心已率先实施报台融合并形成制度化的考核激励机制，但要留住和吸引高层次、跨界型人才，仍

需在薪酬体系调整、职称评审改革等方面加大力度，但这对地市媒体而言存在诸多困难。这种人才的断层与不足问题，在行业竞争日趋激烈的当下愈加凸显，成为影响地方融媒体升级扩张的瓶颈。

3. 新平台吸附力不够强

在全媒体时代，媒介生态愈加碎片化，用户争夺战尤为激烈。地市媒体需要以智能化、互动性为突破口，提升用户体验，但这在现实中存在多种制约。一是平台定位与特色不够突出。各地市已通过客户端、微博、微信公众号、抖音号、视频号等多平台发力，但部分平台仍缺乏精准定位和核心卖点。嘉兴的"读嘉"客户端启动后用户规模迅速增长，但仍需在用户运营、功能完善和内容精细化上下功夫，使自身真正成为用户日常信息消费的首选窗口。二是用户数据掌控程度不高与精准推送不足。受制于"两微一抖"等第三方平台数据不在己方掌控的局面，地方媒体难以对用户行为进行深度挖掘、标签化分类和精准推送。这不仅阻碍了内容供给侧结构性改革的进程，也在一定程度上限制了广告和电商变现的拓展空间。三是难以与商业化平台抗衡，缺少个性化的功能和运营思路，导致用户参与度不高，日活难以维持。如大部分县级融媒体中心主要依靠"福利放送"或"有奖评选"这样的活动来进行短期引流，同质化、低创意的模式难以形成用户黏性。此外，内容逻辑大于用户逻辑，"我提供什么，你就看什么"的单向式思维使得平台无法构建有机的互动生态，更无法充分激发本地社群的积极性。

4. 资金保障压力大

地市媒体在融合转型中，在办公用房、技术改造、人才培养以及历史负债和退休人员经费保障等方面都需要投入巨大资金。疫情、经济下行以及广告结构变化等外部因素也导致传统营收模式承压。绍兴市、金华市在报台融合初期获得地方财政一定程度上的专项补助，而嘉兴市则相对独立地面对成本压力。资金短缺会对媒体融合的后续推动产生显著制约，不利于技术的升级、新业务的拓展和长期战略的实施。

5. 新媒体建设乏力与内容创优不足

新媒体时代，用户注意力碎片化趋势越发明显，缺乏持久产出高品质内容的能力，将使媒体在数字时代竞争力不足。一是流量与质量的平衡难题。为了争夺注意力，短平快的浅阅读内容容易吸引关注，但无法形成持续深度的影响和品牌黏性。这需要地市媒体加强深度报道和原创精品的常态化生产，以及多维度、多语态的内容表达，既保持流量，又确保质量。二是多样化形态的融合性产品不足。创新产品形态，强化跨平台栏目互补和内容资源共享，在短视频、直播、虚拟数字人播报等新形式中深耕，不仅能提升媒体的传播效果，也有助于吸引年轻群体。如杭州文化广播电视集团通过全面启用虚拟数字人进行播报创新叙事形式，彰显技术创新对内容创优的拉动作用，但还需在内容深耕与持续迭代上发力。[①] 三是对外部技术力量依赖度高，存在"寄居"特征。新旧系统难以兼容，数据安全缺乏保障，技术与经营模式无法紧密衔接……这些问题都阻碍了内容生产的流程再造和数据化运营，难以满足智能化发展趋势下的多场景应用需求。

（四）浙江省地市、县级媒体融合的对策建议

面对上述问题与挑战，浙江省地市、县级媒体需要在人才体制机制改革、运营策略本土化、升级服务、跨界融合、垂类拓展等维度统筹发力，促进系统性变革落地，为全国媒体融合提供新范式。

1.着力改革传统人才体制机制

在人才培养与流动方面，嘉兴市的"双通道"晋升制度为专业技术与管理人才提供了成长路径；金华市通过创新选拔与培养机制吸引年轻人才；绍兴市设立部门业务指导岗位，发挥经验丰富的中层干部的余热并激发年轻记者的潜能。各地应以此为借鉴，打破事业编制的限制，优化职称评审与薪酬激励机制，从根本上激发人才活力。同时，加强校企合作与社会培训，通过与高校、产业联盟合作，举办高校专场招聘、创业创新论坛、业务研修班等活动，为采编人员提供前沿技能培训，使员工在新媒体实践中不断提升能力。

---

① 杭州综合频道.《杭州新闻联播》首推全 AI 主持播报 [EB/OL].(2024-02-11)[2025-01-10].https://mp.weixin.qq.com/s/KUIlZhqTu7AWr55dTa4dpw.

2. 制定本土化的经营发展战略

一是深挖本土资源，塑造城市名片。以绍兴市为例，作为首家实行报台融合的地市媒体，"越牛新闻"客户端已成为地域特色品牌。越牛新闻立足于绍兴市这一具有深厚文化底蕴的城市，从城市独特的风俗习惯、历史底蕴、人文风情等出发，寻找合适的切入点，定期设置讨论话题，产生同城共振效应。[①] 二是强化政企合作与社会协同。如宁波市在国际传播、MCN 机构运营上取得的成果，为本地经济和企业品牌国际化提供助力；温州市则借助海外推广活动和 AI 赛事，将地方特色产品和文创产品推向更广阔的市场，实现"新闻 + 政务 + 商务 + 服务"多元生态构建。

3. 服务升级，重新塑造完整的基层服务体系

一是顺应新时代要求，拓展"新闻 + 服务"的功能定位，构建多层级服务体系。例如，湖州市 2022 年在南太湖号客户端自主开发推出了"看见"全媒体监督应用平台，给用户带来实时参与反映问题、直观感受新闻报道、全程跟踪问题解决、客观参与效果评价的良好体验，在满足公众需求、提供社会公共服务、参与社会治理等方面发挥了积极作用[②]，并获得了 2023 中国新闻奖应用创新三等奖[③]。又如，绍兴市正式上线"牛市倍"，这是越牛新闻对"新闻 + 商务 + 服务"的一次全新探索，是新闻客户端试水"经营类电子商务"的一次尝试，致力于将自身打造成为弘扬和传承中华优秀传统文化的新空间、为用户提供便捷优惠服务的新空间、开展公益行动的新空间，建立起一条和百万级用户进行良性互动的全新纽带。[④] 二是数字化手段赋能智慧生活。例如，湖州市致力于创新"技术 + 媒体 + 数据"话务服务新模式，与湖州市信访局联合打造融媒体栏

① 新闻世界.越牛新闻移动客户端"牛"在何处？ [EB/OL].(2023-10-31)[2025-01-10].https://mp.weixin.qq.com/s/UzErZigGSopQEDwtB2qmaw.

② 中国记协网."看见"全媒体监督应用平台[EB/OL].(2024-09-28)[2023-10-26].https://www.baidu.com/link?url=gJ8UJiNwE7V4pOfpA9hLxaPBwzWcri9YkqCfOfJjgGYQCL_go26LN9TwWuOStdji8DazUb5l1lqGRF8OQDEwQK&wd=&eqid=9afbd15800148e540000000467812cea.

③ 传媒评论.今天我们怎么做记者 | 全媒体时代，如何做舆论监督[EB/OL].(2024-09-04)[2025-01-10].https://mp.weixin.qq.com/s/kHk7tskbSph2NOsunTYGWA.

④ 传媒评论.绍兴新闻传媒中心党委书记、主任魏建东：奋进中的"越牛"[EB/OL].(2023-12-05)[2025-01-10].https://mp.weixin.qq.com/s/upaC0pIFuQT-uJzYBpHrwg.

目《12345 接诉即办在现场》，将线上社会治理平台提升为 3.0 版本。该栏目全新设计了一个云基础设施底座，整合热线、网络两条渠道，利用数据驱动、AI、算法决策三大引擎，构建百姓诉求和社会治理从"耳边"到"指尖"的全方位响应机制。①

4. 跨界融合，适应文化数字化战略

鼓励"文化＋科技＋传媒"协同发展，推动虚拟数字人、AR/VR 互动叙事、AI 创意短视频、文化 IP 开发等新兴业态落地。例如，杭州文化广播电视集团在《杭州新闻联播》中启用虚拟数字人进行播报，实现了技术与内容创意的有机结合。也可以通过举办特色文旅活动，将本地文化品牌以数字化形式展现，让传统与现代交织，在国际舞台上赢得话语权。

5. 垂类拓展，探索产业生态化布局

在内容横向拓展的基础上，向垂直领域深入开拓，通过打造若干标志性垂类栏目和行业频道，形成独特的产品矩阵。嘉兴市新闻传媒中心积极构建市县一体化供稿网络，促进内容、技术、资源在市域范围内的高效流动，从而实现区域协同的规模效应与品牌增值。绍兴市新闻传媒中心着力构建地方融媒体多元化经营的有机生态系统，在满足用户分众化需求的同时，着力创造新的营收增长点，自 2022 年起就实现了超 4 亿元营收，2023 年营收继续稳步增长。温州广播电视传媒集团等在文创、会展、场馆运维、教育培训等方面积极拓展经营业务范围，构建多元化产业链条，来缓解对单一广告模式的依赖，增强经济收益的稳定性。

伴随数字经济发展、文化数字化战略落地和全球信息传播格局的深刻调整，浙江省地市媒体将继续深化"新闻＋政务＋商务＋服务"复合模式，紧扣移动优先、视频主打的内容策略，强化技术内核和国际化视野，不断在机制上破题、在产业上开拓、在服务上升级，推动媒体融合从表面走向纵深，从量变走向质变，努力为全国范围内媒体融合的高质量发展和新型主流媒体的构建提供鲜活案例与前沿范例。

---

① 传媒评论. 湖州新闻传媒中心党委书记、主任陈建良：打造全媒应用平台，重塑主流媒体价值 [EB/OL].(2023－12－01)[2025－01－10].https://mp.weixin.qq.com/s/KebdBwwNzUPfELLB8HZpEg.

　　媒体融合永远是一个动态演进的过程。要实现从"物理叠加"到"化学反应"的全面融合，就必须不断深化体制机制改革、构建复合型人才队伍、推动技术创新应用、强化内容生产与平台运营的深度协同，并在"新闻＋政务＋商务＋服务"的模式下打开更广阔的发展空间。只有多管齐下，在政策、市场和社会多重资源的合力支持下，地方的融媒体中心才能够实现从"末端神经"跃升为基层公共信息服务与社会治理的"枢纽神经"。

　　未来，在数字经济不断发展与 AI 不断迭代的推动下，"智媒体"将成为新的发展方向。浙江省各级媒体应抓住机遇，继续发挥体制机制创新优势，为全国媒体深度融合探索更多可复制、可推广的成功范式，为重塑主流媒体舆论格局、巩固党的执政基础、建设数字社会贡献更大力量。

三、年度热点案例：小马拉大车——短视频行业融合创新实践

　　在过去的 10 年里，短视频这种形式已不再局限于娱乐范畴，而是逐步演变为兼具文化传播与产业赋能双重功能的数字基础设施。在这样的生态背景下，微短剧凭借着连续叙事与影视化制作的显著特征，借助算法推荐和流量分发的强大助力，实现了快速的裂变式发展，进一步拓展了短视频在叙事深度以及商业价值方面的潜力。

　　与此同时，微短剧与地方文旅资源之间的融合也日益紧密。这种融合不仅为区域文化品牌的传播开辟了更加丰富多样的路径，还通过构建"线上故事化种草—线下场景消费"的闭环模式，激发了文旅产业的新增长动能。在这个过程中，浙江省凭借其政策试点和实践前沿的优势，构建了一种"短视频平台—微短剧内容—文旅场景—AIGC 技术"四位协同的创新模式，为数字时代文化创意产业从依赖流量红利向追求质量红利的跨越，提供了具有学术价值的范式以及可供借鉴的经验样本。

　　浙江省作为中国经济较为活跃、数字化水平较高的省份之一，其在政策扶持、产业集群建设、技术赋能以及国际合作等方面进行了前瞻性探索。通过深挖地域文化资源，整合内容生产要素，引入 AI、大数据、云计算等前沿技术手段，浙江省不断拓宽微短剧的应用场景和商业模式，实现了从"内容供给"到

"场景消费"的成功转化。在这一过程中，微短剧与文旅产业的深度融合，不仅丰富了用户的精神文化体验，也为地方特色产业、高端服务业、文创 IP 孵化带来了前所未有的发展机遇。

在深入总结微短剧产业政策驱动和生态构建的基础上，本报告将深入探讨"微短剧 + 文旅"模式下的融合创新路径，以及数字时代文化消费共振的内在逻辑，通过梳理 AIGC 与短视频的共生关系，为未来浙江省乃至全国的短视频行业高质量、可持续发展提出有针对性的建议。

（一）浙江省短视频行业发展现状

《2023—2024 年中国微短剧市场研究报告》显示，2023 年中国网络微短剧市场规模为 373.90 亿元，同比增长 267.65%，是 2021 年的 10 倍左右。这为浙江省加大微短剧产业的扶持力度提供了重要的参考依据。[①]

1. 政策驱动与产业生态构建

国家广播电视总局等部门相继出台政策文件，鼓励微短剧的创新与规范发展。在此基础上，浙江省通过专项资金和补贴，将短视频及微短剧纳入数字经济发展与文旅融合的重要支撑产业。省内各级政府与高校、科研院所、企业平台积极开展产学研合作。以杭州市临平区为例，其与快手达成战略合作，共建"快手短剧（临平）内容生态中心"，同时设立《临平区微短剧产业扶持政策》和上亿元微短剧基金，围绕写、拍、播、评、投全链条，实现从内容创作到投资孵化的高效衔接。[②] 此外，临平区还着力打造全国首个微短剧影视拍摄基地——"临影厂"，为剧组提供从室内实景影棚到户外街景的多元化场景、办公住宿、后期制作等全链条配套服务。据统计，平均每天约有 6 个剧组入驻拍摄，体现了该区在整合生产要素、协同产业链发展等方面的突出成效。[③] 抖音、快手等

① 艾媒网.艾媒咨询：2023 年中国网络微短剧市场规模达 373.9 亿元 [EB/OL].(2023-11-22)[2025-01-10].https://www.iimedia.cn/c1020/97484.html.

② 临平发布.重磅！临平区与北京快手科技签订战略合作协议 [EB/OL].(2023-07-12)[2025-01-10].https://mp.weixin.qq.com/s/VYalPKoZ6DOhcbowlS0krw.

③ 中国日报网.推出"3 个亿扶持"新政策！杭州临平打造"全国微短剧名城" [EB/OL].(2024-03-29)[2025-01-10].https://zj.chinadaily.com.cn/a/202403/29/WS6606a3d5a3109f7860dd793f.html.

短视频平台在浙江省的深度参与，对微短剧生态的构建起到了关键推动作用。2023 年 1 月至 2023 年 11 月期间，"浙江文旅"抖音号发布了 857 条视频，粉丝数量增长约 13 万名，总播放量达 6500 万次，围绕"西湖挑花郎""之江文化中心启用""亚运会开幕式"等主题开展原创报道，为浙江省文旅项目的推广带来持续热度。[①] 这种政府与平台的协同，既提高了官方号的权威性与传播度，也为当地文旅资源实现精准触达与商业转化创造了更多机会。

2. "微短剧 + 文旅"模式的融合创新

2023 年，抖音、快手等平台相继推出了多部热门作品，吸引了海量的观众和创作者。在微短剧产业高速发展的背景下，文旅资源的融入为内容生产带来了独特且可持续的创新空间。浙江省以"微短剧 + 文旅"为核心的探索，不仅使文旅融合在内容形式上推陈出新，也在传播方式和营销方式上不断突破。2023 年，杭州市临平区成功举办了"杭州·微短剧大会"，相关政府部门负责人、广播电视和网络视听领域专家学者及行业代表等约 5000 人次参会，新华社、中央电视台等 40 余家主流媒体及多家网络平台对大会进行了广泛报道，报道全网总阅读量超 5000 万次。[②] 此类大型活动有效提升了杭州市乃至浙江省的城市形象，为微短剧与文旅的深度融合创造了良好氛围。临平区构建的"微短剧 + 文旅"模式尤具代表性。2023 年 9 月，取材于非遗糕点家庭故事的微短剧《临平，向幸福出发》采用紧凑叙事和精良制作，将塘栖古镇浓郁的风俗文化融入剧情[③]，由此激发了观众的情感共鸣，最终促使塘栖古镇景区营收同比增长了 43.23%[④]。与此同时，武义县在"跟着微短剧去旅行"创作计划的推动下，陆续推出了多部微短剧作品，进一步拓展了本地文旅的推广渠道，带动了游客接待量与旅游收入

① 之江策. 以短视频为支点，撬动新经济增长极 [EB/OL].(2024-11-26)[2025-01-10]. https://www.zjskw.gov.cn/art/2024/11/26/art_1229557001_61688.html.

② 临平发布. 首届杭州·微短剧大会，临平见! [EB/OL].(2023-10-30)[2025-01-10].https://www.xinhuanet.com/city/20231114/2467d4ce19fd47258b23e866847b1e11/c.html.

③ 杭州文化产业. 区县之声｜临平，领跑微短剧 2.0 时代! [EB/OL].(2024-11-05)[2025-01-10].https://mp.weixin.qq.com/s/YSVPDfbBbbJPncrC3mkV9g.

④ 广电视界. 临平为什么对微短剧情有独钟? [EB/OL].(2024-06-11)[2025-01-10].https://mp.weixin.qq.com/s/rY2pGHTJdq8gZgJG2bxT-Q.

的双向提升。① 此外，衢州腾云文旅盈川基地联合浙江蜜选影视传媒有限公司、中文在线集团共同拍摄《至尊神皇》，通过结合初唐文化 IP 与微短剧生产，为当地文旅项目及历史文化资源带来更多关注②。余姚市的《河姆渡的骨哨声》借由现代叙事与考古元素的融合，全网播放量近 1600 万次，为余姚市的文旅项目吸引了线上声量与线下客流。③ 这些实践充分说明，微短剧作为文化内容载体，不仅巩固了地方 IP，还拓展了文旅推广的深度与广度，为区域经济发展注入新的增长动能。

典型代表如国家（杭州）短视频基地推出的《中国短视频大会》，全网视频播放量高达 9.7 亿次，相关话题阅读量超过 13 亿次。④ 在这样的大流量加持下，杭州市的城市 IP 持续提升价值，文旅产业找到了新的增量市场，各地文旅项目也借此得到了更加广泛的关注。在这一浪潮之中，"跟着微短剧去旅行"逐渐成为一种潮流，不仅为地方文化资源提供了创意化的推广方式，更对区域经济增长发挥了重要的拉动作用。

3. 数字时代的文化消费共振：短视频激活新型文旅消费场景

在数字经济浪潮下，短视频及微短剧的崛起不仅丰富了大众文化体验，也为文化与旅游资源的高效转化提供了重要契机。通过数字内容的精准触达与叙事创新，文化与文旅品牌得以突破传统传播模式的限制，激发新一轮的消费共振。以浙江省为例，诸多实践显示短视频为区域文化 IP 塑造与文旅品牌营销提供了强大动能，并成功将线上关注度转化为线下消费活力。传统艺术与非物质文化遗产同样通过短视频实现了消费层面的跃升。越剧《新龙门客栈》以 9.9 元的付费直播形式登陆抖音，吸引了 925 万人次在线观看，大幅拓宽了越剧的受

① 沉浸城市．沉浸式文旅丨从"影视＋文旅"到文旅微短剧，一部剧"带火"一座城 [EB/OL]．(2024−01−19)[2025−01−10].http://www.sanyamuseum.com/a/chenliexuanjiao/2024/0119/5301.html.

② 手机中国网．奔赴文旅新赛道：衢州腾云文旅布局"文旅＋微短剧"赋能城市文旅 [EB/OL].(2023−12−21)[2025−01−10].https://baijiahao.baidu.com/s?id=1785885369932574227.

③ 央视新闻．河姆渡故事：守望千年万年，坚信会有一场遇见 [EB/OL].(2023−11−29)[2025−01−10].https://news.cctv.com/2023/11/29/ARTILOakMixNvuG7qAffoMKZ231129.shtml.

④ 央视网．优质创作者签约入驻国家（杭州）短视频基地专区"央地联动"筑就短视频产业新高地 [EB/OL].(2023−12−06)[2025−01−10].https://news.cctv.com/2023/12/06/ARTIykXfdvyCJaamEIzLJ1fs231206.shtml.

众群体，许多年轻观众在直播之后首次购买线下演出票，推动了全省越剧演出的总场次突破 200 场，并带动周边文创、餐饮和住宿消费的明显增长。[①] 此类线上热度不仅提升了票房收益，也构建了多层次的文化消费生态，为传统艺术注入了数字时代的新动能。

2023 年 4 月，抖音"山里 DOU 是好风光"项目在浙江落地。该项目以"青蓝浙江"为主题，集中展示了龙泉青瓷、蓝夹缬、蓝印花布、制扇技艺等非遗手艺，并通过短视频和直播形式吸引更多年轻消费人群。[②] 在这一过程中，许多县域地区也积极将农业与短视频营销相结合。庆元县借助新媒体平台，围绕乡镇特色农产品打造了"元气主播直播助农"系列活动，累计帮助当地农户增收超 350 万元。[③] 值得关注的是，庆元县通过"电商＋农村青年＋青年学生"的三方联动机制，组建了"元气主播青春推荐官"队伍，并成立了临时党支部，常态化开展直播推介活动。同时，当地政府依托县电子商务公共服务中心开设了"短视频＋直播"技能培训，已有 2200 余名青年受训，显著提升了农村电商的专业化水平和人才储备水平。[④]

这类多维度的融合实践从"线上种草"延伸到"线下消费"，不仅满足了消费者对多元文化体验的需求，也为地方经济注入了源源不断的新活力。短视频与微短剧作为跨界融合的关键媒介，不仅提供了丰富多元的内容，还通过技术赋能与产业集聚，将用户的兴趣与需求高效地引到现场体验、产品购买乃至服务消费等环节，实现了由"内容供给"到"场景消费"的创新转化。数字时代的文化消费正因此不断升级，在各类平台与渠道的协同作用下，进一步刺激文旅市场的潜力与活力。

---

① 文化产业评论 . 年轻人爱上了越剧！《新龙门客栈》为何火"出圈"？ [EB/OL].(2024-01-27)[2025-01-10].https://www.sohu.com/a/754690890_152615.

② 新浪新闻 ."山里 DOU 是好风光"落地浙江，四大举措助力乡村文旅复苏 [EB/OL].(2023-04-21)[2025-01-10].https://news.sina.cn/sx/2023-04-21/detail-imyrctkp9622720.d.html.

③ 庆元县政府网 ."春天的约会"春茶专场"元"气主播助农活动开展 [EB/OL].(2023-03-30)[2025-01-10].https://www.zjqy.gov.cn/art/2023/3/30/art_1229356027_58954867.html.

④ 丽水日报 . 直播"流量"撬动庆元山区共富"增量" [EB/OL].(2024-01-12)[2025-01-10].https://www.lishui.gov.cn/art/2024/1/12/art_1229218391_57354216.html.

4.AIGC 与短视频的融合与共生：技术驱动下的艺术探索

智能媒体时代的来临，为短视频行业注入了新的活力，也为广播电视和网络视听艺术的未来形态带来了前所未有的可能性。2023 年 5 月，国家（杭州）短视频基地 AI 生产实验车间一期建设完成；同年 7 月，国内媒体行业首条"策、采、编、发"全流程短视频 AIGC 生产线正式启动，国内由此实现了从文稿到成片的智能化制作。① 杭州文化广播电视集团更在 2023 年年初便开始布局 AI 生成视频内容的技术创新，陆续完成了文本驱动超写真语音生成、超写真数字主播、视频 AI 检索以及文本驱动视频剪辑和一键成片等多项技术模块的研发，并成功推出了国内首档全流程 AI 生成电视节目《冠军 AI 亚运》。②

随着 AI 生成与图像识别等技术的不断优化，短视频的制作流程与价值链条逐渐得到重新塑造。以"AI 扩图""AI 换脸"以及"一键成片"等功能为代表的技术应用，使得编辑、剪辑、特效处理等环节从烦琐的手工操作向智能化生产迈进。杭州文化广播电视集团实现了从策划、采集、编辑到发布的全流程集成化生产，使创作者可以更加专注于内容构思与艺术表达。③ 此类技术革新不仅能够降本增效，还推动了普通用户与专业团队在同一数字平台上的深度互动，激发了创作生态的多元活力。

在内容层面，AIGC 更为广播电视和网络视听艺术带来了全新的创意。AI 驱动生成的故事线确保了视频内容连贯、有深度，自然语言处理、深度学习等多种技术手段，通过对文本、图像、音频等不同模态的完美融合，提升了平台内容的多样性与创新性。以浙江卫视《AI 春分》为例，片子文案、视频均由 AI 生成，其中配音由腾讯互动娱乐知己团队为虚拟数字人谷小雨定制的 AI 声库辅

---

① 都市快报橙柿互动.500 字的内容，30 秒就能生成数字人播报视频！国家（杭州）短视频基地今日揭牌 [EB/OL].(2024-04-26)[2025-01-10].https://baijiahao.baidu.com/s?id=1797408913233916917.

② 潮新闻.为国家（杭州）短视频基地孵化业态，杭州文广集团短视频 AI 生产实验车间启用 [EB/OL].(2023-07-07)[2025-01-10].https://news.qq.com/rain/a/20230707A09V1Q00.

③ 杭州日报.杭州文广集团短视频 AI 生产实验车间启用 [EB/OL].(2023-07-10)[2025-01-10].https://www.hangzhou.gov.cn/art/2023/7/10/art_812262_59084257.html.

助生成。① 此外，浙江省还推出了"AI眼里的5000年良渚文明"系列微纪录片。AI辅助编导进行脚本创作，通过不断互动和训练，理解需求并生成视频脚本及素材，再由编导结合传统纪录片素材编辑制作出新视频。成片既展现了良渚文明的新面貌，也为传统纪录片带来了新活力。② 浙江卫视推出的《国风·无双》通过现代视听手段和科技力量，展现传统文化的魅力。其中《画·无双》利用 AIGC对《富春山居图》进行修复，通过虚拟数字人谷小雨的讲解，展现最前沿的科技成果。③ 这些基于 AIGC 的前沿探索，不仅重塑了短视频生产的流程，也为数字文旅、商业营销及 IP 孵化等领域拓展出更广阔的发展空间。

在浙江省的示范经验中，我们看到，AIGC 的价值不仅在于提升制作效率与质量，更关键的是为数字文化的创造、传播与消费构筑了富有弹性与适应性的创新生态。这种生态不依赖单一技术的突进，而是实现了技术、内容、产业与政策的多维协同。作为这一进程的前沿案例，浙江省的探索实践有望为全国乃至全球广播电视和网络视听产业的发展提供有益借鉴，也将为新质生产力时代的媒体形态革新贡献更多的经验与范式。

（二）浙江省短视频行业发展困境

1.传播内容创新与审美挑战

在浙江省短视频行业的快速发展中，传播内容的创新难题与审美挑战日益凸显。尽管短视频以其短小精悍、易于传播的特点迅速吸引了大量用户，但内容的同质化与制作水平的参差不齐成为制约其进一步发展的瓶颈。从传播内容创新的角度来看，目前部分短视频作品缺乏新颖性和深度，创作者过于依赖套路化的剧情框架，导致观众在观看过程中难以产生情感共鸣。这种内容上的创

---

① 潮新闻.浙江卫视发布首个 AI 宋韵节气视频，每一帧画面都绝美 [EB/OL].(2024-03-20)[2025-01-10].https://news.qq.com/rain/a/20240320A09CXA00.

② 新闻线线.AI 技术在"Z视介"平台的应用与创新：重塑内容生产与传播 [EB/OL].(2024-03-03)[2025-01-10].https://news.qq.com/rain/a/20240303A049YE00.

③ 中国青年报.《国风·无双》突破次元，带你领略国风美好 [EB/OL].(2023-04-18)[2025-01-10].https://www.baidu.com/link?url=x9DoHmLCeWukXkIk-k9L2J7Ggz6ab020o_fE8qFcY9XR_vqTBtkRoIBPFS0JVnpbl6Qd4zA1t8iMcEHh-QDGuoCBBe6Yk8UT4nsx-V3kVre&wd=&eqid=9a0e5d98001466c700000004678137e7.

新乏力不仅弱化了观众的观看体验，也限制了短视频行业的多元化发展。此外，随着市场竞争的加剧和观众口味的不断变化，创作者在追求创新的过程中面临着巨大的挑战。如何在保持内容新颖性的同时，使短视频能够符合观众的审美需求，成为摆在创作者面前的一道难题。在审美方面，短视频行业同样面临着挑战。随着移动互联网的普及和人们生活节奏的加快，观众对于短视频的审美需求也在不断变化。他们更倾向于追求快节奏、高潮迭起的叙事体验，而传统的慢节奏、诗意化的叙事方式则逐渐失去了市场。此外，地方形象的展示往往需要较大的叙事空间和较长时间的情感积累，这与观众对于短视频的审美需求形成了矛盾。如何在满足观众审美需求的同时，又能够充分展示地方形象，成为短视频行业需要解决的重要问题。

2. 商业模式尚未成熟

浙江省短视频行业的商业模式目前尚未成熟，存在诸多问题亟待解决。从赢利方式来看，虽然主要包括流量分成、广告植入、电商带货及平台补贴等，但整体上尚未形成足够多元且可持续的商业模式。微短剧作为短视频的一种重要形式，在国内尚处于培育期，其投资回报率较为不确定。一些作品虽然在短期内能够收获可观的点击量或较好的口碑，但由于后续版权运作和 IP 开发机制不完善，难以衍生出足够的赢利点。这就导致平台和创作者往往只能以流量优先，通过博取短期收益来维持运营，而忽视了内容质量和品牌建设的重要性。同时，平台和创作者为了追求流量和收益，往往倾向于大规模地生产和传播短视频，但这种方式容易导致短视频内容质量参差不齐，难以打造出具有影响力和价值的精品内容，难以形成口碑品牌。可如若过于追求精品化，又可能会导致制作成本过高，投资回报率降低，从而影响平台和创作者的积极性。因此，如何在流量、收益和内容质量、品牌建设之间找到平衡，实现可持续的发展，是浙江省短视频行业商业模式创新的关键所在。

3. 区域发展不平衡与产业集群效应不足

短视频的生产和消费具有高度的网络化特征，但各地在项目合作、内容互推、人才流动等方面尚未形成成熟的跨区域协同机制。一些地方政府或文旅机构虽然看到了短视频的价值，但尚缺乏平台对接与产业协同的有效途径。此外，短视频产业链包括创意与策划、制作与后期、分发与推广、版权与 IP 运营、衍生品开发、线下文旅等多个环节。要形成完整的产业链条，需要上下游紧密衔接。然而，当前多数地区尚停留在"单点突破"或"特色项目试点"阶段，尚未形成内外协同、产业链共享的综合性集群。专业影视制作基地、孵化器、加速器、版权交易平台等关键部门的缺失，使短视频与文旅融合的深层次潜力尚未得到充分释放。

4. 人才结构不合理

短视频与文旅融合的发展对人才提出了较高的要求，需要内容创作者既具备文化创意、艺术设计等专业技能，又要懂技术、会运营，还需具备跨文化沟通的能力。然而，目前浙江省的高校专业设置和人才培养大多仍以"传统媒体"或"影视行业"为出口，缺乏针对短视频行业的系统化课程与培养方案。这就导致了高校培养出来的人才难以满足短视频行业的实际需求，存在专业技能与行业需求脱节的问题。企业端的培训也多侧重具体的工具操作和对平台规则解读，缺乏对文化创意、市场洞察、跨文化沟通等能力的系统提升。这种培养局限导致人才结构不合理，严重制约了浙江省短视频行业的创新发展和国际市场开拓，使得短视频行业在内容创作、技术应用、市场推广等方面难以取得突破，影响了短视频行业的核心竞争力和可持续发展能力。

5. 对国际市场开拓不充分

随着"出海"浪潮的兴起，短视频平台和创作者都开始关注国际市场。然而，语言、文化与法律法规等方面的差异，给短视频"走出去"带来诸多障碍，已有的平台在版权保护、支付体系、内容本地化、市场准入等领域尚未积累足够的经验。加之国外市场竞争激烈，跨国平台更具资源和资本优势，造成国内短视频行业在国际竞争中仍相对被动。同时，虽然已有部分国际文化交流活动将短视频纳入议程，但整体而言仍旧缺乏高层次、持续性的国际论坛和合作平台以供全球范围的短视频行业从业者、技术专家、学者及政策制定者进行交流与对话。一些跨国项目常以个体创作者或企业间的短期合作为主，难以形成更大规模、更系统化的国际合作网络。

（三）浙江省短视频行业未来发展建议

在数字经济与文化消费升级的双重驱动下，短视频成为区域经济发展的重要推手与文化传播的重要载体。浙江省短视频行业未来发展，可聚焦微短剧商业价值挖掘、产业集群建设、技术创新应用、数据驱动决策以及人才培养与国际合作五大方向，实现高质量发展。

随着数字经济的深入推进和文化消费需求的不断升级，短视频行业在区域经济、文化传承与品牌塑造中的重要作用愈加凸显。以浙江省为代表的经济发达地区，通过积极发展微短剧与文旅相融合的模式，逐步探索数字化时代文化传播、产业赋能的新路径。

1. 多模式探索，挖掘微短剧商业价值

在文旅融合的大背景下，微短剧作为一种短时、精巧且高度浓缩的叙事形式，为文旅资源的宣传提供了独特的媒介优势。当前，微短剧与文旅融合的商业模式尚未定型，为这一领域的产业创新发展留下了广阔空间。

一方面，广播电视和网络视听媒体应积极主动地与地方文旅企业、机构和部门建立长期合作关系，深挖地域文化元素，使优质微短剧作品与特定的地理以及历史、非遗等文化资源相结合，从而塑造持续性的内容 IP。当地文化资源通过将短视频内容转化为情节化、人物化的叙事线索后，能够引发用户情感共鸣，提升地方文旅品牌影响力。同时，以特色地标为核心，营造"线上种草—线下打卡—二次传播"的闭环模式，帮助文旅消费场景进行延展。例如，在西湖、乌镇、横店影视城等标志性景点，通过微短剧中角色的故事，将观众的线上观看体验与实地旅游体验联动起来，使消费者在观剧的潜移默化中接受目的地营销。另一方面，可拓展"内容＋体验＋消费"的生态链条，与酒店、餐饮、文创手工坊、非遗工坊等业态紧密联动。

2. 增强集群效应，深耕全产业链开发

产业集群在区域经济发展与产业升级中具有重要意义。短视频行业的集群化发展有助于聚合制作团队、宣发平台、技术服务商、IP 运营机构及文旅产业相关方，从而形成高效协同与资源共享。集群效应不仅能够提升生产效率与创新能力，还能扩大产业影响力，吸引更多资本与人才进入。目前，短视频行业的赢利模式多依赖流量变现，如广告投放、电商导流等。未来应更加重视内容IP 的深度开发与精品化创作，通过版权运营、线下体验项目、衍生品开发、文创产品设计等多元途径，拓宽赢利空间。在微短剧领域，实现"小体量，大格局"尤为关键，精品化策略不仅能强化作品的独特价值和文化内涵，还能在用户群体中形成较高的品牌认知度与忠诚度。为此，浙江省应进一步强化与文化产业（如影视公司、艺术团体、文博机构等）的跨界合作，通过定期举办微短剧创作大赛、内容孵化营、行业峰会与论坛，促进人才与创意的流动，推动全产业链条的升级和完善。

3. 技术赋能，拓展消费新场景

技术进步为短视频与文旅相融合提供了重要动力。一方面，大数据、云计算、AI、VR、AR、MR（混合现实）等数字技术的应用，可为用户营造出更具沉浸感、交互感与个性化的消费场景。借助 AI 进行内容生产与推荐，可显著提升用户的观看体验与满意度。具体而言，浙江省可鼓励短视频平台与技术研发企业深入合作，引入智能剪辑与一键成片工具，让创作者在更短时间内产出高质量作品；再利用图像识别和自然语言处理技术，实现智能化内容的审核和精准分发。另一方面，通过 VR、AR 技术为观众呈现虚拟旅游体验，让观众在观看微短剧时同步获得目的地的 360 度全景展示，从而刺激用户做出出行决策。此外，AI 对话模型等前沿技术的引入，可实现与观众的实时互动与答疑，使微短剧观众在剧情推进中获得关于景点、文化的即时解释与引导。这种人机交互模式既可增强用户黏性，也能为潜在消费需求的激发创造条件。

4. 数据驱动决策，完善效果评估与反馈机制

在数字经济时代，数据的核心价值越发凸显。首先，短视频行业应建立系统的数据采集、分析与反馈机制，通过对用户行为轨迹、观看偏好、互动方式和转化路径的深度剖析，优化内容创作与产品开发策略。运用大数据分析工具对用户进行精准画像，了解不同年龄层、文化背景、兴趣爱好的用户偏好。通过标签化用户与定向推送，为微短剧的创作提供灵感，为文旅营销策略提供依

据。同时，还可采用 A/B 测试 ① 等方法，比较不同内容、叙事手法、视觉风格的效果，为创作者提供实证化建议。其次，定期追踪微短剧作品在各平台的播放量、点赞量、评论与分享数据，并结合线下游客数量、旅游收入、当地产业链利润变化进行综合评估，从而实现线上线下效果的联动分析。最后，数据驱动还应落实到决策与反馈机制的完善上。当某类内容表现出较高的转化率与口碑评价时，应及时迭代和加大投入；对于效果欠佳的题材与创作手法，则应及时调整方向或策略，以确保产业链的良性循环和健康发展。

5. 加强专业人才培养与国际合作交流

短视频与文旅产业的深度融合，对人才提出了更高要求。既懂文化与创意，又熟悉技术与数据分析的复合型人才将成为产业发展的核心驱动力。校企合作、产学研用相结合对于提升相关从业人员的专业素质和创新能力尤为重要。一方面，应在本地高校开设相关专业或方向的课程，如数字文化传播、短视频制作、文创营销、新媒体运营等，并建立实训基地，为学生提供实践机会。通过与本地知名短视频平台、文旅景区和文创企业合作，学生可将理论知识转化为实践能力，从而加速人才向产业的有效输送。另一方面，应积极开展国际合作，引入国际优质内容生产机构和平台的经验与资源，借鉴其相对成熟的运营模式和创意理念，加速本地产业的升级与转型。例如，与国际短视频平台或海外影视制作公司开展联合创作、营销推广和人才培养项目，将有助于提升浙江省在全球短视频行业版图中的话语权和影响力。

作为数字经济时代的前沿探索者，浙江省短视频行业在政策扶持、产业生态构建、文旅融合实践、技术创新与国际合作等多个领域取得了显著成效。实践经验显示，微短剧与文旅资源的深度融合，不仅满足了用户对多元文化与个性化消费的需求，也在丰富文旅品牌内涵、拓宽经济增长路径方面展现出巨大的潜力。更为关键的是，AIGC、VR、AR、云计算、大数据等前沿技术的融入，为短视频内容生产、分发与消费带来了革命性的变化，从而在更高层次上实现了文化传播、产业赋能与社会价值创造的协同提升。

---

① A/B 测试是一种随机测试，对两个不同的东西（A、B）进行假设比较。A/B 测试也称对照试验、双盲试验。

  展望未来，伴随全球数字经济的持续升温与文化消费需求的不断跃升，短视频行业仍将面临新的机遇与挑战。在这一背景下，浙江省的探索实践为其他国家与地区提供了宝贵借鉴。唯有坚持技术创新、深化产业协同、加强国际交流和人才培养，才能在激烈的全球竞争中把握先机，使短视频行业成为新质生产力时代的核心驱动因素，为人类社会的文化多样性与创意繁荣注入源源不断的活力。

2023 年浙江省广播电视和网络视听产业基地（园区）运营报告 [①]

杜艳艳 [②]　沈雨欣 [③]

摘要：2023 年，浙江省广播电视局坚持以党的二十大精神为指引，以高质量发展为主线，全面推进"数字强省"与"文化强省"战略，加快广播电视和网络视听产业数字化转型与跨界融合，为打造全国文化高地和推动文化产业高质量发展注入新动能。这一年，浙江省广播电视和网络视听产业深刻把握"两大业务""三大属性""四个层次"的核心要义，体系化推进各项工作，在传播党的声音和服务人民群众中展现新作为。本报告聚焦 2023 年浙江省广播电视和网络视听产业基地（园区）运营情况，系统梳理发展成效与难题。展望未来，浙江省广播电视和网络视听产业基地（园区）应补齐发展中的短板，把人才战略作为重要支撑，在市场竞争中不断突破，努力打造浙江省特色品牌，增强自身竞争力与创新活力，构建起高质量、可持续的发展模式，为全国广播电视和网络视听产业发展贡献浙江智慧。

关键词：广播电视；网络视听；产业基地（园区）

2023 年，浙江省深入贯彻国家广播电视总局，浙江省委、省政府以及省委

---

①　教育部产学合作协同育人项目"'智能营销前沿趋势与方法'师资培训"（项目编号：230904839050006）的阶段性成果。

②　杜艳艳：浙江工业大学人文学院副教授。

③　沈雨欣：浙江工业大学人文学院新闻与传播学硕士研究生。

宣传部的相关部署要求，扎实推进全省广播电视和网络视听工作。工作依据浙江省第十五次党代会及其二次全会的部署安排，全面落实全国广播电视工作会议精神与全省宣传思想工作会议精神，深入践行"八八战略"，聚焦全省"两个先行"奋斗目标与新时代文化高地建设任务，以打造新时代广播电视和网络视听强省为目标，全力推动攻坚突破，充分激发创新活力，努力书写广播电视和网络视听高质量发展的浙江篇章。

为全面推进浙江省广播电视和网络视听产业基地（园区）的高质量发展，浙江省出台了《浙江省广播电视和网络视听发展三年行动计划（2022—2024年）》①、《关于加快推进广播电视和网络视听产业基地（园区）高质量发展的若干举措（征求意见稿）》②、《2023年全省广播电视和网络视听工作要点》③等政策文件。这些政策文件从多方面进行谋篇布局，重点任务是聚焦实施新时代网络视听节目精品创作传播工程、智慧广电乡村工程、重大平台创新发展工程、行业管理优化工程、广电强基工程等。④这为基地（园区）的长远发展筑牢根基，全方位推进浙江省广播电视和网络视听产业向快、向好发展。

一、浙江省广播电视和网络视听产业基地（园区）发展现状

（一）基本概况

截至2023年年底，浙江省共有广播电视和网络视听产业基地（园区）23

① 浙江省广播电视局.浙江省广播电视和网络视听发展三年行动计划（2022—2024年）[EB/OL].(2022-05-26)[2025-03-09]. https://ct.zj.gov.cn/art/2022/5/26/art_1229678761_2516271.html.
② 浙江省广播电视局.关于加快推进广播电视和网络视听产业基地（园区）高质量发展的若干举措（征求意见稿）[EB/OL].(2023-01-09)[2025-03-09]. https://minyi.zjzwfw.gov.cn/dczjnewls/dczj/idea/topic_5776.html.
③ 浙江省广播电视局.2023年全省广播电视和网络视听工作要点 [EB/OL].(2023-02-28)[2025-03-09]. https://ct.zj.gov.cn/art/2023/2/28/art_1229678764_5283537.html.
④ 浙江省广播电视局.浙江省广播电视和网络视听发展三年行动计划（2022—2024年）[EB/OL].(2022-05-26)[2025-03-09].https://ct.zj.gov.cn/art/2022/5/26/art_1229678761_2516271.html.

家，其中获批国家级 5 家，认定省级 9 家，遴选省级培育对象 7 家（有 2 家被列入第一批整改名单）。从地理分布上看，主要分布在杭州市（8 家）、宁波市（4 家）、金华市（3 家）等地，位于这 3 座城市的产业基地（园区）约占总数的 68.2%[1]，其他基地分别位于湖州市、衢州市、绍兴市、温州市、舟山市等地。浙江省广播电视和网络视听产业基地（园区）整体呈现出"集群和离散"并存的特征。

（二）运营情况

1.营收情况

2023 年，浙江省广播电视和网络视听产业基地（园区）总营收达 1811.44 亿元，广播电视和网络视听业务总收入达 997.04 亿元。其中，杭州国家动画产业基地的业务收入最高，达 697.27 亿元。[2] 具体如表 6 所示。

表6　2023 年浙江省广播电视和网络视听产业基地（园区）业务收入情况

单位: 亿元

培育情况	产业基地（园区）	所属地区	业务收入
国家级	浙江横店影视文化产业实验区	金华市	107.49
国家级	中国（浙江）影视产业国际合作实验区	杭州市	14.64
国家级	中国（浙江）影视产业国际合作实验区海宁基地	嘉兴市	18.82
国家级	中国（之江）视听创新创业基地	杭州市	5.85
国家级	杭州国家动画产业基地	杭州市	697.27
省级（第一批）	华数白马湖数字电视产业园	杭州市	47.42
省级（第一批）	浙江国际影视中心	杭州市	2.31
省级（第一批）	宁波影视文化产业园	宁波市	9.98
省级（第一批）	博地影视产业园	宁波市	1.67
省级（第一批）	宁波民和文化产业园	宁波市	9.66
省级（第一批）	中国海影城	宁波市	0.61

① 《浙江省文化文物广电和旅游统计年鉴 2024》。

② 《浙江省文化文物广电和旅游统计年鉴 2024》。

培育情况	产业基地（园区）	所属地区	业务收入
省级（第一批）	"两山"安吉智慧广电产业基地	湖州市	0.45
省级（第一批）	浙江（金华）网络视听产业基地	金华市	27.85
省级（第一批）	永康影视文化产业集聚区	金华市	3.05
省级（第一批限期整改）	温州广电网络视听产业园	温州市	2.25
省级（第一批限期整改）	湖州影视城文化产业园	湖州市	2.73
省级（第二批）	上虞 e 游小镇	绍兴市	30.33
省级（第二批）	龙游溪口影视文化协拍基地	衢州市	——
省级（第二批）	临平影视文化创意基地	杭州市	14.42
省级（第二批）	MEGAMDIA 音视频跨境交易服务云平台	杭州市	——
省级（第二批）	杭州九样文化传媒有限公司云平台	杭州市	0.23
省级（第二批）	舟山白沙岛影视取景基地	舟山市	——
省级（第二批）	舟山海缘影视城	舟山市	0.01

2.企业入驻情况

2023 年，浙江省广播电视和网络视听产业基地（园区）共入驻企业 16,768 家，较 2022 年新增 4050 家。[①] 产业基地（园区）内企业性质多样，既包括华数集团等国有企业，也包括华策影视、留白影视等民营企业，还包括事业单位企业化管理组织、集体经济组织等。其中，民营企业与事业单位企业化管理组织占比较大，达到 63.16%。[②]

2023 年，浙江省广播电视和网络视听产业基地（园区）通过举办行业活动、校企协同发展、重大项目合作、出台扶持政策等方式吸引优质企业入驻。以中国（之江）视听创新创业基地为例。11 月 27 日—11 月 30 日，2023 中国视听创新大会在杭州市艺创小镇举办。会上，上海电影股份有限公司中南总部、洲明虚拟影像科技产业基地、中央广播电视总台央广网艺创中国调研中心等重量级项目入驻中国（之江）视听创新创业基地，吸引了相关产业链上下游企业跟

---

① 《浙江省文化文物广电和旅游统计年鉴 2024》。

② 《浙江省文化文物广电和旅游统计年鉴 2024》。

随入驻，形成了产业集聚效应。^① 据统计，2023 年中国（之江）视听创新创业基地新增 262 家入驻企业。^②

3. 作品情况

2023 年，浙江省广播电视和网络视听产业基地（园区）的电视剧、动画片、网络剧片的生产总量排在全国前列，其中电视剧发行量居全国第三^③，动画片与网络微短剧发行量均居全国第一^④。全省 23 家产业基地（园区）产出的影视作品超 1289 部，集数超 4446 集，累计接待剧组 1065 个。^⑤ 以浙江横店影视文化产业实验区为例，2023 年，该产业基地（园区）生产票房过亿元的影片 73 部，故事影片 792 部，影片总产量为 971 部。^⑥

自国家广播电视总局倡导影视剧发展减量提质、降本增效后，影视剧市场走向理性成熟，2023 年影视剧数量虽然有所下降，但类型更加多元。浙产剧作在这一趋势下成绩斐然，各出品单位秉持"内容为王"的准则，在多品类赛道深耕。2023 年，各广播电视和网络视听产业基地（园区）产出的作品风格多元，屡屡"出圈"。

在电视剧方面，2023 年年度爆剧《狂飙》，由浙江横店影视文化产业实验区的入驻企业留白影视出品。自开播以来，该剧的平均收视率为 1.54%，单日播放量超过 3 亿人次，打破了 9 年来中央电视台八套电视剧的热度天花板。^⑦

① 新民晚报 . 打造"视听西湖"品牌效应，中国视听创新大会在杭州举行 [EB/OL].(2023-11-30)[2024-12-18].https://www.toutiao.com/article/7307081928388395572/?upstream_biz=doubao&source=m_redirect.

② 《浙江省文化文物广电和旅游统计年鉴 2024》.

③ 国家广播电视总局 . 最新发布！2023 年国产电视剧发行许可数据出炉 [EB/OL].(2024-01-16)[2024-12-30].https://lmtw.com/mzw/content/detail/id/231079.

④ 北京市广播电视局 .2023 年重点网络微短剧、网络动画片拍摄备案公示情况 [EB/OL]. (2023-12-22)[2024-12-30].https://gdj.beijing.gov.cn/phone/zwxx_47193/gzbg1/202312/t20231222_3507844.html.

⑤ 《浙江省文化文物广电和旅游统计年鉴 2024》.

⑥ 横店影视 . 横店影视 2023 年度报告（修订版）[EB/OL].(2024-03-09)[2025-03-26]. https://money.finance.sina.com.cn/corp/view/vCB_AllBulletinDetail.php?stockid=603103&id=9864061.

⑦ 潮新闻 .2023 年浙产剧成绩亮眼，12 部在央视播出 [EB/OL].(2023-12-22)[2025-02-24]. https://news.qq.com/rain/a/20231222A06BI600.

在电影方面，由浙江横店影视文化产业实验区与杭州酷文数字创意产业基地参与制作的电影《热烈》献礼亚运，总票房达到9.13亿元，成为国产体育片的票房冠军。①

在网络剧方面，浙江横店影视文化产业实验区打造的《显微镜下的大明之丝绢案》，获国家广播电视总局2023年第一季度优秀网络视听作品等奖项。②浙江横店影视文化产业实验区作为业内知名的影视制作出品基地，拥有专业的画面制作能力与先进的影视制作技术。以此为背书，该剧实现了对视觉画面质感、场景布局的精细把控，一度引发观众热议。③

在动画片领域，由杭州国家动画产业基地出品的《青田小田鱼》是国家广播电视总局的重点项目。杭州国家动画产业基地在2023年积极推动"文化＋科技"融合发展，试图探索新兴技术在场景制作、画面呈现等方面的应用，《青田小田鱼》便在此背景下诞生。中国电影家协会儿童电影工作委员会会长郑虎对这部动画片做出了高度评价。他认为，该动画片从人物场景到故事情节，再到背景音乐，都有比较高的完成度。④

4.政策服务和人才建设情况

2023年，浙江省政府出台了一系列政策支持产业基地（园区）的高质量发展，包括资金扶持、税收优惠、人才引进等，具体见表7。在政府牵头下，各基地（园区）之间通过联盟协作等措施，有效促进了产业结构优化和布局调整。2023年8月，浙江省广播电视和网络视听产业基地（园区）联盟在横店成立，有利于促进各产业基地（园区）间的理念联通、机制联建和资源联动，积极搭建合作发展的新载体，并支持成员单位在项目建设中整合资源、共建共享、互

---

① 游民星空.《热烈》结束公映：票房9.13亿元 获内地影史运动片冠军 [EB/OL].(2023-12-27)[2025-03-11].https://www.gamersky.com/news/202312/1690467.shtml.

② 夸克百科.显微镜下的大明之丝绢案 [EB/OL].(2023-02-22)[2025-03-11].https://vt.quark.cn/c/lemma/053310813441014#/index.

③ 搜狐.喜报！青田的"它"成为国产优秀动画片 [EB/OL].(2024-03-15)[2025-03-11].https://www.sohu.com/a/764446945_121123842.

④ 搜狐资讯.打磨农遗人文科普童话精品 动画片《青田小田鱼》研讨会在杭召开 [EB/OL].(2024-01-15)[2025-03-11].https://www.sohu.com/a/751915685_120932824.

惠互利，共同实现更大的收益和效益。^①

《2023 年全省广播电视和网络视听工作要点》提出，要加强广播电视和网络视听产业人才队伍建设，具体包括加大人才培训力度、建好人才培养培训基地、实施"人才智配"工程、加强领军人才和青年创新人才培养等内容。^②政策的出台强化了产业基地（园区）的人才结构与质量。2023 年，产业基地（园区）从业人员数量达到 17.42 万人，较上年新增 16,613 人。^③产业基地（园区）通过举办培训班、开展交流活动等方式，加强人才引育工作，为广播电视和网络视听产业的高质量发展提供更有力的人才支撑。

表 7　2023 年浙江省广播电视和网络视听产业主要政策文件^④

出台时间	政策文件	政策概要	部门
2023 年 1 月	《关于加快推进广播电视和网络视听产业基地（园区）高质量发展的若干举措（征求意见稿）》	推出 10 条措施，助力基地（园区）高质量发展，具体涉及产业集聚、人才引入、数字驱动、对外传播等方面	浙江省广播电视局
2023 年 8 月	《浙江省广播电视和网络视听产业基地（园区）联盟章程》	指导支持成员单位在项目建设中整合资源、共建共享、互惠互利，共同实现更大收益和效益	浙江省广播电视和网络视听产业基地（园区）联盟
2023 年 8 月	《浙江省广播电视局关于开展 2023 年全国广播电视和网络视听行业领军人才工程、青年创新人才工程推荐选拔工作的通知》	面向业内选拔有较大引领力和影响力的高层次领军人才和优秀青年创新人才	浙江省广播电视局

---

① 浙江省广播电视局.浙江省广播电视和网络视听产业基地（园区）联盟正式成立 [EB/OL].(2023-08-10)[2024-12-18].https://ct.zj.gov.cn/art/2023/8/10/art_1652990_59020013.html.

② 浙江省广播电视局.2023 年全省广播电视和网络视听工作要点 [EB/OL].(2023-02-28)[2025-03-09]. https://ct.zj.gov.cn/art/2023/2/28/art_1229678764_5283537.html.

③ 《浙江省文化文物广电和旅游统计年鉴 2024》.

④ 浙江省广播电视局.《2023 年全省广播电视和网络视听工作要点》[EB/OL].(2023-02-28)[2025-03-09]. https://ct.zj.gov.cn/art/2023/2/28/art_1229678764_5283537.html.

（三）发展模式

浙江省产业基地（园区）的发展逐渐进入成熟期，形成三大主导发展模式——文旅融合的产业链模式、资源整合的集团化模式、技术赋能的工业化模式，持续提升产业活力与实力。[①]2023年，各大产业基地（园区）继续延续这一发展态势。

1. 文旅融合的产业链模式

广播电视和网络视听产业经过多年发展，具备丰富的内容策划和节目制作资源及经验。这个独特的优势可以很好地为文旅产业提供包括品牌宣传推广、资源高效利用等方面的支持。[②]在广播电视和网络视听产业基地（园区）内，文旅融合正成为一大重要的发展趋势。产业基地（园区）通过整合文旅资源与视听技术，推出一系列具有地方特色的文旅产品，如互动式影视体验项目、文化遗产主题旅游景区等，吸引了大量游客前来参观体验。

为了推进文化和旅游深度融合发展，系统探索中国式现代化省域先行路径，浙江省政府出台了《浙江省文旅深度融合工程实施方案（2023—2027年）》[③]，旨在推动文化和旅游在更广范围、更深层次、更高水平上实现融合发展。该方案提到，提升横店影视文化产业实验区、湖州影视城、象山影视城等的发展层次，利用热点影视流量开发旅游产品和线路，努力打造知名演艺旅游目的地。

以入驻宁波影视文化产业园的象山影视城为例，在发展过程中，象山影视城意识到影视拍摄对旅游产业的带动作用，遵循文旅融合的发展模式，将影视场景转化为旅游资源，实现影视产业与文旅产业的协同发展。出于所在城市的文化底色，宁波的产业基地（园区）大多立足于本地的海洋文化，当地的象山影视城和中国海影城均注重与本地的海洋资源和海洋文化相结合，走出一条具有海洋特色的影视文旅融合之路，在挖掘海洋题材影视作品潜力的同时，积极

① 袁靖华，邵鹏.浙江省广播电视和网络视听产业发展蓝皮书（2022）[M].杭州：浙江大学出版社,2023:58-61.
② 田璐.广电＋文旅：拓展广电媒体融合发展新赛道[J].声屏世界,2024(24):9-11.
③ 浙江省文化和旅游厅.关于《浙江省文旅深度融合工程实施方案（2023—2027）（征求意见稿）》公开征求意见的公告[EB/OL].(2023-01-20)[2024-12-18]. https://ct.zj.gov.cn/art/2023/1/20/art_1229678763_5058349.html.

拓展海洋文化主题的旅游项目，如海洋文化主题的演艺秀、具有海滨特色的影视体验场景等，实现文旅融合，共促产业发展。

2. 资源整合的集团化模式

跨媒介、跨地域、跨行业的集团的组建是市场竞争与扩张的必然结果，是媒体机构摆脱单一赢利模式的必然路径。[①]浙江省产业基地（园区）主要聚集在杭州市、金华市、宁波市三地，有空间分布较为集中的特征，难以实现跨地域的资源互通与共享。因此，利用资源整合的集团化模式，打通省域内的资源流动渠道，下好"一盘棋"，搭建产业基地（园区）协同发展的良好格局，是推动全省产业基地（园区）做大做强、齐头并进的有效途径。

2023年8月，浙江省正式成立广播电视和网络视听产业基地（园区）联盟，这一举措有效解决了各产业基地（园区）之间协同力不强、资源难以整合的问题，推动了各产业基地（园区）实现要素的流动与整合，进一步发展了集团化模式。成员单位签署《影视产业大脑共建共享合约》，整合各自的数据资源、技术力量和行业经验，构建起集影视项目策划、制作、发行、营销等服务于一体的平台。该平台为成员单位提供精准的市场分析、项目评估和资源匹配等服务，提高项目成功率和投资回报率，同时也提升了浙江省广播电视和网络视听产业的集团化水平。[②]

3. 技术赋能的工业化模式

互联网与移动信息技术是广播电视和网络视听产业不断发展的催化剂。数字、网络、信息技术的裂变，为广播电视和网络视听产业在融合发展的过程中提供了前所未有的机遇。[③]浙江省广播电视和网络视听产业基地（园区）也乘上了技术赋能的快车，应用技术"加法"，革新内容生产力和平台管理力，利用新质生产力助推产业基地（园区）向着工业化、数字化发展。

在内容生产方面，杭州国家动画产业基地积极应用新兴技术，探索AI在动

---

①　徐舫州，张静滨，高阳. 我国跨地域跨媒体传播发展研究 [J]. 现代传播（中国传媒大学学报），2010(07):1-7.

②　浙江省广播电视局. 浙江省广播电视和网络视听产业基地（园区）联盟正式成立 [EB/OL].(2023-08-10)[2024-12-18]. https://ct.zj.gov.cn/art/2023/8/10/art_1652990_59020013.html.

③　余召臣，黄君. 新时代下我国网络视听产业发展路径研究 [J]. 视听界,2019(03):60-65.

画制作流程中的运用。其入驻企业中南卡通拥有亚洲最大的 AI 表演动画数字摄影棚"之江一号"，其超过 1/3 的动漫作品采用了动作捕捉技术，通过录入专业动捕演员动作、表情数据，再由计算机将其转化成虚拟角色的动作、表情，来大大提升动画制作效率与质量。①

在平台运营方面，浙江省广播电视局持续推进数字赋能工作。② 在 2023 年，浙江省广播电视局指导华数白马湖数字电视产业园搭建智慧广电云平台，推出"智慧广电 +"融合服务，实现广电与康养、医疗等公共服务的结合。③

二、浙江省广播电视和网络视听产业基地（园区）发展特点

（一）产业地理布局错落有致，区域优势辅助基地发展

浙江省各地市发展特色鲜明。如杭州市依托数字经济优势，在广播电视和网络视听领域创新引领，高精尖产业集聚效应显著；宁波市凭借雄厚的制造业实力，在港口贸易与智能制造领域成绩斐然；金华市发力电商贸易与影视创作，以高质量影视精品拓展国内外市场，彰显独特的商业与文化魅力。

浙江省共拥有 23 家广播电视和网络视听产业基地（园区）④，从地理位置分布来看，主要以杭州市为中心，以金华市与宁波市为重要支点，其余散落分布于其他城市。受不同城市发展导向与经济状况差异的影响，这些产业基地（园区）的发展特征也各有不同。

杭州市作为电商之都，有产业集聚度高、数字技术水平高的特征，其广播电视和网络视听产业也处于全国领先地位，在浙江大视听产业发展中起到关键支撑作用。凭借政策扶持与人才汇聚，一批聚焦新技术应用以及国际化发展路

---

① 中南卡通官方 . 金奖！中南卡通"之江一号"荣获全球数贸会先锋奖（DT 奖）金奖等多项荣誉 [EB/OL]. (2023-11-27)[2024-12-18]. https://www.sohu.com/a/739528872_120995252.
② 都市快报 . 服务窗口"搬进"客厅，惠及 1600 万个浙江家庭，"邵逸夫健康"数字电视专区上线 [EB/OL]. (2023-07-28)[2025-02-24]. https://www.toutiao.com/article/7260807384099226169/?upstream_biz=doubao&source=m_redirect.
③ 搜狐网 . 是什么让华数"跃"向数字时代 [EB/OL].(2023-09-09)[2025-03-14]. https://www.sohu.com/a/719000238_121123820.
④ 《浙江省文化文物广电和旅游统计年鉴 2024》。

径的产业基地（园区）在杭州蓬勃兴起并茁壮成长。

以入驻中国（浙江）影视产业国际合作实验区的华策影视为例，基于其自主研发的"有风"大模型，华策影视开发了剧本的智能创作辅助系统，该系统可以实现在短时间内完成创作评估工作，如 3 分钟完成一部 IP 作品的初筛评估，30 分钟完成百万字作品的内容精准评估，还能实现人物关系分析、剧本要素提炼、完成剧本分场大纲撰写等，这大大提升了内容生产的效率。[①] 其所处的中国（浙江）影视产业国际合作实验区 2023 年总营收超 21.9 亿元。[②]

杭州 MEGAMDIA 音视频跨境交易服务云平台（由浙江华麦网络技术有限公司建立）则着力于广播电视和网络视听作品的"出海"，赋能大视听产业的跨境交流。截至 2023 年年底，该平台已吸引来自全球 50 个国家及地区的 2823 家企业机构注册，涵盖动漫、电视剧、电影、纪录片、游戏和创意项目等多个方面，通过该平台达成的中外影视内容合作项目累计金额达 8000 万美元。[③]

金华市和宁波市两个地区的产业基地（园区）的发展具有相似性。两地均着力于大视听产业与文旅产业融合的发展模式，通过深度挖掘本地的特色文化资源，打造特色文旅产品，拓展更为多元的消费场景，提升广播电视和网络视听产业的附加值。

横店影视城作为中国规模最大的影视体验度假区，不仅形成了集影视制作、拍摄、后期制作、发行于一体的影视产业链，也大力打造文旅品牌，成功构建了一个文化娱乐和影视旅游融合发展的平台。2023 年，横店影视城接待游客数量达 1980 万人次，创下历史新高。[④]

（二）浙产精品聚焦现实题材，微短剧创作持续繁荣

浙江省广播电视局颁布的《浙江省广播电视和网络视听发展三年行动计划

---

① 华策影视.A 股影视公司第一个！华策自研"有风"大模型通过国家备案 [EB/OL].(2023–05–15)[2024–12–18].https://www.huacemedia.com/mobile/index.php/news/info/716.html.

② 《浙江省文化文物广电和旅游统计年鉴 2024》。

③ 浙江华麦网络技术有限公司."文化扬帆出海，视界无界绽放"华麦网络连续三年亮相全球数字贸易博览会！[EB/OL].(2023–09–25)[2024–12–18].https://www.megamai.com/news/434.

④ 刘汉文，石航.2023 年中国电影产业发展分析报告 [J]. 当代电影,2024(02):15–24.

（2022—2024 年）》[1] 提到：打造视听精品力作要按照"找准选题、讲好故事、拍出精品"的要求，创作生产一批展示中国风范、浙江特色的优秀广播电视和网络视听文艺作品。2023 年，浙江省各产业基地（园区）继续践行该计划的主旨精神，坚持以内容为王，打造蕴含匠心的浙产精品。

浙江广播电视集团原总编辑程蔚东认为，浙产电视剧的创作者极为关注现实生活，在中国改革开放的历程中，每一步历史的足音都在浙产电视剧中产生过审美的回响。[2]2023 年，产业基地（园区）出品了一批聚焦现实题材的匠心剧作。其中，由浙江横店影视文化产业实验区出品的电视剧《狂飙》，作为一部扫黑除恶题材剧，展现了黑白两方长达 21 年的正邪较量，反映了权力欲望对人的影响，引发了观众对现实社会秩序和公平正义的深刻思考。此外，还有如《平凡之路》《熟年》等剧作，围绕当下职场问题和中年危机等现实话题展开，展现了浙产电视剧对社会热点的敏锐捕捉。

2023 年以来，微短剧创作持续繁荣，形态多样、"小而美"的微短剧内容进一步满足用户娱乐、休闲的多元化需求。[3]2023 年，中国微短剧市场规模达到373.9 亿元[4]，浙江省广播电视和网络视听产业基地（园区）也乘上了这趟快车。2023 年，有 400 余部影视剧在宁波影视文化产业园的象山影视城开机，其中微短剧占 2/3，包括豆瓣评分高达 8.6 分的《古相思曲》、养成系恋爱剧《风月变》、古代版史密斯夫妇《念念无明》等。[5]

微短剧市场的繁荣带来了空前的经济效应与社会效应，越来越多的影视制作企业、MCN 机构等参与到微短剧的制作当中，获得了更多的业务机会和更大

① 浙江省广播电视局. 浙江省广播电视局关于印发《浙江省广播电视和网络视听发展三年行动计划（2022—2024 年）》的通知 [EB/OL].(2023-05-26)[2024-12-18].https://ct.zj.gov.cn/art/2022/5/26/art_1229678759_2516214.html.

② 中国艺术报. "浙派"影视缘何异军突起？ [EB/OL].(2018-12-20)[2024-12-18].https://m.cflac.org.cn/SrcollNews/201812/t20181220_429932.html.

③ 创作持续火热 微短剧成为广电业务增长新亮点 [J]. 广电时评,2024(20):57-58.

④ 新浪财经.《2024 中国微短剧产业研究报告》发布，预计今年市场规模将超 600 亿元 [EB/OL].(2025-03-05)[2025-03-10].https://finance.sina.com.cn/jjxw/2025-03-05/doc-inenrcyc8762300.shtml.

⑤ 象山影视城. 微短剧一路"狂飙"！宁波市影视文化产业乘风而起！ [EB/OL].(2024-04-19)[2025-03-10].http://xgslot.com/news/show/2611.html.

的赢利空间。2023 年，临平区成功创建杭州市首家区属影视协拍中心，利用"临影厂"现代剧拍摄制作平台、大运河 1986 文创园等影视筹拍基地，吸引众多影视制作企业、MCN 机构入驻，壮大了微短剧产业规模。[1] 同时，微短剧爆火创造了大量的就业岗位，吸引了大量人才投身其中，2023 年，浙江省产业基地（园区）从业人员达到 17.42 万人。[2]

（三）动画电竞领域双向发力，优势互补共塑产业生态

动画、电竞属于大文化的范畴，发展动画、电竞产业，使其能够形成自身独特的文化力量，是帮助年轻人坚定文化自信的途径之一。[3]2023 年，浙江省广播电视和网络视听产业基地（园区）在动漫与电竞领域双向发力，塑造极具竞争力的产业新生态。

在动画产业方面，浙江省广播电视和网络视听产业基地（园区）致力于推出优秀浙产动画，打响浙产动画品牌。以杭州国家动画产业基地为例。2023 年该产业基地总营收达到 1347.8 亿元。[4]《青田小田鱼》《舒克贝塔地下之谜》《乐比成长记》等优质的动画作品均由该基地的公司出品。这些作品为动画产业的发展注入了源源不断的活力与创意，逐步在全国动画领域引领潮流。在传承与创新的道路上，各产业基地（园区）始终坚持立足本土，输送一批批优秀的动画作品。

在动画企业方面，产业基地（园区）的入驻企业不断聚力发展，提高效益。中南卡通等动画企业入选 2023—2024 年度国家文化出口重点企业名单。[5]头部企业凭借强大的实力，发挥带头示范作用，吸引动画人才汇聚，并带动全省中小动画企业发展。

在电竞产业方面，杭州亚运会的成功举办，使电竞作为一项正式的比赛项

---

① 中国日报网 . 杭州临平向全国发出邀请，合力打造微短剧产业链 [EB/OL].(2023-11-01)[2025-03-11]. https://news.qq.com/rain/a/20231101A049D200l.

② 《浙江省文化文物广电和旅游统计年鉴 2024》.

③ 数字电竞与智能经济 [J]. 互联网天地 ,2019(07):66-67.

④ 《浙江省文化文物广电和旅游统计年鉴 2024》.

⑤ 杭州宣传网 . 新一批国家文化出口重点企业 杭州都有哪几家上榜了？ [EB/OL].(2023-11-01)[2025-03-10].https://hzxcw.hangzhou.com.cn/content/2023-11/01/content_9617188.html.

目亮相，推动了电竞体育化进程的发展。2023年6月，杭州市发布《杭州市电竞产业项目扶持管理办法》①，为电竞产业的发展提供了有力支持。乘着这股东风，浙江省各产业基地（园区）大力推进电竞产业发展，不断发展自身的实力。

上虞e游小镇是浙江省大力发展电竞产业的广播电视和网络视听产业基地（园区）之一，2023年，该基地总营收超87.15亿元。②上虞e游小镇积极推动电竞产业发展，举办各类电竞赛事，吸引大量电竞爱好者和专业团队关注。小镇在硬件设施打造与人才引育方面两手齐抓，打造了优良的电竞产业发展平台，并成功承办多项大型赛事。2023年，该基地承办"青春之城"迎亚运·2023ZEG浙江省电子竞技大赛总决赛与"《街头篮球》FSPL（Free Style Planet League）职业联赛常规赛"，并同步进行线上直播，进一步提升了小镇的电竞氛围和知名度，打响了小镇的品牌。

（四）数智技术赋能产业运作，走出科技驱动新模式

为顺应产业数字化和数字产业化的发展趋势，浙江省广播电视和网络视听产业基地（园区）主动应变、求变，运用AIGC、大语言模型等数媒新技术为大视听产业运作注入新动能。

AIGC、大语言模型等技术的横空出世颠覆了传统的运作模式，为影视创作、内容生产带来了全新的可能。2023年6月，中国（浙江）影视产业国际合作实验区的华策影视宣布成立"AIGC应用研究院"，计划将AIGC应用于内容创意、内容制作、内容宣发等影视生产全链路，助力华策影视在内容制作与业态变革方面焕新。③

AI也被广泛应用于内容分发，以实现内容的个性化推送与精准化营销。如华数白马湖数字电视产业园在2023年上线虚拟数字人"艾珈"，它通过华数TV客户端，被应用于视听界面专区，拓宽了内容的接收群体，以创新形式实现内

---

① 中共杭州市委宣传部.关于《杭州市电竞产业项目扶持管理办法》公示的公告 [EB/OL].(2023-06-30)[2025-03-10].https://hzxcw.hangzhou.com.cn/tzgg/content/content_9571101.html.
② 《浙江省文化文物广电和旅游统计年鉴2024》.
③ 界面新闻.华策影视：全面推进AIGC产业布局 走出"科技驱动"新模式 [EB/OL].(2023-06-20)[2025-03-14].https://www.jiemian.com/article/9609900.html.

容的多渠道分发。[①]

　　浙江省广播电视和网络视听产业基地（园区）坚持创新驱动，如：华数白马湖数字电视产业园进一步推进智慧广电建设，搭建智慧广电云平台，将数字技术应用于生产服务全环节[②]；象山影视城则建成国内首家 5G+ 影视数字制作基地，为影视制作提供在线协作、资源共享等服务[③]。浙江省产业基地（园区）用科技创新助力成果转化，走出了科技驱动的崭新路径。

（五）剧作"出海"打造出口高地，平台自建拓宽对话渠道

　　"八八战略"的提出为浙江省实施对外开放政策指明了方向，推动浙江省在实践中不断提升对外开放层次和水平。2023 年，浙江省广播电视和网络视听产业基地（园区）在国际传播领域积极探索、全面发力，在国际化交流、影视作品"出海"、平台自建等方面均取得了显著进展。

　　浙江省产业基地（园区）在广播电视和网络视听内容互换互播、联合拍摄等方面与国际企业开展合作。2023 年，丝路·国际传播系列活动[④] 的开展，使华数集团的求索纪录频道与多家国外电视机构、新媒体机构达成了合作，在深入了解国际行业动态、学习成功经验的同时，也提升了浙江省大视听产业在全球领域的知名度与影响力。

　　2023 年，多部浙产作品实现"走出去"，登上国际银幕。如浙江横店影视文化产业实验区出品的电影《热烈》，在俄罗斯、泰国、阿联酋等多个国家和地区上映，扩大了浙产作品在海外的覆盖面，提升了影响力。[⑤] 由中国（浙江）影视产业国际合作实验区华策影视出品的《三分野》，于 2023 年下半年在 YouTube

① 钱江晚报.华数发布虚拟数字人"艾珈"首支国风单曲 MV[EB/OL].(2023−11−25)[2025−02−24].https://m.163.com/ent/article/I50S85K504099C6A.html.

② 搜狐网.是什么让华数"跃"向数字时代 [EB/OL].(2023−09−09)[2025−03−14].https://www.sohu.com/a/719000238_121123820.

③ 经济网.象山影视城全方位打造全国首家 5G+ 影视数字制作基地 [EB/OL].(2020−11−15)[2025−03−14].https://www.sohu.com/a/432030464_229926.

④ 环球网.丝路·国际传播云签约暨国际微视频大赛正式启动 [EB/OL].(2023−03−14)[2025−02−24].https://tech.chinadaily.com.cn/a/202303/14/WS640fe21ca3102ada8b233785.html.

⑤ 钱江晚报.《热烈》火热出海，浙江出品电影更多"走出去"[EB/OL].(2024−03−06)[2025−02−24].https://www.sohu.com/a/762224584_121627717.

阿拉伯语影视剧频道上架。截至 2023 年 12 月，其累计播放量突破 730 万次。①

浙江省广播电视和网络视听产业基地（园区）致力于构建国际传播平台体系。2023 年，由中国（浙江）影视产业国际合作实验区的华策影视投资的"C-dramaRights 全球影视云交易平台"正式上线，其覆盖来自亚、欧、美等大洲的 95 个国家和地区，吸引迪士尼等众多国内外影视机构入驻。②由杭州国家动画产业基地的中南卡通打造的"版钉"数字文化版权保护平台成功入选"2023—2024 年度国家文化出口重点项目"③，有效推动了数字文化内容稳步走向国际舞台。此外，还有如"MEGAMDIA 音视频跨境交易服务云平台""Zoland 数字文化海外交易平台"等国际化传播平台，共同为浙江大视听产业"造船出海"，走向国际化大舞台添砖加瓦。

三、浙江省广播电视和网络视听产业基地（园区）发展面临的困难

（一）产业链高端要素欠缺，前后端企业潜力仍待发掘

在构建广播电视和网络视听产业链的过程中：前端一般以内容创意与技术研发为核心，汇聚编剧、导演、工程师等人才团队；中端围绕作品的制作环节，确保高质量作品产出；后端则着力营销与衍生产品开发方面的创新实践。④

除少数头部产业基地（园区），浙江省多数产业基地（园区）的主营业务集中于设备租赁、剧组拍摄、群演雇用及影视旅游等环节，优势集中在中端，缺乏前端的创意制作、技术研发，以及后端的品牌营销等产业链高端要素，难以

---

①　华策集团.粉丝近百万点击超 5 亿 华策集团推动中阿影视交流合作受瞩目 [EB/OL].(2023-12-25)[2025-02-24].https://www.huacemedia.com/mobile/index.php/news/info/625.html.

②　华策影视.戛纳快递 | 华策集团开放 C-dramaRights 云平台 [EB/OL].(2023-05-15)[2024-12-18].https://www.huacemedia.com/about/news_detail/579.html.

③　中国网.中南卡通连续 18 个年度蝉联国家文化出口重点企业 [EB/OL].(2023-08-23)[2025-03-10].http://szjj.china.com.cn/2023-08/23/content_42492666.html.

④　国家广播电视总局发展研究中心.中国广播电视产业发展报告（2023）[M].北京：社会科学文献出版社,2023.

形成真正闭环且富有活力的产业链条。

产业基地（园区）需发掘产业链前后端企业的潜力。在前端，吸引一流剧本创作公司、技术研发公司入驻，为作品创作提供创意与技术要素的保障。在后端分发与营销环节，应引导企业加强与国际、国内知名平台合作，深度开发影视 IP 衍生品，提升作品的市场竞争力和品牌附加值。

（二）高层次人才缺口凸显，亟须全媒体人才补位

习近平总书记强调"功以才成，业由才广"，"人才是第一资源"，这充分彰显了人才在推动高质量发展过程中的重要性。融媒体时代对广播电视和网络视听人才提出了新的要求。在传统媒体逐渐数字化的背景下，广播电视和网络视听人才应当具备一定的新媒体技能，包括多平台内容编排、社交推广、数据分析等。[①] 而当下，浙江省在涉及全媒体范畴的内容创新、数据分析、平台运营等方面，专业人才缺口明显。[②]

浙江省广播电视和网络视听产业正处于蓬勃发展的进程中，但高层次人才仍显不足，缺少服务于融媒体时代的全媒体人才储备。[③] 在人才虹吸能力方面，相比北京、上海等城市，浙江省缺乏像北京电影学院、中央戏剧学院、上海戏剧学院这样高质量的专业院校，内部培育能力有待提升。这导致浙江省吸纳高端全媒体人才、行业领军人才的能力稍弱，难以在前沿领域和创新项目上实现进一步发展。

浙江省高校现已开设如广播电视学、播音与主持艺术、新闻传播学等专业，但这些专业大多致力于培养传统的广播电视人才。全媒体人才培育，需拓宽学科边界、推动校企合作。[④] 产业基地（园区）亟须针对高素质人才需求，与省内高校合作，搭建校企桥梁，培育全媒体广电人才。

---

① 王浩. 广电新媒体人才能力需求和培养路径 [J]. 中国报业,2024(02):234-235.

② 周笑，黎俊，李莉. 传统广电全媒体人才社会化培养机制研究 [J]. 中国广播电视学刊, 2025(01): 59-63.

③ 袁靖华，邵鹏. 浙江省广播电视和网络视听产业发展蓝皮书（2022）[M]. 杭州：浙江大学出版社,2023:89-90.

④ 陈志义，姜瑾，阮瑞. 全媒体生态下广播电视编导的培养新论 [J]. 新闻前哨,2024(07):67-68.

（三）浙产品牌特色不足，产业高质量发展亟待破题

品牌对于作品传播和企业持续再生产起到积极的促进作用。品牌能作为当地文化的重要载体，记录和保存地域文化记忆，形成特有的品牌文化印象。[①] 如山东省的"鲁剧""山影"、广西壮族自治区的"桂派纪录片"等。又如福建省、吉林省致力于电影节等产业服务，开办厦门金鸡百花电影节、中国长春电影节，为两地广播电视和网络视听产业带来长久动力。

浙江省虽已有横店影视城的成功经验，但大多数后起的产业基地（园区）仍缺乏品牌建设，也尚未如山东省、广西壮族自治区一般形成一定的省域品牌形象。各产业基地（园区）在品牌建设和推广过程中相对独立，未能充分挖掘和整合全省的广播电视和网络视听资源。在产业服务方面，浙江省致力于举办浙江国际青年电影节、浙艺金鸽电影节等活动，但其举办规模和业内影响力均有待提升。

现阶段，中国广播电视和网络视听产业正以国际化标准打造品牌，持续增强中国广播电视和网络视听产业在国际市场中的竞争力。[②] 浙江省的产业基地（园区）需汲取品牌建设强省经验，打造浙产品牌，引进高水平电影节展，助力广播电视和网络视听产业高质量发展，助推视听强省建设。

（四）政策先发优势渐趋衰弱，基地（园区）竞争压力骤增

浙江省广播电视和网络视听产业发展起步较早，凭借一系列具有前瞻性的政策举措，在产业基地（园区）建设、培育等方面占据先机，打造如"浙江横店影视文化产业实验区""中国（浙江）影视产业国际合作实验区"等国家级产业基地，吸引华数集团、正午阳光等头部企业入驻。然而，随着其他省域的迅猛崛起，浙江省广播电视和网络视听产业的发展正面临挑战。

近年来，各省均不断加强对广播电视和网络视听产业的政策、资金扶持，竞争日渐激烈。湖南省、福建省、山东省等多地出台更大力度的新政，赋能产

---

① 方红峰. 近年来我国影视文旅的品牌实践及未来路径：以横店影视为例 [J]. 中国品牌与防伪,2023(07):52–55.

② 杨阳. 媒介融合背景下中国广播影视产业的发展探究 [J]. 西部广播电视,2021,42(23):25–27.

业基地（园区）发展。如无锡国家数字电影产业园、马栏山视频文创产业园等产业基地（园区）的后期之秀，正逐步稀释浙江省广播电视和网络视听产业的政策先发优势。

浙江省各产业基地（园区）需强化竞争意识，顺应数字化时代下广播电视和网络视听产业核心竞争力的变革，提升发展效能。以宁波影视文化产业园为例，该产业基地（园区）从技术角度切入，尝试引入国际先进影视制作设备，搭建高科技数字摄影棚，弥补技术缺陷，加快推进工业化、数字化的步伐。[①]各产业基地（园区）应积极尝试，从技术、创意等多维度发力，激发内生动力，在市场竞争中脱颖而出，赢得更大的市场份额与更高的经济效益。

四、浙江省广播电视和网络视听产业高质量发展的建议

（一）产业链前后端相继发力，补齐高端要素建设短板

产业链前端以技术研发与内容创意为核心，企业应重视对生产环节要素的把握，着力提升产业的原创力与智能化水平。[②]产业基地（园区）应积极引入"研发—策划—制作"环节的优质人才与企业，打造生产优质产品的产业集群。例如，宁波博地影视产业园与浙江大学合作成立"影视产业数字化应用研发中心"，推动技术要素向影视产业延伸，实现了影视产业的技术要素优化。[③]以此为示范，产业基地（园区）可通过自主研发、产学研合作等方式，提升产业链前端的创造力与技术力，以优质科技生产力支撑产业链的高质量发展。

在产业链后端，发行与营销环节至关重要。企业应拓展发行渠道，以"内容+"的形式转化商业价值，进一步拓展受众覆盖面。[④]中国（浙江）影视产业国际合作实验区的华策影视作为浙江省广播电视和网络视听产业的头部企业，

---

① 华夏经纬网.台媒看大陆：浙江宁波象山影视城、老外滩 游玩好去处 [EB/OL].(2023–12–28)[2025–03–14].https://www.huaxia.com/c/2023/12/28/1861493.shtml.

② 袁靖华,邵鹏.浙江省广播电视和网络视听产业发展蓝皮书（2022）[M].杭州：浙江大学出版社,2023:46–49.

③ 潮新闻.博地现代影视基地跻身国内一流 杭州优势+宁波故事＝双城美事 [EB/OL].(2024–06–03)[2025–03–14].http://zt.cnnb.com.cn/system/2024/06/17/030593398.shtml.

④ 黄田园.网络视听创新发展态势与展望 [J].中国广播电视学刊,2024(03):9–14.

已与全球知名营销机构奥美娱乐公司达成战略合作，共同打造"华策奥美娱乐营销坊"，以"娱乐文化+IP"的创新模式，实现影视内容与品牌营销的深度融合。① 产业基地（园区）企业可汲取经验，通过IP运营、电商、广告等多元商业模式，激活产业链后端，实现全方位、多层次的传播，增强内容与品牌影响力，使之有效触达目标受众。②

（二）打造全媒体人才培育体系，增强人才"源头活水"效应

媒介深度融合催化了广播电视和网络视听产业人才的转型，移动互联网技术人才、全媒体内容生产人才、互联网运营人才成为需求度较高的人才类型。③产业基地（园区）应具备培育新型高素质人才的前瞻性，注重使人才育留与人才引进相结合，不断增强人才的"源头活水"效应。

从全国来看，湖南省广播电视和网络视听产业在育留新型全媒体人才方面卓有成效，其通过打造高端创新人才工作室、落实"100道光芒"青年人才引进项目等方式，激活全媒体人才的内容创新潜能。④ 这为浙江省培育新型高素质人才提供了借鉴。

目前，浙江省广播电视局发布加强广电队伍建设相关政策，重点培养全媒体创作人才。⑤

同时，应着力打造新时代全媒体人才培训体系。一方面，浙江横店影视文化产业实验区、中国（浙江）影视产业国际合作实验区等国家级产业基地（园区）可依托现有人才优势，构建全媒体人才培育基地。另一方面，可通过与专家和其他优秀人才的走访、交流，搭建业界、学界和社会三方互通的平台，以多方

① 华策影视.奥美携手影视龙头华策集团，成立华策奥美娱乐营销坊[EB/OL].(2018-04-02)[2024-12-18].https://www.digitaling.com/articles/44843.html.
② 黄田园.网络视听创新发展态势与展望[J].中国广播电视学刊,2024(03):9-14.
③ 年鹏民.深度融合中主流媒体"人才方阵"的蝶变：以湖南广电风芒客户端为例[J].青年记者,2022(21):22-24.
④ 周笑,黎俊,李莉.传统广电全媒体人才社会化培养机制研究[J].中国广播电视学刊,2025(01):59-63.
⑤ 浙江省广播电视局.浙江省广播电视局关于加强广电人才队伍建设的实施办法[EB/OL].(2022-12-30)[2025-03-12].https://ct.zj.gov.cn/art/2022/12/30/art_1229678760_2516458.html.

力量共促"人才方阵"的蝶变。

（三）"文旅 +IP"，打造浙产影视品牌效应

浙江省产业基地（园区）的发展逐渐进入成熟期，形成三大主导发展模式——文旅融合的产业链模式、资源整合的集团化模式、技术赋能的工业化模式。[①] 横店影视文化产业实验区已在文旅品牌实践方面为其他产业基地（园区）提供了成功经验。横店影视城坚持"影视为表、旅游为里、文化为魂"的经营战略，将作品摄制与影视城文旅相结合，依托强大的拍摄基地、先进的设备、技术和人才团队，成功打造"中国好莱坞"的品牌形象。[②] 未来，浙江省其他的产业基地（园区）可循着横店影视城的成功经验，加强影视与文旅的相互促进，强化浙产影视品牌特色，提升浙江省广播电视和网络视听产业在全国乃至全球影视市场的品牌竞争力。

2023 年，浙江省产业基地（园区）出品了许多大热 IP 剧，如由宁波影视文化产业园出品的《三体》、横店影视文化产业实验区出品的《长月烬明》等。影视 IP 拥有丰富的题材资源可供开发使用，从影视 IP 入手打造影视品牌，将强大的影视 IP 转化为品牌力量，有助于产业基地（园区）把握未来的赢利趋势。[③] 在《三体》播出后，宁波象山影视城打造"三体科幻主题体验区"，推出 AR、VR 体验项目与 IP 衍生产品，挖掘 IP 的品牌价值。[④] 象山影视城通过对《三体》IP 的成功运营，进一步探索了影视 IP 向影视品牌转化的新模式，值得其他产业基地（园区）借鉴。

（四）政策"加法"优化产业发展，科技助力赋能产业转型

政策是大视听产业格局构建与发展的指南针与风向标，建立政策先行的顶

① 袁靖华,邵鹏.浙江省广播电视和网络视听产业发展蓝皮书（2022）[M].杭州:浙江大学出版社,2023:58—61.

② 方红峰.近年来我国影视文旅的品牌实践及未来路径：以横店影视为例 [J].中国品牌与防伪,2023(07):52—55.

③ 郭子瑛.影视行业现状及打造品牌盈利模式的力量 [J].西部广播电视,2016(14):22—23.

④ 澎湃新闻.推动影视科技落地,首届中国（象山）北纬30°科幻电影周开幕 [EB/OL].(2024—09—21)[2025—03—12].https://www.thepaper.cn/newsDetail_forward_28814928.

层设计思维，关乎大视听产业格局建构的积极性和主动性。^①要应对大视听产业的激烈竞争，浙江省需做好政策"加法"，出台资金扶持、人才激励等方面的政策，优化产业基地（园区）的发展路径。

科技创新正赋能广播电视和网络视听产业发展，必须推动业态创新与文化科技相融合，实现传统产业的升级转型。^②华数白马湖数字电视产业园已在技术赋能业态转型方面起到了带头作用。2023 年，华数集团依托智慧广电云平台，推出"智慧广电 +"融合服务，实现广播电视和网络视听产业向公共服务业的延伸。^③在数字化浪潮下，各产业基地（园区）应乘上数字化、工业化的快车，加速产业与大数据、AI 等前沿技术的深度融合，拓宽业态边界，引入跨领域的创新元素，推动产业转型，以更好地适应数字化时代广播电视和网络视听产业的发展需求。

五、结语

2023 年，浙江省广播电视和网络视听产业基地（园区）充分发挥自身优势，实现产业规模与质量的双重跃升。产业基地（园区）凭借多年积累的发展经验、深厚的文化底蕴、稳固的观众基础以及强有力的政策扶持，在高质量发展之路上稳步迈进。

各产业基地（园区）积极整合本地资源，全力打造了一系列独具浙江特色、彰显匠心精神的精品剧作。同时，敏锐把握产业趋势，大力布局动画与电竞双轮驱动的新兴业态。面对数字化浪潮，产业基地（园区）做好技术"加法"，积极运用科技手段驱动产业转型，不断提升产业的核心竞争力。此外，产业基地（园区）还主动承担起文化传播的使命，搭建起对外传播的窗口，着力打造优质作品"出海"的高地。

然而，浙江省广播电视和网络视听产业基地（园区）仍面临产业链前后端

① 段鹏，彭晨. 加快大视听格局构建推动数字经济发展 [J]. 中国电视,2024(01):5-9.
② 余召臣,黄君. 新时代下我国网络视听产业发展路径研究 [J]. 视听界,2019(03):60-65.
③ 搜狐网. 是什么让华数"跃"向数字时代 [EB/OL].(2023-09-09)[2025-03-14].https://www.sohu.com/a/719000238_121123820.

潜力挖掘不足、高层次人才集聚效应存在短板、品牌建设特色不鲜明等发展难题。针对这些问题，本报告提出引入产业链高端要素、建立全媒体人才引育机制、"文旅 +IP"驱动品牌建设等建议，旨在推动产业向高质高效发展阶段迈进。

展望未来，浙江省广播电视和网络视听产业基地（园区）已构建起高质量、可持续的发展模式，将凭借自身的蓬勃发展为浙江省乃至全国广播电视和网络视听产业添砖加瓦，在文化强国建设这一宏伟进程中充分彰显浙江担当，推动浙产剧作与服务跨越地域界限，走向更为广阔的世界舞台，进一步促进中外文化交流互鉴，为创造更大的文化价值与社会效益贡献力量。

2023 年浙江省广播电视和网络视听节目生产与公共服务发展报告

李 芸[①] 罗曦妮[②] 王予希[③]

摘要：2023 年浙江省发布了全国首部省级地方标准《广播电视公共服务规范》，起到了良好的示范作用。浙江省广播电视和网络视听产业着力从平台、渠道、节目等多方位入手，以丰富多样高品质的节目生产，积极满足人民群众的精神文化生活需求，显著提升广播电视和网络视听产业的公共服务能力。本报告基于广播电视媒体的"公共服务属性"这一关键词，全面审视 2023 年浙江省提升广播电视公共服务能力的实践路径，调研浙江省有关广播电视基本公共服务标准的落地实况与具体方式，着力对节目生产过程中提升广播电视公共服务品质的代表案例开展分析，并总结提炼浙江省广播电视公共服务发展的成功经验，为后续进一步推动浙江省及其他省域广播电视公共服务的高质量发展提供参考。

关键词：公共服务；精神共富；智慧广电

作为国家文化事业的重要组成部分，广播电视承担着满足人民群众精神文

---

① 李 芸：浙江工业大学人文学院讲师。
② 罗曦妮：浙江工业大学人文学院新闻与传播学硕士研究生。
③ 王予希：浙江工业大学人文学院新闻与传播学硕士研究生。

化需求、促进社会和谐发展的重要任务。根据广播电视"二三四"①的工作定位，广播电视有三大属性，即意识形态属性、公共服务属性、技术产业属性。其中"公共服务属性"要求广播电视把社会效益放在首位，想人民之所想、急人民之所急，为人民群众提供好的产品、内容和服务，不断增强人民群众的文化获得感、幸福感、安全感。②在这一目标的引领下，浙江省积极响应号召，不仅强化了相关政策引领，做好了组织保障，还积极推进广播电视公共服务的标准化与数字化改革，力求在保障人民基本文化权益的同时，为全国广播电视公共服务体系建设贡献浙江智慧与力量。

一、公共服务标准化：国家政策导向下的浙江探索

（一）国家政策：广播电视公共服务的顶层设计

近年来，中国广播电视和网络视听公共服务在国家广播电视总局等相关部门的政策引导下，实现了向标准化、均等化、数字化、智能化目标的跨越式发展。这些政策不仅为构建更加完善、高效的公共服务体系提供了坚实的保障，也为浙江省等地方优化提升广播电视和网络视听的公共服务职能指明了方向。

1.顶层规划布局，明确服务方向

2004年国家广电部门的领导提出广播电视是公共服务，并倡导按科学发展观推进农村广播电视服务体系建设。③2016年，《中华人民共和国国民经济和社

---

① "二"是统筹广播电视和网络视听两大业务，一体谋划、系统推进，推动构建相互交织、相互融合的"大视听"发展格局。"三"是坚持广电三大属性：坚持意识形态属性这一根本属性，扛起政治责任，传播好党的声音，守好守牢意识形态阵地；坚持公共服务属性，强化用户需求导向，服务好人民群众，为人民群众提供好的内容、好的产品、好的服务，不断增强人民群众的获得感、幸福感、安全感；坚持技术产业属性，顺应技术产业发展规律，用先进技术赋能行业发展。"四"是提供广电业务的四个层次，对广播电视网、交互式网络电视、互联网电视和完全通过互联网方式提供视听内容这四种业务形态，统筹研究、分类施策，努力打造系统性、高质量、规范化的业务供给体系。
② 曹淑敏.为建设社会主义文化强国、建设中华民族现代文明贡献广电力量[J].求是，2023(23):43-48.
③ 李良.中国广播电视公共服务体系探析[J].汉字文化,2018(18):102-103.

会发展第十三个五年规划纲要》明确提出加强突发事件应急体系建设，包括完
善预警信息发布渠道。[①] 应急广播作为覆盖广泛、传播高效的预警工具，被列
为重要基础设施。为落实规划，国家新闻出版广电总局（现为国家广播电视总
局）等部门随后出台了《应急广播体系建设总体规划》（2017 年），细化建设目
标。进入"十四五"时期，国家修订出台《国家基本公共服务标准(2021 年版)》，
进一步明确了广播电视公共服务标准。[②]《广播电视和网络视听"十四五"发展
规划》[③] 和《全国应急广播体系建设"十四五"发展规划》[④] 等文件的印发实施，对
广播电视公共服务的标准化、均等化建设进行了详细指导和总体部署。

2023 年，《国家基本公共服务标准（2023 年版）》出台，对标 2021 年版标
准，推动公共服务传输供给方式从独立传统供给向多元融合供给转变。[⑤] 广播
电视公共服务作为民生工程，在国家顶层设计指导下实现了跨越式发展，为构
建现代化信息传播体系提供了坚实支撑。

2. 夯实基础设施，完善服务体系

自 1998 年中国启动"广播电视村村通"工程以来，广播电视公共服务体
系建设便逐步推进。该工程是一项在农村地区落实的集网络、无线、有线等
多样化通信手段于一体的、有利于农民的网络化工程。[⑥]2009 年该工程以直播
卫星应用为重点加快推进，全面实现 20 户以上已通电自然村的广播电视全覆

① 国务院 . 中华人民共和国国民经济和社会发展第十三个五年规划纲要 [EB/OL].(2016-
03-17)[2025-04-02].https://www.gov.cn/xinwen/2016-03/17/content_5054992.htm.
② 国家发展改革委 . 关于印发《国家基本公共服务标准（2021 年版）》的通知 [EB/
OL].(2021-03-30)[2025-04-02].https://www.gov.cn/zhengce/zhengceku/2021-04/20/
content_5600894.htm.
③ 国家广播电视总局 . 广播电视和网络视听"十四五"发展规划 [EB/OL].(2021-10-08)
[2025-04-02].https://www.nrta.gov.cn/art/2021/10/8/art_113_58120.html.
④ 安全传输保障司 . 全国应急广播发展实践综述 [EB/OL].(2023-04-06)[2025-04-02].
https://www.nrta.gov.cn/art/2023/4/6/art_114_63850.html.
⑤ 张庆男 .2023 年广播电视公共服务再上新台阶 [J]. 中国广播电视学刊 ,2024(03):14-17.
⑥ 罗大海 . 浅析广播电视"村村通"覆盖情况与维护措施 [J]. 中国新通信 ,2023,25(14):42-44.

盖。^①2021 年，《5G 应用 "扬帆" 行动计划（2021—2023 年）》提出，推动 5G 网络向更广泛区域延伸。^②至 2023 年年底，全国 5G 基站数量已增至 337.2 万个^③，技术被广泛应用于多个领域，推动广播电视服务数字化转型。

中国广播电视建设实现了从 "村村通" 到 "户户通" 的历史性跨越，基本解决了全国人民听广播、看电视难的问题。

3. 创新驱动发展，提升服务效能

面对快速变化的技术环境和社会需求，国家持续推动广播电视公共服务创新改革。一方面是在媒体融合方面进行规划。国家推动传统媒体与新兴媒体深度融合^④，进一步加快媒体融合进程^⑤，建设融媒体中心等 "中央厨房"^⑥，不断重构新闻采编生产流程，推动媒体融合从 "相加" 到 "相融" 的转变。另一方面是在技术应用方面进行规划。国家大力推广 5G 技术在 4K/8K 超高清视频领域的应用，通过政策引导和资金支持，鼓励地方电视台和网络视听平台加快超高清节目的制作和技术改造。^⑦

通过一系列政策举措，中国广播电视公共服务体系更加完善，智慧广电普

① 张君昌.发奋图强 70 载广播电视春秋章：新中国 70 年广播电视发展成就与经验启示 [EB/OL].(2019-10-30)[2025-04-02].http://media.people.com.cn/n1/2019/1030/c14677-31428064.html.

② 工业和信息化部.十部门关于印发《5G 应用 "扬帆" 行动计划（2021—2023 年）》的通知 [EB/OL].(2021-07-05)[2025-04-02].https://www.gov.cn/zhengce/zhengceku/2021-07/13/content_5624610.htm.

③ 工业和信息化部.2023 年通信业统计公报 [EB/OL].(2024-01-24)[2025-04-02].https://www.gov.cn/lianbo/bumen/202401/content_6928019.htm.

④ 人民网.习近平：推动传统媒体和新兴媒体融合发展 [EB/OL].(2014-08-18)[2025-04-02].http://media.people.com.cn/n/2014/0818/c120837-25489622.html.

⑤ 新闻出版广电总局.新闻出版广电总局关于进一步加快广播电视媒体与新兴媒体融合发展的意见 [EB/OL].(2016-07-20)[2025-04-02].https://www.gov.cn/xinwen/2016-07/20/content_5093191.htm.

⑥ 中共中央办公厅，国务院办公厅.中共中央办公厅 国务院办公厅印发《国家 "十三五" 时期文化发展改革规划纲要》[EB/OL].(2017-05-07)[2025-04-02].https://www.gov.cn/gongbao/content/2017/content_5194886.htm.

⑦ 工业和信息化部，广电总局，中央广电总台.工业和信息化部 广电总局 中央广电总台关于印发《超高清视频产业发展行动计划（2019—2022 年）》的通知 [EB/OL].(2019-02-28)[2025-04-02].https://www.gov.cn/gongbao/content/2019/content_5419224.htm.

及度显著提升，这也为浙江省推进广播电视公共服务标准化、实现高质量发展提供了重要指引。

（二）浙江探索：打造广播电视公共服务的地方标准

浙江省广播电视和网络视听工作坚持以习近平文化思想为指导，全面落实全国广播电视工作会议精神和全省宣传思想文化工作会议精神，聚焦"二三四"工作定位①，紧扣意识形态、公共服务、技术产业属性，围绕打造新时代广播电视和网络视听强省目标，因地制宜，锐意探索，扬长补短，全力推进攻坚突破，全面激发创新活力，奋力打造广播电视和网络视听创新发展高地，谱写广播电视和网络视听的浙江篇章，努力实现标准化引领广播电视公共服务体系的高质量发展。

2022 年浙江省广播电视局根据党的十九大和十九届历次全会精神的指导，制定了《浙江省广播电视和网络视听发展三年行动计划（2022—2024 年）》②，明确了广播电视发展的基本原则、主要目标、重点任务等，指出要健全媒体融合发展平台，支持浙江省广播电视媒体融合发展创新中心建设，做强融媒体新闻中心、做精权威新闻产品、做优用户交互体验。这就为全省广播电视公共服务的高质量发展指明了方向。

1. 全域媒体融合：探索协同创新驱动的公共服务路径

2023 年是中国推动媒体融合发展 10 周年，通过媒体融合构建全媒体传播体系是提升广播电视和网络视听产业公共服务能力的重要基础。浙江省以全省媒体协同发展为目标，致力于促进平台化融合和多渠道拓展。一方面以"一云两端三打通"为抓手，即通过搭建统一技术平台"天目蓝云"、打造"潮新闻"和"Z 视介"两大省级客户端，实现用户、内容、运营数据的全面打通，并依托共

---

① 陈广胜.围绕"二三四"定位扬长补短，奋力打造广电视听创新发展高地 [EB/OL].(2024-09-03)[2025-04-02].https://mp.weixin.qq.com/s/TUcwFLGA82vDrj3YJ0MWxQ.

② 浙江省广播电视局.浙江省广播电视局关于印发《浙江省广播电视和网络视听发展三年行动计划（2022—2024 年）》的通知 [EB/OL].(2022-05-26)[2025-04-02].https://ct.zj.gov.cn/art/2022/5/26/art_1229678759_2516214.html.

享联盟运作机制，构建全省融媒"一张网"①，实现省内所有媒体共享开源技术，共建开放生态，实现双向赋能，推动形成省、市、县媒体一体化生产和传播的格局。另一方面发挥浙江广播电视集团在省、市、县三级广电媒体融合中的引领作用，以"蓝媒联盟"为枢纽，拓展新闻协作触角，构建"1+101+X"融合传播体系，全面贯通中央、省、市、县四级媒体资源网络，进一步提升媒体公共服务的覆盖面和影响力。②

浙江广播电视集团充分发挥"频道终端＋内部平台＋外部大号"三位一体的全媒体传播格局顶层设计③的积极作用，推进实施"融合重塑、创新实干，以传播力先行推进高质量发展"战略④，着力整合广播、电视、互联网等多种传播平台，实现相互融通，重塑传播体系，推动构建"新闻与文化同频共振、大屏端与移动端融合发展、互联网传播战略与平台战略双向驱动"的"一体两翼"传播格局。⑤浙江广播电视集团重点培育了"中国蓝新闻""Z视介""中国蓝TV"等客户端。2023年4月18日，"Z视介"客户端正式上线，立足"视听新物种"的独特定位，主动拥抱新兴技术、深耕内容生产、深度挖掘优秀文化资源，积极探索"链主制"、视介官、部落独家、AI智媒果等多元化传播运营策略，致力于多端、多载体的融合发展。⑥从2023年度看，Z视介已汇聚众多优质内容，推出了《丹青中国心》《国风·无双》《大运河》《奔跑吧》《当我们遇见你》等一大批优质的文化节目，特别设置的"视介官"专区，已经吸引了超过3万位创作者加入。同时，浙江广播电视集团还精心培育新闻类个人重点账号，首批扶持"小强说""舒中胜""我是方雨""新闻姐"等12个重点IP；积极打造美丽浙

① 钱伟刚．构建融媒"一张网"的技术实践与展望[J]．新闻战线，2024(16):23-26.

② 孟文林．培育新型融合传播力的多重路径：中国蓝新闻破圈传播的实践启示展[EB/OL].(2024-10-23)[2025-03-09].https://mp.weixin.qq.com/s/AmgydUGLsP5polL4fN28yA.

③ 浙江广播电视集团．浙江广播电视集团：以改革取向、传播创新推动高质量发展[EB/OL].(2023-08-30)[2025-04-02].https://mp.weixin.qq.com/s/NHVS-3pjlmg-HX_ein-y5w.

④ 浙江省博物馆．浙江广播电视集团与浙江省博物馆签署战略合作协议[EB/OL].(2023-04-27)[2025-04-02].https://ct.zj.gov.cn/art/2023/4/27/art_1229564593_59016636.html.

⑤ 孟文林．培育新型融合传播力 打造浙江网络正能量传播主平台：中国蓝新闻破圈传播的流量密码[EB/OL].(2024-08-25)[2025-04-02].https://zj.ifeng.com/c/8cJY1KYGeEU.

⑥ 蔡景伟．Z视介APP：造船出海 于新时代文化浪潮中扬帆再启航[EB/OL].(2024-10-24)[2025-04-02].https://mp.weixin.qq.com/s/43Qb4_Gu0RzG9P6sRU5Utg.

江、黄金眼融媒、浙样红 TV、牛视频、北高峰等特色新媒体①；进一步推动和扶持县级融媒体中心的建设与发展，因地制宜建设智慧化融媒体，构建主流舆论阵地、综合服务平台和社区信息枢纽。

浙江省以"技术集成创新＋平台生态重构"为方向，积极探索智慧广电公共服务新范式：一方面积极推进包括 4K/8K 超高清电视、5G、云计算、人工智能等技术的集成应用，并依托"天目蓝云"技术平台整合全省广播电视资源，推动省、市、县三级融媒体平台的互联互通，实现内容生产、传播、服务全链路数字化；另一方面开展 5G 广播实验，搭建基于 5G 网络的超高清视频传输通道，实现 4K/8K 超高清内容的实时流畅传输与远程互动，为用户提供更佳视听体验。

在服务模式上，运用大数据、人工智能等技术分析用户行为，建立用户画像系统，精准把握用户需求特征，提供定制化、个性化的节目内容服务，实现公共服务从"大水漫灌"向"精准滴灌"的转型升级。

2. 基层终端的公共服务升级：县级融媒体建设

2023 年 6 月，浙江省发布了全国首个省级地方标准《广播电视公共服务规范》，对广播电视公共服务的实施主体、服务内容和服务标准等进行了明确规定，为全省广播电视公共服务工作的标准化奠定了基础。

作为终端服务平台，县级融媒体建设得到了加速推进，县级融媒体中心成为深化基层服务的重要抓手。2023 年 7 月，浙江省确定了临平区等 15 个县级广播电视公共服务试点，并在柯桥区、奉化区等地推进了国家广播电视基本公共服务县级标准化试点的建设，诸暨市、温岭市、遂昌县等地则启动了智慧广电乡村工程试点。② 通过加强智慧广电建设，基层广电媒体进一步推进广播电视和网络视听在远程教育、智慧医养、智慧城市、智慧家庭等方面的公共服务应用。

---

① 国家广电智库．浙江广播电视集团：打造共同富裕示范区融媒样本 [EB/OL].(2022-07-20)[2025-04-02].https://mp.weixin.qq.com/s/jUUIqHgoPTyQ4ywxn35J4w.

② 浙江省文化广电和旅游厅公共服务处．浙江推进广播电视基本公共服务县级标准化建设，打造智慧服务新典范 [EB/OL].(2024-12-26)[2025-04-02].https://mp.weixin.qq.com/s/39Y5zBLTr1xGeqCWs6LbCw.

2023年9月，随着萧山、富阳两区融媒体中心的挂牌，浙江省实现了全省90个县(市、区)融媒体中心的全覆盖①，进一步提升了媒体平台的公共服务能力。这一系列举措不仅确保了浙江省广播电视与国家政策的高度契合，也为其他地区的广播电视服务发展提供了示范样板。

3.应急广播建设：打造贯通联动的安全网

2021年2月，浙江省广播电视局发布《关于进一步推进全省农村应急广播体系建设的通知》，将农村应急广播建设和应用管理纳入当地"十四五"发展规划和惠民工程实施范围，加强全省和市、县级应急广播平台建设以及农村应急广播传输网络和终端建设。②

2023年，浙江省广播电视局在国家广播电视总局应急广播相关行业标准规范的基础上，编制了《浙江省应急广播体系互联互通技术实施指南（2023年版）》，这是全国第一个省级建设标准。该指南明确了应急广播体系的指导思想、实施原则、技术要求等，指出力争到2025年，全省应急广播核心架构、各级调度控制平台和信息制播平台、快速传送通道全面建成。③

概言之，依托国家政策的指引与规划支持，浙江省广播电视和网络视听产业通过积极探索，勇于实践，使得全省的广播电视公共服务展现出了鲜明的特色，取得了出色的成效，走出了一条具有浙江特色的广播电视公共服务创新路径，成为全国广播电视公共服务的领跑者。下面本报告将具体从公共服务品质和公共服务效能两个层面出发，进一步考察浙江省广播电视和网络视听产业在公共服务方面的具体实践。

---

① 金烽，朱琳锃.从融合到系统性变革的探索实践：以浙江县级融媒体中心为例 [J]. 中国报业,2025(03):16-19.

② 应急指挥中心.浙江省应急管理厅 浙江省广播电视局关于进一步推进全省农村应急广播体系建设的通知 [EB/OL].(2021-02-09)[2025-04-02]. https://yjt.zj.gov.cn/art/2021/2/9/art_1228991502_59037488.html.

③ 浙江省广播电视局.浙江省广播电视局关于印发《浙江省应急广播体系互联互通技术实施指南（2023年版）》的通知 [EB/OL].(2023-05-05)[2025-04-02].https://ct.zj.gov.cn/art/2023/5/5/art_1229678760_2516459.html.

二、浙江省提升广播电视公共服务品质的节目生产实践

在浙江省全力推进广播电视公共服务标准化的过程中，省、地市等各级广播电视媒体进行了积极的探索与实践，在服务均等化、文化传承、创新融合、应急保障等多方面取得了显著成效，并着力深耕高品质节目生产，为持续推动广播电视公共服务向高质量方向发展提供了坚实的支撑，不仅为全省民众构建起丰富多彩的精神文化家园，更为全国广播电视公共服务体系的建设贡献了浙江智慧与力量。

（一）理念先行：以人民为中心，形成吸引受众"强磁场"

浙江省广播电视和网络视听产业始终坚持"以人民为中心"的发展理念，"贴民生、呼民意"，将人民群众的需求作为决策和服务的核心出发点，以优质的节目生产推动公共服务品质的进一步升级。通过深入分析人民需求，浙江省着力在内容生产、平台建设等方面进行全面优化，力求在推动公共服务高质量发展的同时，更好地满足人民群众的多元化需求，让民生服务更有内涵，打造吸引受众的"强磁场"，推动广播电视更好地服务社会、服务人民。

1. 紧贴民生，做优质内容的提供者

2023 年浙江卫视在明确自身特色和优势的基础上，在文化综艺节目的创制上持续发力，聚焦时代主题，坚定文化自信，输出更加丰富多元的内容样态，内容生产更加细分化、规范化、品质化，打造文化精品，服务社会生活，持续输出一系列精品力作，增强平台的品牌影响力。

在文化综艺节目的创制方面，浙江广播电视集团针对 Z 世代，提出"四其策略"[1]，即"郑重其事地定位""顺其自然地选材""投其所好地表达""恰如其分地引领"，精确契合这一代人对内容的个性化、垂直化需求。浙江广播电视集团迭代升级"综 N 代"王牌节目《中国好声音》《奔跑吧》《王牌对王牌》《青春环游记》《天赐的声音》等，在文化综艺节目这一赛道上持续发力。创意推出

---

① 陈洁. 解锁 Z 世代：综艺节目创新策略与年轻观众吸引力法则 [EB/OL].(2024-10-15)[2025-04-02].https://mp.weixin.qq.com/s/ci2TvIk_S0LKSCIasKp-gQ.

《无限超越班》《中国好声音·越剧特别季》《闪光的夏天》《还有诗和远方·非遗篇》《万里走单骑：遗产里的中国》《手艺人大会·发型师季》等多品类、多赛道原创节目，并进一步探索和发挥慢综艺的优势，推出《我们的客栈》《追星星的人》等聚焦慢生活的节目。

其中《手艺人大会·发型师季》《万里走单骑：遗产里的中国（第三季）》《2023中国文学盛典·茅盾文学奖之夜》等入选2023年广播电视创新创优节目名单，充分展现了浙产文化综艺节目的影响力，有效地满足了公众的文化需求，提升了广播电视公共服务的品质。通过这些节目，浙江广播电视集团不仅深耕浙江省优秀的文化资源，而且锻造了一系列具有全国影响力、浙江辨识度的文化品牌，为传承和推广中华优秀传统文化做出了积极贡献。

将公益要素融入、渗透节目，扎实有效实现电视公共服务，是浙江卫视始终坚持的重要理念。为关爱听障群体，浙江卫视坚持开设手语节目《爱心浙江》，以双视窗方式，在屏幕的右下角同步播出手语翻译，为听障观众及时获取信息资讯、丰富精神文化生活提供服务，充分体现了主流媒体的责任担当。该节目以残疾人为关注重点，通过"平凡感动""身边雷锋""爱心传递"等板块，反映弱势群体的精神风貌和呼声需求，宣传社会各界和爱心人士的帮扶关爱。亚运会期间《爱心浙江》的杭州第四届亚残运会特别策划《心相约 梦闪耀 爱在深秋》获得2023年度浙江省广播电视播音主持奖二等奖。[①]

围绕2023年杭州亚运会这场重大盛会，导演山佳弘执导、杭州电视台制作的纪录片《山冈的火》讲述了中国雕塑艺术家林岗及其团队设计并制作杭州第十九届亚运会开幕式主火炬台"潮涌"的幕后故事，令观众印象深刻。另一部由杭州电视台青少体育频道精心策划并摄制的纪录片《重阳》，则以主人公许国兴一家在重阳节这一传统节日中的日常生活为切入点，细腻讲述了一个关于亲情、爱与陪伴的动人故事。《山冈的火》《重阳》分别荣获第八届（2023年度）浙江

---

① 浙江省文化广电和旅游厅,浙江省广播电视学会.2023年度浙江省广播电视播音主持奖获奖作品公示[EB/OL].(2024-05-21)[2025-04-02].https://ct.zj.gov.cn/art/2024/5/21/art_12297 27573_5307629.html.

省纪录片"丹桂奖"优秀微纪录片奖和优秀长纪录片奖。^①

2. 呼应民意，做服务大众的"店小二"

"民生无小事，枝叶总关情。"民生问题是社会关注的核心，在进行内容创作时，面对社会教育需求的多样化和精细化趋势，浙江广播电视集团在充分报道的基础上关注民生，主动下沉基层，直面社会热点、民生焦点，围绕百姓日常生活的关键领域，如教育、医疗、就业、养老等，通过多种渠道收集百姓意见，了解他们的实际需求和生活困境，及时回应社会发展中的热点问题和民众关切，帮助群众解决急难愁盼问题，实现与人民同频共振，推动社会思潮和公共舆论的健康发展。2023 年 2 月，浙江广播电视集团融媒体新闻中心设立"川源蹲点工作室"，通过开设"蹲点专栏"，创新"阵地"对接"阵地"的观察模式，聚焦"一号工程""民营经济""千万工程"等重大主题，有效延伸了新闻触角，增强了新闻的传播力。^②

群众关注的热点、难点，是民生新闻的重要抓手。各地市新闻媒体努力提升新闻"在地性"，增强媒体深耕本地、服务本地的能力，用人民群众的眼睛关注百姓，活跃在百姓中间，由点及面、以小见大，从百姓的日常生活当中挖掘、反映群众呼声大的民生问题，生产出大量有内容、有情感、接地气的新闻产品。医疗一直以来都是人民关切的热点问题。湖州市新闻传媒中心围绕基层医疗问题，推出了电视新闻评论《基层自助医疗，如何不"空转"？》，直击基层医疗服务发展过程中面临的种种挑战，并积极寻求解决方案。这不仅传递了群众的呼声，更展现了媒体作为社会公器的责任与担当，促进了社会各界对基层医疗问题的关注与思考，为推动基层医疗服务质量的提升、构建更加完善的基层医疗卫生体系贡献了媒体力量。关于政府部门工作问题，湖州市新闻传媒中心再次展现了其作为舆论监督重要力量的决心与行动。《政府部门舆论监督观何以改观？》便深入探讨了政府部门在面对舆论监督时的态度与应对方式，揭示了当

① 浙江省文化广电和旅游厅.浙江省文化广电和旅游厅关于公布第八届（2023 年度）浙江省纪录片"丹桂奖"获奖作品的通知 [EB/OL].(2024-07-19)[2025-04-02].https://ct.zj.gov.cn/art/2024/7/19/art_1229678763_5331404.html.

② 杨川源.浙江广电《川源蹲点观察》：找到新闻传播力的"触点" [EB/OL].(2023-11-23)[2025-04-02].https://mp.weixin.qq.com/s/ln5C-QMhyO1whmY0LHztzQ.

前舆论监督中普遍存在的问题，并提出了改进建议。

浙江省各级广播电视媒体以实际行动践行"为人民服务"的理念，将镜头与笔触深入基层，聚焦教育、医疗、就业、养老等民生关键领域，精准捕捉群众关切，积极回应社会热点，通过打造一系列节目，成功实现了从单一服务向综合服务的转型升级，展现了浙江省广播电视和网络视听产业的社会责任感和使命感。

（二）内容创新：大主题小切口，打造文化自信"金钥匙"

随着新时代文化建设的不断深化，浙江省广播电视和网络视听产业在公共服务领域发挥着至关重要的作用，在全省范围内引领文化发展，推动社会文明进步。广播电视做好公共服务，要以内容为抓手，不仅需要做好重大主题宣传报道，同时还要通过内容创新，形成具有地方特色的文化产品，既要追求"接天线"，又要实现"接地气"，生产有态度、有温度、有深度的内容产品。在内容选择上，要把握好报道的内容特色，在思想上把握"大主题"，在实操上选择"小切口"，以小见大，用小切口表现大主题，映射大时代，增强文化自信。

因此，"人"是媒体报道的重心，要从人民群众的实际生活出发，探索基层社会的变迁，采写鲜活感人的故事，以人写事，以事见人，以此为基础反映大时代的历史进程，呼应重大主题报道的主题，奏响文化自信的主旋律。

1.创新宣传策略，做主流价值的"风向标"

在重大主题宣传上，浙江广播电视集团发挥主流媒体舆论的引导力，围绕中心，服务大局，通过聚焦国家重大战略和浙江省社会经济发展成就，积极探寻重大主题报道的创新思路和方式，突出重点抓规划，强化激励抓导向，把握趋势抓传播，深耕内容建设，打造一批见筋骨、高品质、有流量的精品力作。

浙江广播电视集团始终保持正确的政治方向、舆论导向、价值取向，立足新闻媒体的"耳目喉舌"职能[1]，着眼于中心大局，紧紧围绕中央、省、市中心工作，以重大战略、重要精神、重大事件为着力点，充分挖掘好、报道好、传

---

① 赵磊.发展广播电视新质生产力以传播力先行推进高质量发展 [J]. 中国记者,2024(07):21-25.

播好浙江省高质量发展的生动故事、经验做法，做好重大主题报道，打造主题宣传的"拳头产品"，以新视角、新形式、新内容打造议程矩阵，在世界聚光灯下讲好中国故事，讲好浙江故事。

2023 年是"八八战略"实施 20 周年、杭州亚运会和亚残运会举办之年，习近平总书记第六次亲临浙江省考察并发表重要讲话，赋予了浙江"中国式现代化的先行者"的新定位和"奋力谱写中国式现代化浙江新篇章"的新使命，故而这一年具有重大的里程碑意义。浙江卫视推出了新闻专题《思想的伟力："八八战略"实施 20 年》、系列报道"思想的伟力·在'八八战略'指引下'"、新媒体作品《"八八战略"20 年卫星影像看变迁》，这些节目都获得了"八八战略"实施 20 周年主题优秀广播电视新闻奖电视类一等奖。此外，浙江之声的系列报道"思想照之江"获广播类二等奖；浙江电视台教科影视频道的新媒体作品《穿越 20 年·绿水青山骑行记》获电视类二等奖；浙江电视台钱江都市频道的新媒体作品《你知道浙江 20 年高速发展的"发发密码"吗？》获电视类三等奖。具体如表8 所示。

表 8　浙江广播电视集团"八八战略"实施 20 周年主题优秀广播电视新闻获奖作品①

奖项	作品标题	类型	播出机构
广播类二等奖	思想照之江	系列报道	浙江之声
电视类一等奖	《思想的伟力："八八战略"实施 20 年》	新闻专题	浙江卫视
	思想的伟力·在"八八战略"指引下	系列报道	浙江卫视
	《"八八战略"20 年卫星影像看变迁》	新媒体作品	浙江卫视
电视类二等奖	《穿越 20 年·绿水青山骑行记》	新媒体作品	浙江电视台教科影视频道
电视类三等奖	《你知道浙江 20 年高速发展的"发发密码"吗？》	新媒体作品	浙江电视台钱江都市频道

① 浙江省广播电视局，浙江省广播电视学会."八八战略"实施 20 周年主题优秀广播电视新闻获奖作品目录公示 [EB/OL].(2023-11-20)[2025-04-03].https://ct.zj.gov.cn/art/2023/11/20/art_1229727573_5284030.html.

在杭州亚运会期间，浙江广播电视集团构建全方位、立体化的融媒体报道格局，以"大屏＋小屏"双轮驱动传播能级实现突破（见表9）。浙江卫视开辟亚运特别节目，推出特别策划"精彩亚运 携手向未来"，每日播出《亚运时间》等相关节目超100分钟[①]，创新推出《主火炬台熄灭仪式全解析》《亚运十大高燃时刻》等特色报道。

中国蓝新闻客户端累计刊播新媒体原创报道作品超1500条，其中11条作品获国家广电总局新媒体联盟重点推荐，全网传播量破千万次作品达17条，传播量达百万级的爆款超240条，矩阵总播放量突破50亿次。[②]

Z视介APP开辟亚运专属频道，推出《璀璨背后》等微访谈，深度对话闭幕式主创团队，独家披露"数字点火炬""光影叙事"等科技艺术融合的创新实践。

表9　亚运期间浙江广播电视集团推出的亚运相关节目[③]

部门	类型	节目
浙江卫视	特别策划	"精彩亚运 携手向未来"
	新闻节目	《亚运时间》
中国蓝新闻客户端	新闻专题	《亚运"再回首"》
	短视频	《杭州亚运会十大热血沸腾瞬间》
		《杭州亚运会十大催人泪下瞬间》
		《绽放年轻的声音》
		《"破圈"的亚运会闭幕式，独家揭秘来了》
		《独家视频：不说再见！ 60秒高燃画面带你回看亚运会闭幕式》
		《外媒评亚运》
		《比心亚运》

---

① ZMG部落.致敬那些激情燃烧的日子 [EB/OL].(2024-01-24)[2025-04-03].https://mp.weixin.qq.com/s/I1PiEQL-v7melXYx0fDPjw.

② ZMG部落.致敬那些激情燃烧的日子 [EB/OL].(2024-01-24)[2025-04-03].https://mp.weixin.qq.com/s/I1PiEQL-v7melXYx0fDPjw.

③ ZMG部落.今晚，再次期待！ [EB/OL].(2023-10-08)[2025-03-09].https://mp.weixin.qq.com/s/PcU0GILNzYQebeV1cm9xgw.

部门	类型	节目
Z视介	微访谈	《璀璨背后》
	短视频	《珍藏亚运》
浙江之声	纪实报道	《相约金秋杭州，难忘亚运记忆》
	综述报道	《点赞杭州，难说再见》
		《亚运见证中国荣耀》
浙江广播电视集团	亚运开闭幕式纪录片	《绽放》

　　深入讲好习近平总书记在浙江省的故事，是创新做好重大主题报道的重要举措之一。2023年8月14日，《浙江日报》开设《第一视点》专栏，率先开展常态化、持续性探索。从《人不负青山，青山定不负人：余村18年》到《"莫名其妙""无中生有""点石成金"——义乌故事：何以勇立潮头》，再到《民呼我应 民呼我为：写在浙江建立健全为民办实事长效机制20周年之际》，记者坚持俯下身子抓"活鱼"，通过较长时间蹲点采访，对普通人的故事进行充分挖掘，找小切口，挖新场景，推动重大主题报道跳出扁平化的事实堆砌和表态铺陈，提升了报道的亲和力、说服力和感召力。①

　　对于重大新闻事件，各地市媒体也不断在传播内容和形式上出新出彩，发挥引领本地舆论、树立导向标杆的基层媒体优势。金华市广播电视台围绕"一带一路"主题，推出了电视新闻节目《丝路逐梦·我在迪拜20年》，这不仅是一次对国际视野下华人故事的深情讲述，更是对金华市乃至浙江省与"一带一路"国家经济文化交流合作的生动展现。该节目通过深度访谈在迪拜奋斗20年的金华籍人士，展现他们在海外创业、生活、文化交流中的点点滴滴，让世界进一步了解了中国。在亚运会期间，杭州广播电视台围绕亚运会，精心策划、周密组织、全员出动，推出了《杭州爱达未来》《向亚运正当"燃"：杭州第十九届亚运会火炬传递》《看亚运爱运动》等多档与亚运会相关的节目。其中，《向亚运正当"燃"：杭州第十九届亚运会火炬传递》获"2023年度浙江新闻奖广播电视

---

① 沈晶晶.《第一视点》：老故事"蹲"出新细节 浙江日报重大主题报道的创新实践 [J]. 传媒评论,2024(02):12-14.

类一等奖"①、"中国广播电视大奖 2023 年度广播电视节目奖推荐作品"②、2023 年度浙江省广播电视新闻奖一等奖 ③；《看亚运爱运动》获 2023 年度浙江省广播电视少儿节目奖一等奖 ④。

2. 深挖文化富矿，做传统文化的传承者

广播电视媒体注重围绕良渚、运河、宋韵、越剧等浙江省优秀文化资源和浙江省地方特色文化，注重立足社会主流价值观，紧扣时代发展脉搏，发挥思想层面的引领作用，深耕文艺精品创作，创作生产了一批展示中国风范、浙江特色的优秀广播电视和网络视听作品。

浙江广播电视集团出品的纪录片《大运河》以多角度、多种方式的画面语言，解读中国大运河，讲述其在历史、文学、戏曲、民俗、农业、工程等方面的重要作用，展示了浙江省的自然景观、人文历史以及民俗风情，不仅吸引了大量国内观众，也为浙江省的文化旅游带来了巨大影响力。绘画鉴赏节目《丹青中国心》通过跨界"读画"传递千年宋韵，并探索传统文化的现代表达。除了《大运河》《丹青中国心》，《国风·无双》等其他 6 部作品也一起入选了"2023 年度优秀网络视听作品推选活动优秀作品目录"⑤，"中国心"系列获联合国教科文组织 2023 年"全球世界遗产教育创新案例奖"⑥。

《中国好声音·越剧特别季》寻根传统文化，立足越剧传播，不仅推广了越

---

① 浙江记协网.2023 年度浙江新闻奖评选揭晓 640 件作品获奖 [EB/OL]. (2024-05-11)[2025-04-03].http://www.zja.org.cn/zja/system/2024/05/11/034617999.shtml.

② 浙江省文化广电和旅游厅,浙江省广播电视学会.中国广播电视大奖 2023 年度广播电视节目奖推荐作品公示 [EB/OL].(2024-03-27)[2025-04-03].https://ct.zj.gov.cn/art/2024/3/27/art_1229727573_5283647.html.

③ 浙江省文化广电和旅游厅.2023 年度浙江省广播电视新闻奖获奖作品公示 [EB/OL].(2024-03-20)[2025-04-03].https://ct.zj.gov.cn/art/2024/3/20/art_1229727573_5279266.html.

④ 浙江省文化广电和旅游厅.2023 年度浙江省广播电视少儿节目奖获奖作品公示 [EB/OL].(2024-04-11)[2025-04-03].https://ct.zj.gov.cn/art/2024/4/11/art_1229727573_5289095.html.

⑤ 国家广播电视总局.国家广播电视总局办公厅关于公布 2023 年度优秀网络视听作品推选活动评审结果的通知 [EB/OL].(2024-03-27)[2025-04-03].https://www.nrta.gov.cn/art/2024/3/27/art_113_67028.html.

⑥ 联合国教科文组织亚太地区世界遗产培训与研究中心.获奖公告：遗产教育边会暨 2023 "全球世界遗产教育创新案例奖"颁奖典礼在利雅得举行 [EB/OL].(2023-09-27)[2025-04-03].https://www.whitr-ap.org/index.php?classid=1518&newsid=3487&t=show.

剧文化，也为这一浙江文化"金名片"探索了互联融合传播的新路径。《中国好声音·越剧特别季（第二季）》已入选 2023 年"中华文化广播电视传播工程"重点项目名单，既彰显了浙江卫视以传播优势践行文化自信的担当与责任，又通过创新演绎了越剧精髓，用现代媒介拓展了文化边界，为铸就中华文化新辉煌贡献了传媒力量。①

杭州广播电视台的广播文艺戏曲作品《戏坛金三角》之《好戏真探：越剧〈新龙门客栈〉缘何爆火》，主要分析了越剧《新龙门客栈》通过沉浸式舞台、创新型改编及演员强互动等元素，成功吸引年轻观众并引发广泛关注的原因。台州市新闻传媒中心、台州市广播电视台推出的广播文艺文学节目《铮铮铁骨 台州硬气：南宋著名爱国诗人陈克》，从历史文化的视角出发，系统阐述了南宋词人陈克的生平经历，着重强调其深挚的爱国情怀与卓越的文学贡献，生动展现了其作为抗金志士所彰显的刚强不屈的精神及台州市地域文化当中的硬朗气质。这两部作品均获得 2023 年度浙江省广播电视节目奖文艺类一等奖。②

（三）垂类深耕：以特色为核心，搭建节目服务"引力场"

为了在日益复杂的市场环境中脱颖而出，广播电视行业需要坚持精准细分、多元创新的战略，通过深耕垂直领域，不断提升内容的专业性和针对性，全面满足不同受众群体的多元服务需求。一方面，聚焦细分领域，深入挖掘不同受众群体的多元化需求，提供定制化、差异化的内容服务；另一方面，积极聚焦地方特色，充分利用地域文化资源，精心打造一系列具有鲜明品牌标识的地方节目，以此彰显文化特色，提升品牌影响力。

1. 聚焦细分领域，满足多元需求

广播电视的受众是多元化的，年龄、性别、职业、爱好、地域、文化素养、经济实力等都是影响受众的因素。这就要求节目制作部门在提供公共服务节目内容时，要遵循广播电视节目内容的普适性、多样性、优质性和创新性等原则，

---

① 国家广电智库.浙江卫视《2023 越剧春节联欢晚会》：异彩纷呈的戏曲文化盛宴 [EB/OL].(2023-01-24)[2025-04-03].https://mp.weixin.qq.com/s/yV26AExbt-PwIi7wmct2JQ.

② 浙江省文化广电和旅游厅.2023 年度浙江省广播电视节目奖文艺类获奖作品公示 [EB/OL].(2024-03-21)[2025-04-03].https://ct.zj.gov.cn/art/2024/3/21/art_1229727573_5281283.html.

展示出广播电视公共服务内容的公益性和高品质。

比如，新闻类节目从传统的大众化信息传播，逐渐向专业化、细分化转型。浙江广播电视集团深化垂直领域布局，在健康、教育、旅游等多个领域推出了具有品牌特色的栏目和节目。2023 年 11 月 1 日，健康类融媒节目《健康浙江》正式上线。该节目以"发布权威信息、传递卫健资讯、弘扬行业文化、促进全民健康"[①]为宗旨，借助互联网，以大小屏协同的方式聚焦政策解读，强化健康科普，开创了"政策传播＋知识服务＋行为引导"三位一体的智慧健康传播新形态。随着国潮风的崛起，浙江广播电视集团推出一系列具有中国特色和东方韵味的节目，包括《妙墨中国心》《丹青中国心》《戏剧中国心》和《金石中国心》，以综艺形式呈现中国书法、绘画、戏曲、篆刻等传统文化，巧妙地将深厚的中国文化以轻松、有趣的方式传递给观众，让传统艺术走进了现代人的日常生活。

针对电信诈骗案件频发的现象，宁波广播电视集团音乐广播旗下的《如意鸟有声杂志》栏目，于 2023 年 11 月创新性地推出了一档面向儿童的综艺节目——《反诈少年大闯关》。该节目巧妙地将少年儿童喜爱的游戏元素与散文、新闻报道、动漫、音乐、小品等多种内容形式结合起来，通过在一系列冒险与挑战中巧妙融合现实生活中的真实反诈案例，以一种寓教于乐的方式，让儿童在轻松愉快的氛围中学习到反诈技能。该节目获得 2023 年度浙江省广播电视少儿节目奖一等奖。[②]

2. 聚焦地方特色，打造品牌节目

浙江省拥有中国最早的沿海渔民遗址井头山，也有 5000 年的良渚文明，如何挖掘、传承浙江省的文化资源，并将江南水乡文化、运河文化、丝绸文化、茶文化、地方戏曲文化等转化为有影响力的广播电视和网络视听产品，是浙江省广播电视和网络视听产业发展公共服务的重要方向。浙江广播电视集团出品的纪录片《良渚文明》深入阐述了良渚文明的起源、兴盛及对中华文明的影响，

---

① 健康浙江.《健康浙江》融媒节目"一周岁"啦！健康之路，你我同行！[EB/OL]. (2024-11-05)[2025-05-07].https://mp.weixin.qq.com/s/pWsZMeKAHqjfP6YQ1UkTeQ.

② 浙江省文化广电和旅游厅.2023 年度浙江省广播电视少儿节目奖获奖作品公示 [EB/OL]. (2024-04-11)[2025-04-03].https://ct.zj.gov.cn/art/2024/4/11/art_1229727573_5289095.html.

兼具文化科普与艺术美学功能，是呈现良渚文明传承的高品质历史人文纪录片。

地市新闻媒体则充分发挥地域优势，充分利用本地资源做出特色，以本地受众为核心，围绕他们建好"小圈"，打造当地老百姓喜闻乐见的节目，通过细腻的镜头语言和深入的地方新闻采访，展现当地的人民生活、风土人情以及民俗特色。舟山广播电视台聚焦渔业，广播消息《舟山远洋渔船辗转6000多海里带回生产生活垃圾》反映了当地渔民在平衡海洋资源利用与生态保护时的探索，传递了他们对海洋环境的保护意识和社会责任感。金华市广播电视台聚焦义乌市这座小城的全球商业影响力，电视消息《突破100亿件 义乌成为全国首个年快递量超百亿县级市》不仅记录了义乌市快递量超百亿件这一里程碑式的成就，更展现了中国电子商务的迅猛发展，以及在"一带一路"倡议下，义乌市作为国际贸易桥头堡的新角色。这两则消息类新闻已荣获"2023年度浙江新闻奖广播电视类一等奖"[①]、2023年度浙江省广播电视新闻奖一等奖[②]。2023年是世界互联网大会永久落户乌镇的10周年。嘉兴市广播电视台围绕世界互联网大会·乌镇峰会，在《乌镇10年，让世界看到这束光》中讲述了乌镇在过去10年中，通过互联网技术的蓬勃发展，从传统水乡蜕变为全球互联网创新中心的历史进程，展示了其在数字经济、智慧生活和科技创新方面的成就。该作品荣获2023年度浙江省广播电视节目奖新媒体类二等奖。[③]

三、浙江省提升广播电视公共服务效能的平台构建实践

在浙江省广播电视公共服务标准引领的大框架下，各地市积极响应，充分发挥自身特色与优势，通过一体协同推进，构建起全方位、多层次、广覆盖的广播电视公共服务体系，让标准真正在基层落地生根，惠及广大民众。

---

① 浙江记协网.2023年度浙江新闻奖评选揭晓 640件作品获奖[EB/OL].(2024-05-11)[2025-04-03].http://www.zja.org.cn/zja/system/2024/05/11/034617999.shtml.

② 浙江省文化广电和旅游厅.2023年度浙江省广播电视新闻奖获奖作品公示[EB/OL].(2024-03-20)[2025-04-03]. https://ct.zj.gov.cn/art/2024/3/20/art_1229727573_5279266.html.

③ 浙江省文化广电和旅游厅.2023年度浙江省广播电视节目奖新媒体类节目获奖作品公示[EB/OL].(2024-04-28)[2025-04-03].https://ct.zj.gov.cn/art/2024/4/28/art_1229727573_5294805.html.

（一）从内容到渠道，拓展全链路公共服务

媒体在公共服务中扮演着至关重要的角色。作为连接政府与民众的桥梁，它们不仅能够传递各类政务信息，还积极参与社会治理，通过舆论监督、民意调查等方式，促进公共政策的民主化与科学化，为构建和谐社会贡献力量。广播电视媒体通过提高公共服务效能，成为协同政府做好基层治理的左膀右臂。

1. 全省一体协同推进，共建数字乡村

2023 年 2 月，国家互联网信息办公室、农业农村部与浙江省正式签署共建数字乡村引领区合作备忘录，标志着浙江省成为全国唯一的数字乡村引领区。[①]这一里程碑式的合作，为浙江省推动广电媒体在公共服务领域的创新实践搭建了广阔舞台。2023 年 5 月，浙江广播电视集团与中国电信浙江公司联合主办的"数字乡村幸福引领"大型融媒宣传年活动正式启动。该活动通过汇聚媒体、专家学者、社会企业等多方资源，讲述浙江省在数字乡村建设中的生动故事，分享宝贵经验，发挥全媒体矩阵宣传的强大势能。

活动期间，浙江广播电视集团充分发挥主流媒体的号召力，高站位谋划、一体化推进、多渠道链接，联合全省 11 个地市、30 个典型区县乡镇村代表，合作签署"10 亿助力 万村共建"公益项目合约，共建数字乡村共享云 3.0 平台。全省数字乡村累计签约村已达 10,605 个，其中 8054 个村已开通数字乡村云平台。[②]这一系列举措不仅打通了乡村数字化建设和治理的"最后一公里"，更实现了公共服务从"有无"到"优劣"的跨越式提升，让广大乡村居民切实享受到数字时代的红利。

"数字乡村·幸福领航"大型融媒体宣传活动贯穿了整个 2023 年度。该活动聚焦数字乡村示范区的构建，深入浙江省 11 个地市，推行"共富直播助力"。具体包括云端交流、云端购物、云端游览等一系列直播活动，以及"幸福领航浙江行"融媒体行动与"数字乡村·幸福领航"典范案例评选及成果展览等活

① 金台咨询.浙江启动"数字乡村 幸福引领"大型融媒宣传年活动 [EB/OL]. (2023-05-18) [2025-04-03].https://baijiahao.baidu.com/s?id=1766238813289005158&wfr=spider&for=pc.

② 潮新闻."数字乡村 幸福引领"中国电信浙江公司全力打造乡村全面振兴浙江样板 [EB/OL].(2024-04-10)[2025-04-03].https://baijiahao.baidu.com/s?id=1795910226523596999&wfr=spider&for=pc.

动，旨在多维度展示浙江省在数字"三农"领域所取得的具有高辨识度的标志性成就。

2. 杭州市应急广播，打通"最后一公里"

应急广播是一种在重大自然灾害、突发事件、公共卫生危机与社会安全危机等公共危机突发时，用于迅速传递灾害消息和指导民众撤离、避险的重要通信手段，是国家应急管理体系和国家基本公共服务的重要组成部分。

2023年，浙江省在全国率先启动以省市县乡村户六级覆盖、双向多模终端为主的新一轮应急广播体系建设。[①]2023年7月底，浙江省级应急广播调度控制平台建成运行，平台向上对接国家广播电视总局国家级应急广播调度控制平台，本级对接浙江省应急管理厅、浙江省气象局等省级部门相关平台，向下对接省域内的地市级应急广播平台，实现日常节目和应急信息上传下达，推动全省应急广播一张网运行，一张网管理。

2023年杭州市已完成1680个行政村、7099个自然村双向化公共终端部署任务，推动应急广播与"学习强国"平台实现连通，在特殊的天气环境下，展现了强大的应急信息服务效能。结合地域特点，杭州市的应急广播系统广泛覆盖各行业，被精准应用于活动预警、管控措施发布及突发事件处理等场景。数据显示，2023年全市累计发布应急服务信息747条，有效解决了应急服务信息发布的"最后一公里"问题。[②]在技术革新与运维保障层面，杭州市持续深化应急广播体系建设，丰富应用实例，探索更多融合应用，以确保应急广播在关键时刻能够迅速、有效地发挥作用。例如2023年杭州市萧山区应急广播系统平台完成352次播发，成为灾害预警、政策宣传、乡村振兴、文化传播、社会治理、服务群众的"声力军"。[③]萧山区应急广播成功服务了2023年的"迎亚运、庆元宵"烟花灯光秀——在2023年烟花灯光秀散场时发生多起儿童走失事件，萧山

---

① 浙江省文化和旅游厅. 我省超额完成 2023 年度应急广播建设任务 [EB/OL].(2024-01-12)[2025-04-03].https://ct.zj.gov.cn/art/2024/1/12/art_1673776_59020042.html.

② 杭州日报.2023 年杭州共发布了 747 条应急服务信息 [EB/OL].(2024-01-09)[2025-04-03].https://www.hangzhou.gov.cn/art/2024/1/9/art_812269_59092131.html.

③ 杭州市萧山区人民政府. 应急广播体系建设 萧山实现行政村全覆盖 [EB/OL].[2023-12-11].https://www.xiaoshan.gov.cn/art/2023/12/11/art_1302906_59095013.html.

区紧急响应，使用应急广播播报通知、协助找寻，获得老百姓的一致好评。

3. 金华市融媒体平台，打造信息服务枢纽

金彩云客户端于 2023 年 1 月 20 日正式上线，成为金华市"报纸＋广电"跨媒体融合的"先头部队"。2023 年年底，金彩云客户端融合指数位居全省地市级媒体前 3 位。金彩云客户端入选 2023 中国报协新媒体（客户端）发展优秀创新案例，获评 2023 年度全国城市媒体融合传播优秀融媒平台 10 强。[①]

作为金华市新闻传媒中心自主研发的一站式"新闻＋政务＋商务＋服务"平台，金彩云客户端从筹建之初就以"开门办端、为民服务"为核心理念，定位为金华市本地的新闻聚合平台、民众生活的核心入口及政府治理的智囊支持，不断运用新技术与新思维，在内容创新、服务优化及运营策略上寻求突破。作为一款由媒体打造的社区信息枢纽平台，金彩云客户端视内容为服务用户的核心要素。该客户端整合了报纸、电视、广播等本地新闻资源，实现了一站式推送，并实时推送网络热门话题，构建了本地化的信息集散地。除了新闻资讯，它精准锁定目标受众，提供美食、风景、摄影等多样化内容，全力满足本地用户多样化的信息需求。

此外，金彩云客户端致力于提供基于网络的政务、商务、生活服务，为地方社会经济运行、群众日常生活提供便捷有效的助力。金彩云客户端在首页设置了公共服务入口，整合了交通、消费、旅游、支付、停车、优惠券等便民资源，建立了涵盖信息查询、审批服务、证件办理、社保服务、投诉反馈等服务的"社区化服务"体系[②]，以贴近民生的服务举措，如"金彩支付"提供的乘公交 8 折优惠等，增强了用户的满意度与归属感，一站式满足了群众的多种生活需求。

4. 衢州市掌上客户端，构筑社会治理新路径

2023 年 9 月 19 日，中共中央政法委员会正式发文公布：衢州市获评"全

---

① 卢发扬. 以新媒体平台建设牵引市级媒体深度融合：以金彩云客户端为例 [J]. 中国记者,2024(05):99—101.

② 金华发布. 重磅！金华官宣：看见你的精彩！ [EB/OL].(2023-01-20)[2025-03-09]. https://mp.weixin.qq.com/s/Of4HrirQl4vdVAm3cck__A.

国市域社会治理现代化试点合格城市"。[①] 试点成功的背后，是衢州市新闻传媒中心运营的三衢客户端在积极发挥作用。在数字化转型与市域社会治理现代化的背景下，衢州市新闻传媒中心聚合三衢客户端中的"乡村振兴全媒体智慧平台""邻礼通""数智文化空间""通衢问政"等应用，深耕社会服务，使媒体客户端参与衢州市域社会治理现代化体系建设，为地市级主流媒体践行新时代党的群众路线提供了"智治"样本。

"乡村振兴全媒体智慧平台"作为乡村振兴讲堂的"智慧大脑"，通过党员教育，促进了政策与知识的广泛传播，有效提升了基层党员的综合素质与治理能力，为乡村振兴战略的深入实施奠定了坚实基础。"邻礼通"通过整合党员报到、联户结对、走访日志等场景，推动了志愿服务队伍的组建与社区服务的高效开展，有效提升了社区治理的精细化水平。而"数智文化空间"则通过线上交流、学习、查询、预约联动与线下游、购、娱一体的文化服务，构建了城乡智联、公平普惠的移动端文化生活空间，不仅丰富了群众的文化生活，还为基层文化服务、文化产业贯通及文化服务监测等政务职能提供了便捷途径。

2023 年 8 月 1 日，衢州市新闻传媒中心团队运营的互联网问政平台"通衢问政"3.0 版本在三衢客户端上线，打造网络问政、媒体监督、群众求助等功能，实现"提问—审核—受理—回复—评价—回访—督办"的管理模式，助力问题全流程闭环解决。2023 年 1 月至 2023 年 9 月，用户在"通衢问政"发布问政、曝光、求助类信息 4628 条，群众对部门回复及处理的满意率为 95.91%。[②] 该功能旨在搭建政府与公众沟通的桥梁，使公共服务更加贴近民众需求，同时促进政策制定的透明度与民主性，有助于构建更加开放、高效的公共服务体系。

（二）区县融媒夯实广播电视公共服务的惠民地基

广播电视作为重要的信息传播和公共服务平台，其智能化、均等化、普惠

---

① 衢州日报.我市创成"全国市域社会治理现代化试点合格城市"[EB/OL].(2023-10-10)[2025-04-03].https://qzrb.qz828.com/html/2023-10/10/content_3291_8381062.htm.

② 传媒评论.衢州新闻传媒中心党委书记、主任吴德生：整合加深耕，着力打造"智治"型媒体客户端[EB/OL].(2023-10-10)[2025-04-03].https://mp.weixin.qq.com/s/TpuExiZ1gK5VEYFBNZFdSw.

化的发展趋势日益明显。区县级媒体在深度融合过程中，通过统一广播电视公共服务的标准和流程，提高了服务质量和效率，使更多民众能够享受到优质、便捷的广播电视服务，实现普惠化目标，增强基层民众的获得感和幸福感。

1. 基层典范：服务终端的落地实践

2023 年 6 月国家广播电视总局审核批复在全国 86 个市、县启动广播电视基本公共服务县级标准化试点（第二批）建设。浙江省在柯桥区、奉化区推进国家广播电视基本公共服务县级标准化试点工作[①]，在诸暨市、温岭市、遂昌县推进国家智慧广电乡村工程试点工作[②]，在完善基层服务网络、创新公共服务方式等方面进行积极探索，旨在为全省乃至全国提供可复制、可推广的成功经验。

（1）诸暨市：智慧广电赋能文旅服务

2023 年诸暨成为国家智慧广电乡村工程试点、浙江省广播电视基本公共服务县级标准化试点、浙江省"非遗助力共同富裕"试点等三项试点。诸暨市文化广电旅游局充分利用 FM 93 浙江交通之声、FM 104.5 旅游之声等广播媒体，开展"跟着西施游诸暨"全域旅游形象投放。

诸暨市文化广电旅游局聚焦数字经济新赛道，加快智慧景区建设，完成了"浙里登山－移步诸暨"数字化项目建设，上线"徒步诸暨"微信小程序，推出"游浙里"诸暨品牌馆。诸暨市文化广电旅游局还持续运用数字化手段消除旅游包车安全监管盲区，用好"旅游用车申报"系统，全市 39 家旅行社共录入旅游团队 1374 批次，规范地接旅游包车 117 次，从源头杜绝不规范、不合法旅游用车的"生存空间"。[③]

诸暨市全域旅游数据中心系统完成 96 项数据目录更新，使 14 家 3A 级以上旅游景区监控探头接入浙江省、绍兴市文旅智慧平台，诸暨市整体智治水平

---

① 国家广播电视总局 . 国家广播电视总局关于批复第二批广播电视基本公共服务县级标准化试点名单的通知 [EB/OL].(2023–06–08)[2025–04–03].https://www.nrta.gov.cn/art/2023/6/8/art_113_64563.html.

② 国家广播电视总局 . 国家广播电视总局关于同意在河北省宁晋县等 31 个县（市、区）开展智慧广电乡村工程试点的批复 [EB/OL].(2023–08–14)[2025–04–03].https://www.nrta.gov.cn/art/2023/8/14/art_113_65166.html.

③ 诸暨市文化广电旅游局 .2023 工作总结和 2024 年工作思路 [EB/OL].(2023–12–26)[2025–04–03].https://www.zhuji.gov.cn/art/2023/12/26/art_1229074729_4101344.html?xxgkhide=1.

进一步提升。①诸暨市全域旅游数据中心着力于构建诸暨市文化广电旅游局数字化信息系统管理制度框架，推动各类应用系统有序规范运行，修复漏洞 23 个，顺利完成护航亚运政务网络、省市攻防演练等任务，完成数字化应用系统年度绩效评估。②

（2）温岭市：打造融媒改革的"浙江样板"

2023 年以来，温岭市融媒体中心锚定"打造全国一流的县域治理现代化服务平台"这一目标，以"五个融媒"（创新融媒、智慧融媒、品牌融媒、活力融媒、先锋融媒）建设为抓手，打造融媒改革的"浙江样板"。③温岭市融媒体中心全力加速全媒体传播体系构建，深化媒体平台革新，并大力推进"社区信息枢纽"项目。该项目以"掌上温岭"客户端为核心平台，精心打造了一个以居民需求为核心、以服务为宗旨、以数据为基石、以场景化应用为特色的"百米服务圈"。

为了顺应差异化传播的潮流，温岭市融媒体中心自主研发了"村社传播通"应用。该应用通过构建一个涵盖"决策—控制—反馈—优化"的全方位闭环流程，极大地提升了信息的共享效率与精准送达能力。④

（3）遂昌县：广播电视公共服务高质量发展的"山区样本"

遂昌县作为浙江省广播电视基本公共服务县级标准化试点及智慧广电乡村工程试点，积极践行创新与发展理念，以广播电视公共服务发展指数为抓手，破解发展难题，通过科学设定关键指标和发展模型，实现对广播电视公共服务水平的定量测评。此举不仅为政府决策提供了科学依据，推动了广播电视公共服务向更高层次发展，也促进了区域间的均衡协调发展，为其他地区提供了可复制、推广的经验。

---

① 诸暨市文化广电旅游局.2023 工作总结和 2024 年工作思路 [EB/OL].(2023-12-26)[2025-04-03]. https://www.zhuji.gov.cn/art/2023/12/26/art_1229074729_4101344.html?xxgkhide=1.

② 诸暨市文化广电旅游局.2023 工作总结和 2024 年工作思路 [EB/OL].(2023-12-26)[2025-04-03]. https://www.zhuji.gov.cn/art/2023/12/26/art_1229074729_4101344.html?xxgkhide=1.

③ 温岭市融媒体中心.温岭市融媒体中心 2023 年上半年特色亮点和下半年工作思路 [EB/OL].(2023-07-06)[2025-04-03].https://www.wl.gov.cn/art/2023/7/6/art_1229302548_3880313.html.

④ 温岭发布.最高奖！温岭拿下了 [EB/OL].(2023-10-06)[2025-05-07].https://mp.weixin.qq.com/s/cDqB-4Ir9F26l7ZjTLI_1g.

通过构建科学系统的广播电视公共服务发展指数，遂昌县不仅实现了对广播电视公共服务现状的客观评价，还充分汲取了基层经验，充分利用了本地资源，拓展了广播电视服务场景，推出了一系列贴近农村生活、深受农村群众喜爱的对农自办节目，如《和谐新农村》《乡村新视野》等。依托广播电视技术，遂昌县将广播应用于地质灾害预警、饮用水源保护监测、"雪亮工程"等社会治理领域[①]，不仅为当地广播电视公共服务的优质共享、社会治理及经济发展提供了有力支撑，也为其他山区县提供了可借鉴、可复制的"遂昌样本"。

（4）柯桥区：广播电视公共服务"331"体系的建设与探索

自被列为国家广播电视基本公共服务县级标准化试点以来，柯桥区立足本地广播电视发展实际，积极探索提升公共服务水平的新路径，打造了广播电视公共服务"331"体系，实现了服务的全面优化与升级。[②]

柯桥区致力于发展多渠道的媒体融合传输平台，夯实有线电视技术和服务标准化、均等化基础，确保服务广泛覆盖且质量上乘。同时，柯桥区建设了覆盖全区的智慧型应急广播指挥运营体系，实现了所有行政村、自然村及社区居委会都能接入应急广播，极大地提高了紧急信息传播的速度，扩大了紧急信息传播的覆盖面。此外，柯桥区还深耕"智慧广电+"应用，通过拓展公共视频服务、建设数字化治理平台和打造优质惠民服务平台，助力地方平安建设和基层治理能力的提升。

（5）奉化区：以未来社区数字化平台建设提供"奉化经验"

奉化区在推进国家广播电视基本公共服务县级标准化试点工作中，积极探索"智慧广电+"模式。以未来社区数字化平台建设为核心，奉化区融媒体中心通过数智赋能基层治理，实现广播电视基础设施与数字化平台的深度融合。奉化区以其"家门口"社区综合服务平台为依托，成功支撑起未来社区数字化平台与"智慧广电+"的交互共融，推动了"一统三化九场景"的落地，形成了标志

---

① 浙里文化传播.遂昌县：发布广播电视公共服务指数（山区版）[EB/OL].(2024-11-05)[2025-05-07].https://mp.weixin.qq.com/s/VcZkz3uKOo6TPAGc6lzHdA.

② 王建丰,金志明,董建民.绍兴市柯桥区广播电视公共服务"331"体系标准化建设的探索与实践：广播电视基本公共服务标准化试点建设思考[J].广播电视网络,2024,31(11):46-49.

性的未来社区数字化成果。①

奉化区的"智慧广电+"模式不仅覆盖了教育、医疗、养老等多个领域，还通过整合本地资源，构建了"新闻+政务+商务"多功能平台，承担起"信息进万家"的使命。通过校园安防、直播课、医疗健康共享等项目，奉化区的"智慧广电模式+"推动了社会服务的跨场景应用，形成了城市建设和民生福祉的融合发展生态体系。奉化区还在提升广播电视内容质量、开展惠民活动等方面持续发力，计划通过"1+2+N"应急广播IP双向化工程，进一步推动"智慧广电+"和未来社区数字化平台的不断迭代与创新。②

2. 项目看点：创新"智慧广电+公共服务"的场景应用

作为全国广播电视事业发展的先行区，浙江省积极探索智慧广电服务的新模式、新路径。下面本报告将聚焦"智慧广电+公共服务"的创新应用场景，旨在通过智慧广电技术，拓展公共服务的边界。

（1）"银龄康养"，满足长者精神文化需求

国务院办公厅印发的《关于发展银发经济，增进老年人福祉的意见》提出，"依托国家老年大学搭建全国老年教育公共服务平台，建立老年教育资源库和师资库"③。2022年浙江省委老干部局联合华数集团共同打造浙江"云上老年大学"项目。该项目承载"浙里康养"老有所学的重大改革项目，加强"电视大屏+手机小屏"服务终端的联动，通过数字赋能，切实创新学习形式，丰富学习内容，构建多样化的教学场景，从而推动全省老年教育资源普惠共享。截至2023年12月，"云上老年大学"覆盖了浙江省学校（学堂）6711所、学员154万名、线上线下课程5.9万门，成果惠及全省1200余万名老年人④，做到了老年教育

---

① 奉化发布.全国试点！奉化入选！[EB/OL].(2023-06-11)[2025-04-03].https://mp.weixin.qq.com/s/tfn4W8St7MZJro589_S4gw.

② 奉化发布.全国试点！奉化入选！[EB/OL].(2023-06-11)[2025-05-07].https://mp.weixin.qq.com/s/tfn4W8St7MZJro589_S4gw.

③ 国务院办公厅.关于发展银发经济，增进老年人福祉的意见[EB/OL].(2023-01-15)[2025-04-03].https://www.zhuji.gov.cn/art/2023/12/26/art_1229074729_4101344.html?xxgkhide=1.

④ 浙江日报.浙江打造"15分钟老年教育学习圈"：老年人在家门口圆了"大学梦"[EB/OL].(2023-11-28)[2025-04-03].https://jyt.zj.gov.cn/art/2023/11/28/art_1532836_58941369.html.

"一屏掌控""一键智达""一网通办"，推动了"人人皆学、处处能学、时时可学"目标的实现。

依托强大的数字经济基础，近年来，浙江省内各市县致力于推动智慧广电与康养服务的深度融合，以有效满足养老服务需求，并着力打造"幸福养老"的鲜明特色。例如，2023年8月31日，"桐享乐学"老年教育资源共享平台正式启动，这标志着桐乡市在构建数字化、普惠化、智慧化的老年教育体系上迈出了关键一步。作为一个汇聚高质量教育资源的共享平台，"桐享乐学"充分利用老年人乐于使用的电视媒介，为他们提供学习、互动及展示的空间。通过无缝对接学校与电视应用场景，该平台使老年群体在家就能享受丰富多样的课程资源，满足了居家老年人多元化学习的需求。[①]

（2）"未来社区"，提高民众美好生活质量

浙江省政府早在2019年就提出了建设"未来社区"的愿景规划。未来社区是以人民美好生活向往为中心，以人本化、生态化、数字化为价值导向，以和睦共治、绿色集约、智慧共享为基本内涵，构建未来邻里、教育、健康、创业、建筑、交通、低碳、服务和治理九大场景，具有归属感、舒适感和未来感的新型城市功能单元。[②] 浙江省广播电视局印发的《浙江省广播电视和网络视听发展三年行动计划（2022—2024年）》明确指出，2023年要继续围绕"智慧广电＋未来社区"，创新服务形式，丰富服务内容。[③]

2023年1月中国蓝电信电视（浙江交互式网络电视）联合杭州市拱墅区蓝孔雀社区打造的"未来社区电视平台"正式上线。这是浙江省广播电视新媒体以数字化改革为牵引，积极探索"交互式网络电视＋政务服务"的最新成果，也是全国首个交互式网络电视与未来社区深度融合创新的先行实践。[④] 该平台不仅

---

① 桐乡华数.资源共享 数智共育｜"桐享乐学"老年教育服务共享平台上线 [EB/OL].(2023-08-31)[2025-05-07].https://mp.weixin.qq.com/s/b9o_ocTdW_XW0QisbrRiEA.

② 浙江省发展和改革委员会.省政府印发《浙江省未来社区建设试点工作方案》[EB/OL].(2019-03-25)[2025-05-07].https://fzggw.zj.gov.cn/art/2019/3/25/art_1599545_34126877.html.

③ 浙江省广播电视局.浙江省广播电视局关于印发《浙江省广播电视和网络视听发展三年行动计划（2022—2024年）》的通知 [EB/OL].(2022-05-19)[2025-04-03].https://ct.zj.gov.cn/art/2022/5/26/art_1229678759_2516214.html.

④ 蓝孔雀社区.家门口的"电视台"，蓝孔雀社区电视平台上线！[EB/OL].(2023-01-05)[2025-04-03].https://baijiahao.baidu.com/s?id=1754615525370722076&wfr=spider&for=pc.

通过电视大屏向社区居民展示社区资讯、三务信息等本地资讯，提供政务服务，还上线了"蓝聚汇"应用。该应用与浙江省未来社区数据中台对接，能够实现跨屏服务。①比如，"蓝聚汇"应用的"乐活圈"板块，设置有公益、交友、运动等圈子，可以实时进行各种形式的信息交互，还包含空间预约和闲物置换功能，推动社区智慧化管理、居民智慧化生活。

为提升政务服务效率，增强群众办事体验，蓝孔雀社区的未来社区电视平台创新推出了"浙里直播"视频化政务服务。该平台聚焦政务咨询与办事难题，采用"新闻＋政务＋直播服务"模式，让政务服务直通家庭客厅，成为群众互动与民意感知的新纽带。

（3）政务平台，"智慧治理"的本地大脑

2023年，瑞安市被列为浙江省广播电视基本公共服务县级标准化试点，广播电视基本公共服务的基础设施与当地社会治理紧密嵌合，相互赋能做好政务服务。基于"智慧广电"提供的基础底座，瑞安市交通运输局针对"现场设点、人工查车、24小时蹲守"等传统"治超"（治理车辆超限超载）模式存在的弊端，升级启用了非现场执法监管平台，实现了24小时监控的数字化执法。这一创新举措不仅大幅提升了执法效率，降低了执法成本，还打破了各领域、各环节之间的执法"信息孤岛"，实现了问题发现、监管、检查、处罚、评价、监督全链条、全流程的平台留痕。据统计，2023年该平台累计发送预警短信4423条。②而瑞安市公安局则基于"智慧广电"提供的基础底座，大力度推进智慧警务、数据警务、变革警务建设，聚力打造"公安大脑"，有效提升了当地的警务效能和实战能力。"易报云"借鉴"智慧广电＋公共服务"的应用经验，入选了2023年温州公安政务服务改革"十佳数字化应用"③，通过信息化手段和科技设备，实现了对易制毒化学品、剧毒化学品等危险物品的全流程智能化闭环管理，有效避

①　蓝孔雀社区.家门口的"电视台"，蓝孔雀社区电视平台上线！[EB/OL].(2023-01-05)[2025-04-03].https://baijiahao.baidu.com/s?id=1754615525370722076&wfr=spider&for=pc.

②　瑞安市综合行政执法局锦湖中队.执法＋服务，开启"枫桥式"综合行政执法新篇章[EB/OL].(2023-07-12)[2025-04-03].http://ralz.gov.cn/front/news/show.do?id=25469&channelId=122.

③　温州市公安局.揭晓！温州公安政务服务改革"十佳数字化应用"[EB/OL].(2023-11-27)[2025-04-03].https://wzga.wenzhou.gov.cn/art/2023/11/27/art_1452656_58875542.html.

免了多警种重复检查、警力浪费等问题。

（4）数字赋能，打造多元化应用场景

以临平区为例，其始终坚持深化广播电视数字赋能，推动形成"智慧广电＋公共服务""智慧广电＋基层治理""智慧广电＋未来社区／乡村"等多元化应用场景。依托智慧广电传输网络和服务平台打造的"悦临平"客户端，由杭州市临平区融媒体中心推出，集咨询、社交、生活及相关业务办理等诸多功能于一体，为用户生活提供了很大便利。悦临平客户端与各级政府门户网站对接，提供最新资讯"随时看"服务，不仅增强了信息的时效性，也使得广播电视公共服务更加符合当地居民的实际需求。悦临平客户端同时还对接各类咨询服务系统，提供投诉、投票、问卷调查等"随时问"服务，并为用户提供积分兑换服务，促进用户与公共服务提供者之间的互动，提升用户参与公共事务的积极性，从而增强广播电视公共服务的互动性和民主性。2023 年，临平区成功创建浙江省公共文化服务现代化先行县和大运河文化传承生态保护区，入选基层公共文化服务高质量发展典型案例和浙江省赛事集聚县（市、区）。[①]

四、浙江省广播电视公共服务的未来发展趋势

标准的制定为浙江省更好地推动省域范围内的广播电视和网络视听产业做好公共服务、提升服务品质、优化服务效能等，提供了一个标杆性的清单。后续进一步的发展，还需要在夯实标准的同时，持续探索创新，不断前进。

（一）精神共富：推进公共服务的城乡均衡发展

城乡均衡发展不仅要求经济发展上的均衡，更要求社会、文化、生态等方面的全面协调与可持续发展。精神共富有助于实现城乡经济、社会、文化的全面协调发展。通过加强精神文化建设，提高城乡居民的综合素质和文明程度，能够为其他方面的发展提供有力的精神支撑和文化保障。

---

① 杭州市临平区人民政府.临平区文化和广电旅游体育局 2023 年工作总结及 2024 年工作计划信息 [EB/OL].(2024-03-28)[2025-04-03].https://www.linping.gov.cn/art/2024/3/28/art_1229592693_4250127.html.

1. 增强城乡文化治理的均衡性

加强公共服务人才队伍建设。建设基层一线人才队伍，夯实广播电视和网络视听人才队伍基础，特别是建设县级融媒体中心，将有助于确保每个地区都有足够的专业力量来支撑当地的文化传播和服务。

强化基层治理与公共服务的连接。依托省、市、县三级融媒体平台，浙江省已构建起政务服务全覆盖网络。在基层，继续依托"智慧广电＋政务服务"模式，为城乡居民提供更便捷、更高效的政府服务，方便民众直接进行在线政策咨询、信息公开、民主监督等操作，提升政府治理的透明度和效率，强化城乡居民的政治参与感与归属感，真正全省域打通服务群众的"最后一公里"。

2. 推动经济资源共享，促进城乡经济发展协同

财政倾斜：以政策支持与资金投入促进资源共享。根据《浙江省基本公共文化服务体系建设补助资金管理办法》，浙江省加大向农村、山区、海岛等基层地区的财政倾斜，加大对这些地区的广播电视设施建设资金的支持力度，保证必要的硬件条件和软件资源，支持地方经济文化的快速发展。例如，浙江省将资金用于支持地方提供基本公共文化服务、打造公共文化设施、举办相关活动、建设场馆等方面，确保农村地区能够平等地享受到现代化的媒体服务和文化资源。通过财政倾斜和专项资金支持，浙江省推动县级融媒体中心的建设，帮助农村地区建立现代化的信息传播平台，从而将先进的媒体技术引入乡村地区，推动当地经济数字化转型，为乡村地区的产业发展、乡村旅游等提供精准的传播支持，进一步推动城乡经济资源的共享。

产业带动：发挥传媒优势推动城乡产业协同发展。通过丰富的媒体资源，浙江省为乡村振兴战略提供了强大的产业支持，尤其是在乡村产业的现代化转型方面，积极推动地方经济的增长。通过使乡村产业与传媒产业相结合，浙江省开展消费帮扶项目，统筹线上线下的融媒直播平台，搭建展销平台，推动产销对接。这种全新的产业融合方式，以直播、短视频等方式为乡村的农业产品提供更广阔的市场，打破传统销售渠道的局限，从而拓宽乡村地区农产品销路，进一步促进乡村产业振兴。结合浙江省的历史文化和自然景观，浙江省的媒体精心梳理"跟着影视剧去旅行"的主题游径，化视听"眼球"为地上"脚印"，变

线上"流量"为线下"留量"，争创具有鲜明浙江辨识度的文、广、旅融合标志性成果。①

3. 推动文化资源共享，促进城乡文化共富

浙江省加强城乡广播电视网络的建设和升级，将电视、广播、网络等媒体与地方文化建设深度结合，提高城乡广播电视服务的覆盖面和质量，使城市文化惠民政策在乡村得以落地。

整合公共文化资源，构建公共文化设施网络。"浙江智慧文化云"这一平台，能够向全省提供各类文化产品和服务。各地居民可以通过"云展览""云课堂""云享艺"等方式在家中享受丰富的文化内容，打破文化服务的时空限制；还可以通过"场馆预订""市场演出""15 分钟品质文化生活圈"等板块，精准了解线下活动信息，享受更优质的线下服务。浙江省通过加快"五馆一院一厅""四馆一院""三馆"② 及综合文化站等公共文化空间的布局③，拓展服务范围，丰富服务内容，有效带动乡村博物馆、图书馆等基层文化载体建设，建立更加完善的城乡公共文化设施网络，实现文化资源和服务网络向基层延伸覆盖，为社会提供更均衡高效的公共文化服务。浙江省还通过布局图书借阅、非遗展示、文艺赋美等功能点位，更广泛延伸公共文化服务触角；整合提升"文化点单"服务，推动公共文化服务供给侧结构性改革，优化供给内容，推动点单服务模式向乡镇、村社两级延伸，实现公共文化服务精准对接与高效供给。

促进城乡文化交流，实现文化资源的共享和互补。浙江省举办"文化下乡"、艺术巡演、文化展览、手工艺品展销等活动，加强城乡之间的互动和交流，促进城乡文化资源的共享和互补，实现城乡广播电视服务的共同发展。例如，组织各类文化下乡活动，邀请艺术家和文化名人走进农村，开展文化讲座、文艺演出、书法摄影展等形式的文化活动，推动文化资源向农村倾斜，从而增

① 陈广胜.围绕"二三四"定位扬长补短，奋力打造广电视听创新发展高地 [EB/OL].(2024-09-03)[2025-04-03].https://mp.weixin.qq.com/s/TUcwFLGA82vDrj3YJ0MWxQ.
② 此处的"馆""院""厅"大体是指博物馆、科技馆、美术馆、体育馆、图书馆、大剧院一类的文化场所，具体的定义可能会因地区和项目的调整而有所变化。
③ 浙江省文化广电和旅游厅.浙江省文化广电和旅游厅 2024 年工作要点 [EB/OL].(2024-06-05)[2025-04-03].https://ct.zj.gov.cn/art/2024/6/5/art_1229678764_5313165.html.

强人民群众的获得感、幸福感、安全感。同时，也将乡村的地方民俗、手工艺等特色文化带入城市，通过互动增进文化互鉴，增强城乡文化的互通性和包容性。

（二）数字驱动：科技赋能广电公共服务创新

浙江省广播电视和网络视听产业紧跟数字化转型的步伐，以大数据、云计算、AI、物联网等新兴技术为驱动力，全面推动公共服务的智能化、数字化、精准化建设，实现公共服务的跨越式发展。

1. 打造综合性信息服务平台，创新应用场景

坚持数字赋能、创新制胜，探索推进"智慧广电＋公共服务"，利用广播电视公共服务资源，打造综合性信息服务平台，让智慧广电赋能新时代文明实践中心（所、站）、农村文化礼堂等基层文化场所和文化设施，促进公共服务向数字化方向迭代升级。自2022年浙江省数字文化建设成果"浙江智慧文化云"上线"浙里办"后，浙江省加速推动数字化改革，打造"15分钟品质文化生活圈"。这进一步促进基层地方做好公共服务。在数字化大视听产业发展的背景下，湖州市长兴县探索进行公共服务数字化改革，实施文化场馆的数字化建设，完善"数字文化馆""掌心书香"等数字服务平台建设，探索"智慧博物馆""微信文化馆""图书馆智慧文化云试点"等惠民数字服务供给，以此不断提升公共文化资源利用率。

浙江省各地方充分发挥应急广播、有线网络等基础设施的作用，继续丰富应用场景、完善公共服务内容，不仅提供传统的广播电视服务，还使宣传、信息、文化、政务等领域的公共服务与数字化技术紧密结合，构建全新的"数字广播"生态系统，使之成为基层的新型信息基础设施。

2. 深化广播电视政务服务数字化改革

浙江省各地方积极对标广电领域政府服务数字化先进省的建设要求，做好省、市、县三级统建工作，推动核心业务流程再造，在政务服务"网上办""掌上办""证照分离"等方面实现领跑，探索形成高效便民、运行顺畅、闭环管理的"一张网""一件事""一键式"政务服务体系，实现全生命周期"一件事"集

成改革。浙江广播电视领域积极开展全程服务、精准服务、联动服务，打造广播电视领域"三服务"2.0版，努力营造最优服务环境。

通过以上措施，浙江省不断推进"智慧广电"和"公共服务"的深度结合，在应急广播、养老服务、教育服务、文化共享服务、助农服务等方面提供多元化服务，从而满足用户多样化的需求，使得广播电视和网络视听产业在数字化转型中不断提升服务效能，实现科技与服务的深度融合，推动浙江省的公共服务向智慧型公共服务转型升级。

2023年浙江省广播电视和网络视听产业国际传播发展报告

杜艳艳　孙珂妍[①]

摘要：在新时代文化强国建设的战略指引下，浙江省委十五届四次全会紧密围绕国家文化发展战略，全面推进现代文明建设浙江探索的"十大行动"，为浙江省打造新时代文化高地提供有力支撑。2023年，浙江省广播电视和网络视听产业延续良好的发展态势，精品内容创作持续繁荣，产业集群发展成效显著，国际传播版图进一步巩固，形成协同"出海"的强大合力。本报告聚焦2023年浙江省广播电视和网络视听产业国际传播发展状况，梳理浙产内容"出海"的典型案例和成功经验。展望未来，浙江省广播电视和网络视听产业应继续放大这些优势，持续优化政策引导，坚守内容品质和价值站位，积极借助新兴技术推动智能化转型，整合资源，强化内外联动，不断提升国际话语权，增强国际传播力，显著提升国际传播效能。

关键词：广播电视和网络视听产业；国际传播；视听"出海"

2023年，浙江省广播电视和网络视听产业在新时代传媒发展浪潮的强力推动下，紧密贴合时代脉络，积极主动承担国家战略布局与文化传播的重大使命。在"一带一路"倡议的引领下，浙江省积极推动广播电视国际传播"浙江行动"，致力于将浙江省精品力作推向世界舞台，讲述浙江故事、中国故事。通过布局政策规划、深耕视听内容、借力数字技术、完善产业升级，浙江省广播电视和

[①]　孙珂妍：浙江工业大学人文学院新闻与传播学硕士研究生。

网络视听产业坚定不移地持续深入探索广播电视和网络视听产业的创新发展路径，全力聚焦全方位提升国际传播效能，矢志构建更为立体多元、富有深度且极具影响力的国际传播体系，不断拓展国际市场份额，提升浙江省广播电视和网络视听产业在全球文化竞争领域的影响力与话语权，为中国文化对外传播贡献浙江力量，展现独特魅力与时代价值。

一、2023 年浙江省广播电视和网络视听产业国际传播发展概况

在全球文化交流日益频繁、文化产业竞争越发激烈的时代背景下，浙江省广播电视和网络视听产业积极响应国家文化发展战略，充分发挥自身优势，在国际传播领域持续深耕，取得了一系列令人瞩目的成绩。从业务数据的稳健增长到传播内容的多元创新，从产业基地（园区）的蓬勃发展到头部企业的引领示范，从非遗技艺的影视呈现到国际节展的广泛影响，浙江省广播电视和网络视听产业全方位、多角度地展现了浙江文化的魅力与实力，为中华文化"走出去"贡献了强劲的浙江力量。

（一）浙江省广播电视和网络视听的国际传播业务综述

1.浙江省广播电视和网络视听节目和服务出口业务情况

2023 年，在全球文化产业蓬勃发展与数字化浪潮的双重推动下，浙江省广播电视和网络视听产业作为文化传播的关键力量呈现出新潜力，广播电视和网络视听节目和服务出口总额达到 1700.47 万美元。2023 年节目出口总额为 861.18 万美元，服务出口总额为 839.29 万美元；2022 年节目出口总额为 1807.17 万美元，服务出口总额为 413.18 万美元；2021 年节目出口总额为 488.07 万美元，服务出口总额为 710.13 万美元。其中，服务出口总额是 2022 年的 2.03 倍，增长势头强劲，整体发展态势稳健向好。具体数据如图 26 所示。[1]

---

[1] 《浙江省文化文物广电和旅游统计年鉴 2024》。

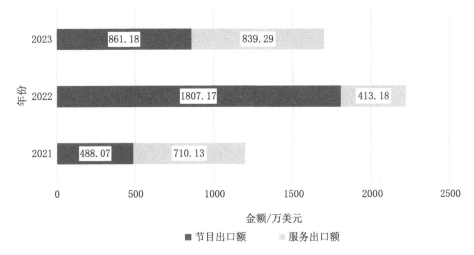

图 26　2021—2023 年浙江省广播电视和网络视听节目与服务出口总额

2023 年浙江省广播电视和网络视听节目出口品类多元，其中电视剧占据主导地位，同时涵盖动画片、纪录片和网络电影等多种节目类型。其中，电视剧出口播出量为 159 部、6235 集，全年出口总额为 620.95 万美元，占全年节目出口总额的 72.10%。具体数据如表 10 所示。

表 10　2023 年浙江省广播电视和网络视听主要节目出口额

单位: 万美元

指标名称	合计
全年电视剧出口总额	620.95
全年动画片出口总额	157.21
全年纪录片出口总额	30.26
全年网络电影出口总额	1.46

2023 年浙江省广播电视和网络视听节目出口的主要区域集中在亚洲、美洲和欧洲，其中亚洲作为核心出口市场，占据显著地位。在亚洲地区，浙江省广播电视和网络视听节目出口总额达到 1380.07 万美元。按照区域划分，中国台湾的出口总额为 67.84 万美元，中国香港的出口总额为 217.81 万美元，东南亚地区的出口总额为 415.47 万美元，韩国的出口总额为 159.70 万美元，日本的出

口总额为 274.62 万美元。具体数据如图 27、图 28 所示。①

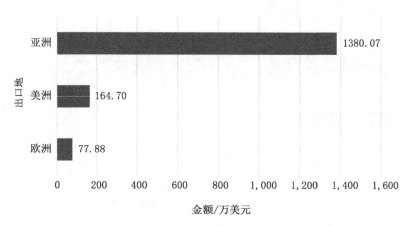

图 27　2023 年浙江省广播电视和网络视听节目出口地区分布

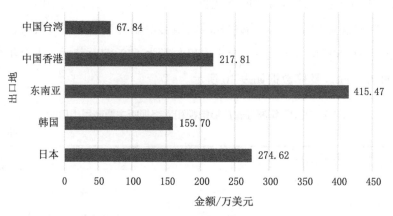

图 28　2023 年浙江省广播电视和网络视听节目出口亚洲情况 ②

2.浙江省广播电视和网络视听产业上市公司的营收情况

2023 年中国网络视听市场规模首次突破万亿元③，其中上市公司作为"主力军"，自主拥抱新技术，积极开拓国际市场，在内容创作、技术创新等层面持续

---

① 《浙江省文化文物广电和旅游统计年鉴 2024》。

② 《浙江省文化文物广电和旅游统计年鉴 2024》。

③ 中国网络视听节目服务协会.中国网络视听发展研究报告（2024）[M].北京：中国广播影视出版社,2024.

发力，在推动行业蓬勃发展的进程中迎来自身的新机遇与新成长，共同勾勒出2023 年浙江省广播电视和网络视听产业"出海"的发展图景。

从整体来看，2023 年浙江省广播电视和网络视听产业上市公司的营收情况各异，产业内部呈现出较为明显的分化态势。面对当前市场环境变化、技术创新冲击、消费者需求转变等多种因素交织下的复杂性和不确定性，部分上市公司实现增长或扭亏为盈，而部分上市公司仍然面临着营收和利润下滑的困境。华策影视营收 22.67 亿元，较上年同期下降 8.39%，实现归母净利润 3.82 万元，同比增长 5.08%[①]；横店影视实现营收 23.49 亿元，同比增长 64.62%，归母净利润 1.66 亿元，同比扭亏[②]；华谊兄弟 2023 年归母净利润为 –5.39 亿元，上年同期数据为 –9.81 亿元[③]；慈文传媒实现营收 4.61 亿元，同比下降 1.12%，实现归母净利润 2763 万元，同比下降 43.89%[④]；唐德影视预计 2023 年实现归母净利润 1705.95 万元，同比下降 44.72%[⑤]。

（二）浙江省广播电视和网络视听的国际传播内容

2023 年，围绕杭州市打造国际"动漫之都"的战略部署，浙产动画的产量与质量稳步提升，持续发力国际市场，多部作品凭借独特创意与精良制作斩获国际知名动画奖项。《青田小田鱼》在韩国釜山国际影视节目展全球提案大会上荣获全球提案大会组委会特别奖，成功将"稻鱼共生系统"的故事推向海外，传播中国理念，带动文旅发展。《我有一个虎头娃娃》《梦与青空》在第十九届中国国际动漫节中，从众多国际作品里脱颖而出，斩获潜力奖动画短片（全球共12 部）（见表 11）。由艺创小镇企业出品和制作的《长安三万里》《深海》《怪兽

① 华策影视. 华策影视 2023 年年报 [EB/OL].(2024−03−08)[2024−11−27].http://vip.stock. finance.sina.com.cn/corp/view/vCB_AllBulletinDetail.php?stockid=603103&id=9861899.

② 横店影视. 横店影视 2023 年年报 [EB/OL].(2024−03−08)[2023−11−27].http://vip.stock. finance.sina.com.cn/corp/view/vCB_AllBulletinDetail.php?stockid=603103&id=9861899.

③ 华谊兄弟. 华谊兄弟 2023 年度业绩预告 [EB/OL].(2024−01−30)[2024−11−27].http://vip. stock.finance.sina.com.cn/corp/view/vCB_AllBulletinDetail.php?stockid=300027&id=9812268.

④ 慈文传媒. 慈文传媒 2023 年度业绩预告 [EB/OL].(2024−01−31)[2024−11−27].http://vip. stock.finance.sina.com.cn/corp/go.php/vFD_AchievementNotice/stockid/002343.phtml.

⑤ 唐德影视. 唐德影视 2023 年年度报告 [EB/OL].(2024−04−29)[2024−11−27].https://data. eastmoney.com/notices/detail/300426/AN202404281631530029.html.

小馆》于第二十届中国动漫"金龙奖"颁奖大会获得 7 项殊荣。

表 11　第十九届中国国际动漫节浙产动画获奖名单

奖项	作品名	选送单位/个人
综合奖动画系列片（铜）	《乐比成长记》	中南卡通、西安中南卡通文化创意有限公司
综合奖动画短片（铜）	《泱泱》	中国美术学院
综合奖漫画（金）	《木兰辞》	中国美术学院
综合奖漫画（银）	《杭州故事》	江建文
潜力奖动画短片	《我有一个虎头娃娃》	杭州师范大学
潜力奖动画短片	《梦与青空》	浙江师范大学

浙江省广播电视和网络视听产业 2023 年在国际传播方面成绩耀眼，多部作品登陆全球。由杭州当当影业有限公司出品的电影《河边的错误》入围第七十六届戛纳国际电影节"一种关注"单元，并在德彪西电影宫举行全球首映；同年 10 月，该片成为平遥国际电影节开幕电影，并斩获"费穆荣誉最佳影片"及迷影选择荣誉奖。浙江星莲影视文化有限公司出品的电视剧《长相思》于泰国、韩国等国家和地区的多个平台上线。《去有风的地方》《向风而行》《我可能遇到了救星》等最新热剧，以及《三生三世十里桃花》《长歌行》《与君初相识·恰似故人归》等经典剧集纷纷登陆海外平台，掀起"华流"风潮。

浙产纪录片"出海"步伐坚定有力。《钱江潮》由中国（浙江）影视产业国际合作实验区海宁基地的企业译制，体现了浙江省独有的自然景色和浙江精神，并通过"视听中国"活动"出海"至土库曼斯坦。以苏东坡为主题的浙产纪录片《定风波》是国家广播电视总局"十四五"纪录片重点选题规划项目、浙江省委宣传部年度重点项目。该片积极将东坡文化转化成为大众可感知、可体验、可传播的文化产品和文化场景，通过"影视＋旅游""线上＋线下"的联动，助力中华优秀文化的传承和发展。《万年上山》聚焦"上山文化"，为申遗做铺垫，展现"上山文化"遗址的考古发现和学术研究成果，呈现"世界稻作农业起源地""中国村落发祥地""世界最早彩陶发现地"等独特文化意义，以纪录片的形式为"中华文明探源工程"留影存档。

（三）浙江省广播电视和网络视听产业的国际传播态势

1. 多元项目入驻产业基地（园区），拓宽国际辐射疆域

2023 年 9 月，习近平总书记在浙江省考察时，对文化建设提出新要求，要求浙江省在建设中华民族现代文明上积极探索，着力推动文化事业、文化产业全面发展。[①] 浙江省委十五届四次全会紧跟指引，提出全面实施现代文明建设浙江探索的"十大行动"，其中"发展大视听产业"占据关键一席。2023 年，浙江省全省大视听产业营收 9647.1 亿元，同比增长 23%，发展势头强劲。[②]

立足大视听产业发展现状，浙江省支持企业依托产业基地（园区），搭建开放性大视听采购销售渠道和国际交易平台。中国（浙江）影视产业国际合作实验区，2012 年由国家广播电视总局批复成立，是国内唯一一个以国际合作交流为导向、以文化自信为愿景的国家级影视产业基地（园区），2018 年由中共中央宣传部、商务部、文化和旅游部、广播电视总局四部委共同认定为首批国家文化出口基地。中国（浙江）影视产业国际合作实验区以精品数字内容的创制和发行为特色，通过市场化方式，已成功将超过 15 万小时作品，发行至亚洲、非洲、欧洲、北美洲的 200 多个国家和地区。[③]

2023 年，中国（浙江）影视产业国际合作实验区携《去有风的地方》《向风而行》等一批优秀剧目现场参加香港国际影视展，并展示推介由华策影视参与投资的中国（浙江）影视产业国际合作实验区推出的 C-dramaRights 全球影视云交易平台。该平台定位于全球领先的数字化 B2B 影视版权交易平台，集版权保护、确权、分发和交易于一体，为 IP 变现提供了新模式。同年 5 月，中国（浙江）影视产业国际合作实验区提质扩容二期项目发布，打造"众创空间 + 孵

① 新华网. 习近平在浙江考察时强调 始终干在实处走在前列勇立潮头 奋力谱写中国式现代化浙江新篇章 返京途中在山东枣庄考察 [EB/OL].(2023-09-25)[2025-03-10]. http://jhsjk.people.cn/article/40085071.

② 浙江文旅政务. 陈广胜在全省大视听产业高质量发展推进会上的发言 [EB/OL].(2024-07-17)[2025-01-27].https://mp.weixin.qq.com/s?__biz=MzU0MTg1ODE5NA==&mid=2247766660&idx=1&sn=ff3a76c0b14b229e1ce7c60e4d69e4cf&chksm=fa6d3072bbf1f10b4d9285b49882c808037a2a5c770a022dff2f621900e133b533ce842faa13&scene=27.

③ 潮新闻. 电视剧如何破圈？这个会上，一群行业大佬这么说 [EB/OL].(2023-05-11)[2025-03-13].https://tidenews.com.cn/news.html?id=2467609&source=1.

化器"模式，提供创业场地、创投基金、人才培训、技术支撑、政策咨询、市场资源对接、国际交流合作等方面服务，全面赋能入驻的文创科创类企业加速发展，着力将中国（浙江）影视产业国际合作实验区建设为中国影视文化全球数字化传播第一高地，全球影视文化数字贸易重点集聚区。

2. 华策影视爆款频出，领航国际影视新风向

2023年华策影视影视剧热播海外、全球开花。华策影视自20世纪90年代创业伊始便积极开拓海外市场，是中国最早一批开展国际业务的影视企业，在推动影视剧国际传播方面发挥重要作用，有力引领文化产业国际合作与交流。截至2023年12月，华策影视已将超15万小时的精品内容成功输送至全球200多个国家和地区，其影视剧产量、全网全平台播出量以及海外出口量，均持续领跑全国。①

《去有风的地方》于2023年开播后，陆续登陆泰国TrueID、北美Rakuten Viki平台播出，后陆续登陆越南、蒙古、韩国等国家的电视台，并以6个语种上线YouTube平台。该剧集斩获第十八届首尔国际电视剧大赏国际竞争单元最佳长篇电视剧奖、第十四届澳门国际电视节"金莲花"奖最佳电视剧奖等知名奖项，还入选《纽约时报》2023年"优秀国际推荐剧目"，也是100部国际剧目中唯一入选的国产剧。②联合国教科文组织发布微博称，《去有风的地方》为非物质文化遗产的推广做出了积极的贡献。

华策影视多年来深耕日韩、东南亚、"一带一路"国家等与中国地域相近、文化同源的"出海"重点区域，于2023年有效拓展了新兴海外市场。2023年2月起，《长歌行》《锦绣南歌》《最亲爱的你》《我和我们在一起》陆续在俄罗斯KINEKO频道热播；《向风而行》于同年3月、6月登上美国电视台中文频道和加拿大城市电视台；在波兰，现代剧《夜空中最闪亮的星》《我可能遇到了救星》以及富有东方韵味的《与君初相识·恰似故人归》获得广泛关注；《甜蜜暴击》

---

① 华策集团. 科技驱动创新引领，共谱中阿影视交流新篇章 华策集团董事长赵依芳在第六届中阿广电论坛发表演讲[EB/OL]. (2023-12-10) [2025-04-01].https://www.huacemedia.com/mobile/index.php/news/info/621.html.

② 华策影视.《有风》吹到缅甸 华策热剧火爆"华流出海"风帆劲[EB/OL].(2023-08-09) [2024-12-27].https://www.huacemedia.com/about/news_detail/533.html.

《我只喜欢你》上线非洲电视台 ST Sino drama 频道，中国年轻人的青春爱情与成长获得了非洲观众的共鸣。[①] 华策影视通过持续输出优质内容，不断拓展海外市场版图，有效促进中外文化的交流与融合。

华策影视围绕"国际化内容＋本土化推广＋精细化运营"方针，与YouTube、Netflix 和 Facebook 等国际流媒体平台深度合作十余年，并自主创建全球传播"一张网"。截至 2023 年 8 月，华策影视在 YouTube 开设的频道已覆盖 12 个语种（英语、法语、西班牙语、俄语、阿拉伯语、泰语、印度尼西亚语、越南语、土耳其语、葡萄牙语、德语、波兰语），总订阅用户超 1800 万名；在 Facebook，华策影视官方账号粉丝数突破 130 万名，位居中国影视公司第一。[②]2023 年，华策影视已连续 9 届蝉联"国家文化出口重点企业"这一殊荣，在文化出口领域展现出强大的引领力，始终占据领先地位。2023 年度，华策影视发行团队参与国际节展十余个，持续推广精品内容进军海外。在创制环节，华策影视将国内剧集以剧本模式出口到海外。2023 年，《以家人之名》《下一站是幸福》《致我们单纯的小美好》等原创剧集在韩国、日本、越南、泰国、土耳其等国家翻拍并播出。华策影视的内容"出海"模式得到海外广泛认可，这标志着中国文化不仅能"走出去"，而且能"走进去"，是未来广播电视和网络视听产业可持续探索的方向。

3. 头部企业会聚横店，协同"出海"展浙视风华

横店影视文化产业集聚区是国家旅游科技示范园区、国家级夜间文化和旅游消费集聚区以及国家文化和科技融合示范基地，已吸引正午阳光、爱奇艺、博纳影业、新丽传媒等 1830 余家企业入驻，成为全国头部影视企业集聚度最高的地区，全国排名前 10 的影视企业有 8 家入驻横店。横店影视文化产业集聚区现有 30 余个影视实景基地和 130 余座摄影棚，已成为全球规模最大的影视实景拍摄基地，构建了从立项审片、拍摄制作、产权交易、产业孵化、人才培养的全支撑体系，拥有从场景搭建、道具制作、设备租赁、演员中介到餐饮住宿、

---

① 华策影视.《有风》吹到缅甸 华策热剧火爆"华流出海"风帆劲 [EB/OL].(2023−08−09)[2024−12−27].https://www.huacemedia.com/about/news_detail/533.html.

② 华策集团.喜报 | 华策影视连续 9 届入选国家文化出口重点企业 [EB/OL](2023−08−24)[2025−03−10]https://www.huacemedia.com/mobile/index.php/news/info/545.html.

娱乐设施的全产业链配套，实现了从造景卖景的影视拍摄基地，向产业链齐全的影视产业基地的转变。①

在推动影视作品"出海"的进程中，横店影视文化产业集聚区给予入驻企业极大的支持。第二十七届香港国际影视展于2023年3月在香港会展中心举行，横店影视文化产业集聚区组织欢娱影视、新丽传媒、横店影视、唐德影视、正午阳光等多家头部影视企业赴港参展，通过线下展台、线上展览、宣传视频折页等多种渠道和形式，向全球同行、媒体展示横店发展成就，推介横店产业政策，寻求更多与国际平台接轨的机会，加大与海内外影视机构合作力度，为横店出品"走出去"架桥铺路。

4.非遗技艺融入影视，彰显传统魅力和底蕴

在文化强国战略的指引下，国家大力推动文化产业的高质量发展，鼓励影视行业深挖中华优秀传统文化内涵，打造具有国际影响力的文化作品，促进文化贸易的繁荣。欢娱影视自2021年创立以来，始终坚持"内容为王"的战略，立足和根植中华优秀传统文化，以匠人精神描绘东方美学，致力于打造全球观众喜闻乐见的现象级国际化影视精品。

2023年，欢娱影视通过"影视＋非遗"的方式，深挖中华优秀传统文化的历史蕴意和当代价值。在保持古装剧优势的基础上，欢娱影视不断拓展影视作品题材范围，以满足市场更多元化的需求，陆续播出《为有暗香来》《微雨燕双飞》和《正好遇见你》三部精品剧集，这些剧集受到海内外观众的广泛关注和好评。其中《正好遇见你》是欢娱影视首次将非遗技艺融入现代题材，该剧以"剧中剧"的叙事方式，实现了戏剧、综艺、纪录片三者的有机融合，入选国家广播电视总局公布的2023年第二季度优秀网络视听作品推选活动优秀作品目录。②

欢娱影视凭借匠心精神和头部企业的担当获得业内外高度认可，树立

---

① 横店集团.横店影视文化产业集聚区：来一场"影视＋"穿越之旅，让人身在横店梦回千年[EB/OL].(2023-05-07)[2024-12-27].https://www.hengdian.com/zh-cn/news/media-10830.
② 欢娱影视.欢娱影视2023横店影视节荣摘三奖 坚定新时代文化传承的使命担当[EB/OL].(2023-10-29)[2024-12-27].https://cj.sina.com.cn/articles/view/2042466234/79bd8fba019018987.

了"讲好中国故事"的典型，荣获横店影视文化产业集聚区管理委员会颁发的"2023 年度影视功勋企业"奖项，这是其连续三年获此荣誉。凭借敏锐的商业眼光和独特的运作模式，欢娱影视与国内各大台网建立亲密合作关系，积极布局海外市场，与 FOX、Netflix、HBO、Rakuten Viki、NHK、CJENM、Disney+ 等多家国际化的知名媒体及平台保持长期友好合作，通过影视剧的国际传播，助推文化贸易、文化交流、文娱互鉴。

（四）浙江省广播电视和网络视听产业的国际传播节展联动

通过面向国际传播的大型赛事活动的策划和举办，浙江省全面整合资源，多维联动推进，形成强大传播合力，向世界递出"魅力浙江"的闪亮名片。2023 年度，浙江省举办"丝路·国际传播云签约暨国际微视频大赛"，为中国文化"出海"添砖加瓦；举办第六届中国—阿拉伯国家广播电视合作论坛，推动双方合作迈向新高度；"'八八战略'实施 20 周年"浙江省国际传播大型融媒系列活动整合多项资源，全面展现浙江魅力。一系列举措彰显了浙江省在国际传播中的积极探索与卓越成效，不断提升浙江省在全球文化交流中的影响力与话语权。

2023 年 2 月 28 日，由浙江省广播电视局作为指导单位，华数集团、中共滨江区委宣传部、杭州广播电视学会主办，求索纪录频道承办的"丝路·国际传播云签约暨国际微视频大赛"启动。此次大赛面向全球广泛征集作品，共收获来自世界各地的 4500 件作品，其中包含国内作品 1500 件，海外作品 3000 件，充分彰显了其在国际文化交流领域的强大号召力。经由 20 位国内外知名专家构成的专业评审团审议，此次大赛最终评选出涵盖多元题材与风格的 51 个优秀作品。[1] 在国际合作方面，大赛还积极推动求索纪录频道与多家国外电视机构、新媒体机构、制片机构等签约，围绕内容互换互播、联合拍摄纪录片、联合举办行业盛会等方面开展合作交流，为后续产业合作和中国文化"出海"奠定坚实基础。此次大赛还成立了"国际微视频联盟"，旨在联动海内外优秀机构，将国产优秀内容通过海外展播的形式进行宣传推广，让海外人士领略中国的优秀文化和大好河山。

---

[1] 杭州日报.共谱全球人文交流之乐章 丝路·国际传播微视频大赛收官 [EB/OL].(2023-12-29)[2025-03-11].https://baijiahao.baidu.com/s?id=1786585281012075293&wfr=spider&for=pc.

2023 年 4 月 25 日，"'八八战略'实施 20 周年"浙江省国际传播大型融媒系列活动启动仪式在杭州举行，来自海内外的媒体代表、嘉宾等共 200 多人出席活动。活动现场启动"回望 20 年·百名外国友人看浙江"活动、第四届"美丽浙江"国际短视频大赛，发布第二届"诗画江南 活力浙江"全球短视频大赛全球征集启事，推介"良渚"中华文明全球青年分享会，举行"重要窗口"国际传播联盟颁奖仪式，成立浙江国际短视频创新中心，并启动"余杭行融媒采风活动"。

2023 年 7 月 6 日是杭州良渚日，"良渚与世界：'良渚古城·雅典卫城'中希文明对话"活动在良渚举行。活动邀请中希两国嘉宾共叙文明，开展"跨学科视野下的文化遗产价值保护与阐释"主题圆桌对话与"中希文化艺术的互鉴、互融"主题分享活动。此次活动搭建了两大古老文明的交流互鉴的平台，通过展示两国文化遗产，促进了中希文化交流，推动了国际间对不同文明的理解与传播，为人类文明进步贡献了力量。①

2023 年 8 月 21 日，"温州非遗迎亚运"活动月在温州市海外传播中心启幕，并正式发布双语节目《让世界看见温州非遗（第二季）》。在活动月期间，温州市海外传播中心通过国际传播媒体矩阵向全球展示温州非遗，并通过"温度新闻"客户端等与海内外受众互动。此外，"戏从温州来"南戏经典文化周、"中华文化促进会剪纸艺术分会揭牌仪式暨第三届欧洲华文教育学术研讨会"等活动，借助戏曲、剪纸等非遗项目，从不同维度推动温州非遗在国际上的传播，提升其国际影响力。②

2023 年 11 月 23 日—11 月 27 日，第二届全球数字贸易博览会在杭州国际博览中心举办，主题为"数字贸易，商通全球"。在会上，中国（浙江）影视产业国际合作实验区的《以短视频为媒，向世界讲好中国故事》入选国家文化出口基地第三批创新实践案例；"电视剧《去有风的地方》全球热播"获全球数字贸易

① 潮新闻. 当良渚古城遇见雅典卫城 今天杭州有一场中希文明对话 [EB/OL].(2023-07-06) [2025-03-13].https://tidenews.com.cn/news.html?id=2516647&source=1.

② 温州市文化广电旅游局. 让世界看见温州非遗 |"温州非遗迎亚运"活动月启幕 [EB/OL]. (2023-08-22)[2025-03-10].https://wl.wenzhou.gov.cn/art/2023/8/22/art_1642045_ 58904983. html.

博览会先锋奖（DT奖）铜奖；华策影视入选全球数字贸易行业企业top 100、浙江省数字贸易百强榜、杭州数字贸易百强企业；华策影视的数字资产管理平台获浙江省数字贸易创新应用优秀案例。此外，中国（浙江）影视产业国际合作实验区与西安市曲江新区、上海仓城影视文化产业园进行了"共同讲好'中国影视故事'基地战略合作协议"现场签约仪式，表示将以更优的机制、更实的措施，推动更多民营影视企业进入中国影视出口的"国家队"。①

2023年12月11日—12月13日，第六届中国—阿拉伯国家广播电视合作论坛在杭州市临平区艺尚小镇举办，本届论坛主题为"传承中阿友谊·共享视听发展"。该论坛自2011年创办以来，得到阿拉伯国家广播电视政府主管部门、广播电视媒体的广泛参与，已促成30余个综合性合作项目和一批务实合作项目，为增进中阿广播电视媒体对话与合作搭建了有效平台。围绕"政策对话""内容合作""技术赋能"等主题对话，此次论坛邀请了中国和15个阿拉伯国家的广播电视政府主管部门、媒体机构、相关企业以及阿拉伯国家联盟、阿拉伯国家广播联盟的300余名代表参会。同期还举办了中阿视听合作成果展、中国广电视听发展技术展、中阿优秀视听节目展播等活动，发布了十余项合作新成果，举行了相关大赛颁奖仪式并启动了第三届中阿短视频大赛，发布了《第六届中国—阿拉伯国家广播电视合作论坛共同宣言》，推动了中阿广播电视合作迈向新高度。②

二、2023年浙江省广播电视和网络视听产业国际传播的特点

（一）政策领航，开辟"出海"通途

2023年，浙江省广播电视局以习近平新时代中国特色社会主义思想为指导，以学习宣传贯彻党的二十大精神为主线，按照浙江省第十五次党代会二次全会部署，紧扣浙江省"两个先行"奋斗目标和新时代文化高地建设任务，围绕

---

① 华策影视.第二届全球数贸会圆满闭幕 华策集团捧回丰硕成果[EB/OL].(2023-11-27)[2024-12-27].https://www.huacemedia.com/about/news_detail/614.html.

② 国际合作.第六届中国—阿拉伯国家广播电视合作论坛将在杭州举行[EB/OL].(2023-12-06)[2024-12-27].https://www.nrta.gov.cn/art/2023/12/6/art_114_66284.html.

打造新时代广播电视和网络视听强省目标，通过持续、高效、聚焦和创新的顶层政策规划，全面推进广播电视和网络视听产业高质量发展。

以 2023 年的主要政策文件为例（见表 12）。浙江省召开了全省广播电视和网络视听产业基地（园区）高质量发展推进会，出台了《关于加快推进广播电视和网络视听产业基地（园区）高质量发展的若干意见》，要求设立省级产业发展项目库，设立视听产业基地（园区）建设发展评价办法，根据评价结果择优推荐申报国家级产业基地（园区）。浙江省广播电视局编制的《广播电视公共服务规范》，对浙江省广播电视基本公共服务、应急广播服务、面向特定群体服务、"智慧广电＋公共服务"及其应用场景、服务保障的基本要求、安全保障措施等提出具体标准，作出全面规范，推动广播电视公共服务精细化、制度化、规范化。此外，浙江省广播电视局于 2023 年 11 月印发《浙江省广播电视局实验室管理办法》，对实验室设立、运行、考核等进行规定。该办法旨在深入贯彻创新驱动发展战略，落实数字经济创新提质要求，为广播电视领域科研创新与产业融合提供制度支撑。

表12　2023 年浙江出台的有关助力视听产业发展的重要政策文件

出台时间	部门	政策文件	政策概要
2023 年 2 月	浙江省广播电视局	《关于加快推进广播电视和网络视听产业基地（园区）高质量发展的若干意见》	建立和完善要素保障协调机制，为做优产业基地（园区）、做强产业提供有力支撑
2023 年 5 月	浙江省广播电视局	《广播电视公共服务规范》	对浙江省广播电视基本公共服务、应急广播服务、面向特定群体服务、"智慧广电＋公共服务"及其应用场景、服务保障的基本要求、安全保障措施等提出具体标准，作出全面规范，推动广播电视公共服务精细化、制度化、规范化
2023 年 11 月	浙江省广播电视局	《浙江省广播电视局实验室管理办法》	明确浙江省广播电视局实验室要围绕广播电视和网络视听领域开展基础、应用和共性关键核心技术研究，推动技术集成创新与融合应用，促进成果转化，培养高素质人才，为行业高质量创新性发展提供科技支撑

（二）数智驱动，创新视听表达

在当今时代，信息技术的迅猛发展正深刻重塑各个产业的格局，广播电视和网络视听产业作为文化传播与信息交流的关键领域，与数智技术的融合发展已成为不可阻挡的趋势。浙江省紧紧把握时代脉搏，积极推动广播电视和网络视听产业与数智技术深度交织、协同共进，以创新为引领，以科技为支撑，全力打造广播电视和网络视听产业发展的新引擎。从智能内容创作到精准分发传播，从沉浸式体验到高效产业管理，数智技术全方位赋能广播电视和网络视听产业，应用场景不断迭代升级，为浙江省文化产业的繁荣昌盛注入了强劲动力。

在内容制作上，数智化逻辑已深度嵌入内容生产全过程。以 AIGC 为代表的 AI 的突破性进展，带来了新闻生产方式的新变革，提升了内容生产效率与传播量级，优化了内容质量与交互体验。浙江省基于 AIGC 的 Z 视介创作者系统，利用 AIGC 创作工具和智能媒体处理工具，使广播电视媒体能够快速获取信息素材，智能处理内容媒资，高效产出优质作品。①

华策影视自 2021 年便颇具前瞻性地锚定"影视 + 科技"战略方向。2023 年华策影视通过收购杭州策博股权投资合伙企业和上海华剧汇科技有限公司，增加内容的科技含量，探索 AIGC 应用场景，构建中国最大的影视素材版权运营平台，同时拓展海外内容营销、AIGC 内容和版权运营业务；还与咪咕文化科技有限公司达成了战略合作，以内容 IP 为核心，运用 5G、AI 等数字科技，构建"新内容 + 新消费"的产业空间。目前，华策影视将战略重点转向自研领域，成立"AIGC 应用研究院"，促使 AI 全面渗透公司日常运营及项目开发各环节，纵深推进"影视 + 科技"战略，深化科技与产业结合，推动影视行业打造科技驱动的新模式，全方位提升影视行业全流程效率。其自研的智能创作辅助系统，降本增效效应明显，能将小说、剧本的评估时长大幅缩短，极大地提升了影视剧本创作的效率，展现了其将 AIGC 应用于影视行业的显著成果，引领了行业发展新趋势。②

---

① 人民网．"中国媒体智能化"优秀案例库案例详情 [EB/OL].(2023-12-19)[2024-12-27]. http://feature.people.com.cn/medium/detail/81.

② 光明网．AI 能取代影视编剧吗？ [EB/OL].(2024-10-02)[2025-03-10]https://news.gmw.cn/2024-10/02/content_37595712.html.

浙江时光坐标科技股份有限公司是浙江省内较早专注于影像科技研发的科技龙头企业，旗下拥有"时光视效、时光数娱、时光矩阵、时光新影教育、时光研发"五大业务板块，其第三代虚拟拍摄技术集数字引擎、LED 电影级显示、实时摄像机跟踪、动作捕捉、云数据存储及传输等高科技于一体，为《悬崖之上》《革命者》《中国》等 300 余部影视剧作品，以及杭州亚运会、G20 杭州峰会等提供数字化解决方案。

在内容审核方面，浙江省持续发力，推动数字化、智能化转型，旨在提升审核效率与质量，保障广播电视和网络视听产业健康、规范发展。2023 年 6 月，浙江省建成全国首个与国家广播电视总局政务服务平台贯通的省级动画片审片平台，成功构建起联通部门、企业、专家的数字信息桥梁，并于次月全面达成双向数据互通。这一举措极大地优化了动画片审核流程，实现了资源的高效整合与信息的快速流通。该平台的投入使用有力推动了动漫产业要素在浙集聚。通过简化审核流程，企业得以将更多资源投入创作研发，加速创新成果转化；借助平台搭建的交流网络，国内外同行的合作更加紧密，产业辐射力持续增强。这一系列积极变化，不断巩固杭州市在国内乃至国际动漫游戏产业中的地位，助力杭州市朝着国际"动漫之都"目标稳健前行，为浙产动漫国际化发展提供有力支撑。

在内容分发方面，为了助力战略地位显著提高的广播电视和网络视听产业"出海"，华策影视创立的 AIGC 应用研究院深度挖掘技术潜力，为其 C-dramaRights 全球影视云交易平台量身定制 AIGC 多语种智能翻译系统。这一创新之举大大提高了影视内容的"出海"速度，以往需要耗费大量时间和人力进行的剧情简介翻译工作，如今只需 1 分钟就可以完成。并且 AIGC 多语种智能翻译系统还能够实现同步输出其音频，极大地提升了影视内容在海外市场的传播效率，扩大了覆盖范围。下一步，华策影视还将在 C-dramaRights 全球影视云交易平台的配图、适配动画等方面进一步加快 AI 赋能，通过 AIGC 为海外用户提供更加丰富、多元、优质的体验。同时，有声书的 AIGC 功能也正在加速开发中，华策影视有望进一步拓展影视内容的传播渠道，丰富其呈现形式，满足不同海外受众的个性化需求，从而在全球文化市场中提升中国广播电视和网络视听内容的影响力和竞争力，推动中国文化更好地走向世界，实现文化价值与商业价值的双赢。

（三）平台拓疆，内容镌刻华彩

2023 年，浙江省紧紧围绕国际传播这一关键领域，积极谋划，精准施策，以实体平台建设与精品内容打造双轮驱动，提升浙江省广播电视和网络视听产业在国际上的影响力与竞争力，为推动中国文化走向世界贡献浙江力量，在国际舞台上展现出独特的浙江风采和中国形象。

在平台建设方面，华策影视创立的 C-dramaRights 全球影视云交易平台表现亮眼。C-dramaRights 全球影视云交易平台集保护、确权、分发和交易于一体，其 B 端连接全球影视内容版权买家、卖家，集聚了 5000 多家国际国内客户，C 端连接全球社交媒体用户，支持 17 种语言，覆盖全球 90% 的国家和地区，并通过接入智能翻译、智能搜索、数据分析、AI 客服等，实现大幅降本提效，打造了一个覆盖全球的文化贸易专业一站式服务平台，成功解决了影视内容"出海"渠道稀缺、信息不畅、难以适配等问题。[①] 上线两年以来，C-dramaRights 全球影视云交易平台已经吸引了全球 102 个国家和地区的 7000 多家影视用户入驻，包括美国、日本、韩国等多个国家和地区的媒体机构，上线了 1.4 万小时优质内容。[②]C-dramaRights 全球影视云交易平台依托华策影视 AIGC 应用研究院，推出了 AIGC 多语种智能翻译系统，极大地提升了影视内容在海外市场的传播效率，极大地拓展了覆盖范围。

2023 年，浙江广播电视集团海外中心（国际频道）继续发力。一方面积极拓宽传播渠道，与欧洲、美洲、亚洲等地知名视频网站携手，将浙产电视剧、纪录片等广泛推送至全球，借助卫星电视及网络平台，触达全球多国用户；另一方面大力升级数字化平台，优化网站与客户端播放技术，借大数据洞察用户偏好，提供个性化推荐，增强用户黏性。

---

① 北京青年报.影视业 AI 应用如何超乎想象？[EB/OL].(2024-04-01)[2024-12-28].https://5gai.cctv.com/2024/04/01/ARTIZJCqX1NdQgGAMUWm4Ewb240401.shtml.

② 华策集团.科技驱动创新引领，共谱中阿影视交流新篇章 华策集团董事长赵依芳在第六届中阿广电论坛发表演讲 [EB/OL]. (2023-12-10) [2025-04-01].https://www.huacemedia.com/mobile/index.php/news/info/621.html.

平台与内容协同共进，成果斐然。《浙江卫视 2023 越剧春节联欢晚会》于 2023 年 1 月 26 日在浙江电视台国际频道播出，晚会制作精良，既保留了中国传统戏剧的基因，又创新再现了越剧文化与世界的关联，引发了海外观众的强烈共鸣，让海外观众感受到了中华优秀传统文化的魅力。纪录片《出发吧！去丽水》以 3 位外国友人的视角，走进丽水 9 县（市、区），聚焦云和梯田、青田咖啡、古村落等 8 个主题进行摄制，全面展示丽水特有的自然山水和人文底蕴。自 2023 年 1 月起，该片陆续在浙江电视台新闻频道、浙江电视台国际频道等海内外电视端以及国际融媒体平台进行全球展播，并借助长城平台实现了对海外约 200 个国家的广泛覆盖。截至 2023 年 11 月 16 日，该片已在浙江电视台国际频道圆满完成 4 轮播出，在浙江电视台新闻频道也顺利完成 3 轮播出。与此同时，中国蓝国际融媒矩阵，包括视频号、微博、YouTube、Facebook、Instagram、TikTok 等平台亦同步推出该片，该片新媒体传播成效显著，累计触达 329.95 万人次，赢得广泛赞誉。[①]

（四）集群聚力，夯实产业根基

在大视听产业发展战略下，浙江省广播电视和网络视听产业在国际传播领域迸发活力，协同发展能力凸显。2023 年 8 月 8 日，浙江省广播电视和网络视听产业基地（园区）联盟在横店举行成立仪式，同步发布《浙江省广播电视和网络视听产业基地（园区）联盟章程》和《2023 年度重大活动计划》。该联盟将发挥沟通、交流、服务作用，在理念联通、机制联建、资源联动上做文章，积极搭建合作发展新载体，指导支持成员单位在项目建设中整合资源、共建共享、互惠互利，通过凝聚各方分散力量，打破资源壁垒，变以往各自为政的"多指发力"松散状态为协同共进、强劲有力的"攥指成拳"格局，携手共创更为可观的收益与效益，实现共同发展的长远目标。

2023 年 12 月 26 日，义乌"一带一路"国际传播中心在市融媒体中心正式

---

① 文明丽水.《出发吧！去丽水》将多国语言译制发布全球！（2023-11-16）[2025-03-10]. https://mp.weixin.qq.com/s?__biz=MzA4NjA1MDQ1Mg==&mid=2651545351&idx=1&sn=d7778a272dac2edb56c4cd8bb4776441&chksm=84316cfcb346e5ea0487b284514d17d25909d281b9ea5fc9fee8f281dce85386bcc476685a67&scene=27.

揭牌成立，着力构建"12444+N""以商为媒"国际传播体系，为国家多维度构建国际传播话语体系提供经验和样本。在活动现场，浙江广播电视集团海外中心（国际频道）、中国日报社、中国新闻社浙江分社协同中共义乌市委宣传部共同签署《共建框架协议》。① 相关各方将根据协议，发挥各自独特优势，紧密协作，增强义乌的国际传播能力，共创具有影响力的国际品牌和活动。

中国（之江）视听创新创业基地以艺创小镇为载体，以产教融合、科艺融合为特色，着力打造国家视听艺术创新高地、浙江省文化产业第一镇。2023年11月29日，"2023中国视听创新大会"在杭州市艺创小镇开幕，大会以"大视听、新产业、向未来：AI驱动大视听产业创新发展"为主题，共同探讨AI时代大视听产业的新机遇、新挑战和创新性发展。在开幕式上，上海电影股份有限公司中南总部、洲明虚拟影像科技产业基地、中央广播电视总台央广网艺创中国调研中心三个重量级的大视听、新产业项目宣布入驻中国（之江）视听创新创业基地，三方将围绕虚拟制作技术、XR/VP（虚拟制片）虚拟棚建设营运、创意内容生产、AI应用赋能和短剧内容生产等展开深度合作，致力于打造全国首个虚拟影像一体化视听产业集聚区，共同推进"产城融合""科艺融合"进程，开启未来多元想象。

中国（之江）视听创新创业基地积极吸引优质项目入驻，进一步强化产业集群效应，为国际传播奠定坚实基础。产业基建领域成果显著。艺创小镇遵循国家广播电视总局"全力打造视听类中小微企业和创新创业人才队伍建设全国样板"的定位要求，积极招引潜心创新的广播电视和网络视听领域朝阳企业，出品弘扬主旋律的精品佳作，以实际行动助力文化"出海"。2023年，中国（之江）视听创新创业基地新增优质企业255家，目前拥有上市公司3家，年营收亿元以上企业10家，国家高新技术企业28家，浙江省科技型中小企业120余家，拥有各类专利500余项，参与制定各类技术标准20余项，每年投入科研经费超2亿元。2021—2023年，基地企业累计实现营收148.72亿元、税收15.64亿元，形成了以追光动画、露米埃动画、卡盟文创为代表的数字动画影视制作、衍生品开发产业链，以阿里影业、时光坐标为代表的影视发行、视听科技产业

① 义乌发改.义乌"一带一路"国际传播中心揭牌成立[EB/OL].(2023-12-28)[2025-03-13].https://zjydyl.zj.gov.cn/art/2023/12/28/art_1229691759_41955.html.

链，以游科互动、喜马拉雅、艺高文化为代表的数字内容产业链。①

此外，人才培养是浙江省广播电视和网络视听产业国际传播发展的关键因素。浙江广播电视集团海外中心（国际频道）与"重要窗口"国际传播联盟新成员代表清华大学战略与安全研究中心、浙江大学传媒与国际文化学院达成"中华文明国际传播"战略合作协议，以多方协同之力，为国际传播培养专业人才，推动对外交流，书写国际传播新篇章。② 无忧传媒集团有限公司在杭州市积极培育新媒体达人，借助短视频和直播，将浙江省的文化与特色传播到海外，吸引大量国际粉丝，成为国际传播的新兴力量。浙江省内高校开始进一步加强与地方媒体、企业、机构的深度合作，通过研学交流、基地实习、项目参与、社交媒体账号运营等多种形式参与国际传播活动，提升高校学生的国际传播实践能力，开阔其国际视野。

三、浙江省广播电视和网络视听产业国际传播的展望与建议

（一）政策助力，提升中国产业话语主动权

2023年，浙江省广播电视和网络视听产业在政策引导下取得了显著成绩。一方面积极响应国家号召，积极落实一系列支持国际传播的政策文件，如《浙江省广播电视局实验室管理办法》《浙江省广播电视和网络视听发展三年行动计划（2022—2024年）》等。这些政策文件明确了国际传播的方向和目标，为浙江省广播电视和网络视听产业的国际传播提供了有力的政策保障。另一方面，浙江省成功举办第六届中国—阿拉伯国家广播电视合作论坛，加强与"一带一路"国家广播电视机构的战略合作，建设一批国际影视交流合作基地等，这些积极举措不仅提升了浙江省在国际传播领域的知名度，也为浙江省广播电视和网络视听产业的国际合作注入了新的活力。

---

① 浙江抽屉.科艺融合，助力大视听产业发展 杭州艺创小镇"四大赛道"发力 [EB/OL]. (2023-12-20)[2024-12-28].https://m.sohu.com/a/745472123_121443915/.

② ZMG部落."'八八战略'实施20周年"浙江省国际传播大型融媒系列活动正式启动 [EB/OL].(2023-04-29)[2025-02-18].https://mp.weixin.qq.com/s/o-rTf6HTAESFfR1XxHtaQQ.

浙江省应继续加强与其他国家和地区政府间的政策对话交流，参与国际广播电视和网络视听产业规则的制定，积极主动地设置议程，推动国际传播政策与国内产业发展紧密结合，逐步打破浙产视听"走出去"的政策壁垒。通过提前规划和引导，提升浙江省在国际舆论场上的话语权和影响力，提升浙江省在全球广播电视和网络视听产业政策话语体系中的地位和影响力。同时，应利用已有的国际传播平台和资源，打造更多具有鲜明浙江辨识度的国际传播品牌，通过"浙江之窗"把中国故事讲得更生动、更精彩。

（二）内容铸魂，唤起海外受众的文化认同

浙江省拥有深厚的历史文化沉积，是讲好中国故事源源不断的创作源泉，大视听产业应借助这一得天独厚的条件，从浙江省独特的历史文化、民俗风情、社会发展等方面汲取灵感，创作出更多具有全球视野和人类共通情感的作品。2023年，浙江省广播电视和网络视听产业在内容创作上亮点纷呈。例如，追光动画出品的《长安三万里》不仅让观众回望历史，还能让海内外观众看到其背后的杭州市。希腊媒体发表《海外华人心里也有一座"长安城"》，称该电影以中国式浪漫不仅向观众呈现了一幅华美壮阔、极具国风雅韵的盛唐画卷，还奉献了一份文化大餐。[①] 丝路·国际传播微视频大赛以"全球看浙里，共话丝路美"为主题，从多视角展现浙江的生态之美、人文之美和和谐之美。大赛作品从自编自创的浙江省域方言特色微视频，到展现杭州亚运会志愿服务的幕后故事，从个体视角展现了中外文化交流在广播电视和网络视听领域的丰硕成果，以亲民话语让人们对"一带一路"倡议的影响和成效有了更具象化的感知，也展示了当代中国青年自强不息、奋勇向前的人生态度。

在后续的发展中，浙产内容可以将浙江省的民间传说、传统技艺等元素融入现代叙事，通过生动有趣的故事和形象，以独特的风格和主题走向世界，唤起海外观众的情感共鸣和文化认同。同时，利用大数据分析海外受众的文化偏好、观看习惯等，进行精准的内容策划和创作。如针对欧美观众对科幻题材的喜爱，创作具有中国文化内核的科幻影视作品，通过跨文化的故事讲述和价值

---

① 朱骏.短评：海外华人心里也有一座"长安城"[EB/OL].(2023-07-28)[2025-03-10]. https://www.cgw.gr/static/content/HYYW/2023-07-28/1134534787609958150.html.

传递，提升浙江省广播电视和网络视听产业在国际市场的吸引力和影响力。

（三）技术破局，推动视听内容的数智化转型

数字化、智能化转型步伐加快，为国际传播提供了强大的技术支撑。2023年，浙江省广播电视和网络视听产业在技术创新方面取得了突破性进展。《长安三万里》创新运用云渲染的方式，将独特的水墨画风与令人惊叹的光影技术结合起来，实现了传统文化与现代科技的完美融合。动画电影《深海》使用动画离子水墨技术，在动画制作技术方面达到世界一流水平。剧情的"文化回溯"搭配技术上的"国风呈现"，浙产精品力作为观众打造视听盛宴，中国文化被更加直观地展现给全球人民。丝路·国际传播微视频大赛评选出的优秀获奖作品在海外知名流媒体平台 TikTok 上进行全球展映，并在覆盖英、俄、法三国全境的传统电视频道投放优秀作品混剪长视频，充分应用"大屏 + 小屏"的视频传播渠道和长、短视频的形态进行后续展映工作，多维度展现中国形象，成为中外文化交流的重要窗口。

杭州亚运会生动展现了数智时代的体育盛会特色。此次亚运会首次由云计算替代传统 IT，实现了首届云上智能办赛。除了赛事直播，还在云上提供精彩集锦、赛事新闻等长短视频内容。4K/8K、AR、VR 融合技术的应用，进一步助力亚运会交互式多维度赛事制播及个性化智慧化观赛体验，真正实现数智化、视听化赛事全球共享。

在过去，中西方文化背景、语境方面差异使中国文化在"出海"过程中时常出现文化折扣，甚至文化误读等情况。浙江省的探索实践启发人们，未来我们需要更有效地应用 AI、VR、区块链等前沿技术，进一步推动广播电视和网络视听产业的数智化转型和产品的跨文化"出海"传播，大力提升中国文化在全球的感召力和影响力。

（四）资源联动，抢占国际传播的舆论制高点

在当下西强东弱的国际传播格局中，中国媒体的国际传播活动存在语态生硬、文化折扣、渠道不畅等问题。因此，我们需要构建主动型传播模式，注重联合其他国家、平台，共同编织自主性的媒体传播网络，主动设置议题，突破

西方主流媒体的话语权压制，反击西方媒体霸权对中国的污名化，主动积极地向世界传递真实的中国声音。

2023年，浙江省广播电视和网络视听产业积极尝试资源整合，推动国际传播效能的提升。中国（浙江）影视产业国际合作实验区聚集众多影视制作公司、发行公司、后期制作团队等，通过园区的平台作用实现了资源共享和协同合作，缩短了影视作品的制作周期，降低了制作成本。在国际交流平台建设方面，浙江卫视与吉尔吉斯斯坦德隆电视台签署了《关于优秀视听作品合作交流播出的合作备忘录》，共同推动中国主题影视节目在吉尔吉斯斯坦进行本土化译制、合作播出。①"'八八战略'实施20周年"浙江省国际传播大型融媒系列活动亦联动其他国家，充分发挥中外自媒体强大的舆论辐射能力及传播能力，形成对外传播合力，成功打造多元、鲜活、负责任的大国形象，展现出独特的浙江魅力。

未来，浙江省应强化省内与省外以及海外的各类广播电视和网络视听资源的整合与联动，构建全方位、多层次的国际传播体系，推动建立全省统一的广播电视和网络视听产业国际传播协调机构，整合广播电视、网络视听、社交媒体等多种传播渠道，形成传播合力。借鉴英国BBC、美国CNN、俄罗斯RT等平台的全球传播经验，通过统一的策划和调度，针对国际热点事件和重大议题，及时推出具有浙江特色和中国视角的报道和评论，主动设置国际舆论议程，引导国际舆论走向。同时，要加强与国内其他地区以及国际友好城市的媒体合作，开展联合制作、内容交换、技术共享等活动，拓宽浙江省广播电视和网络视听产业的国际传播渠道，提升浙江省在国际舆论场中的话语权和影响力。

（五）使命在肩，讲好文化自信的中国故事

2023年，浙江省广播电视和网络视听产业在传播中国故事方面取得了一定的成绩。一些纪录片和专题片如《浙江新貌》等，生动地展示了浙江省在经济发展、科技创新、社会民生等方面的成就，向世界呈现了一个充满活力和机遇的浙江形象，让海外观众对中国的发展有了更直观的认识。同时，一些影视作品也通过细腻的人物刻画和情感表达，传递了中国的价值观和人文精神。如《去

---

① 浙江卫视.浙江卫视与吉尔吉斯斯坦德隆电视台签署合作备忘录(2023-11-09)[2025-03-10].https://baijiahao.baidu.com/s?id=1782078117523808226&wfr=spider&for=pc.

有风的地方》实现了田园牧歌式悠闲情调与创业号角式激越旋律之间的奇特对话，展现了中国人对美好生活的向往和追求，在海外获得了不少观众的好评。

浙江省广播电视和网络视听产业要坚定文化自信，坚守传播中国故事的使命担当，深入挖掘新时代中国故事的丰富内涵，从科技创新成果、社会治理经验、文化传承发展等多个角度出发，创作出更多具有时代特色和国际视野的优秀作品。如聚焦浙江省在数字经济和智能科技领域的领先实践，制作相关的纪录片或专题片，向世界展示中国在科技发展方面的成就和智慧。同时，培养一批具备跨文化传播能力的专业人才，在国际传播中准确把握中国故事的核心要义，运用恰当的传播策略和技巧，有效地应对西方偏见和误解，传播真实、立体、全面的中国形象，为推动构建人类命运共同体贡献浙江力量。

总之，国际传播是浙江省广播电视和网络视听产业的责任担当和重要使命。2023 年，浙江省在习近平新时代中国特色社会主义思想和习近平文化思想的引领下，持续深入践行文化强国战略，致力于推动中国文化更好地走向世界，不断提升国际传播能力，促进文明交流互鉴，取得了一些阶段性成果。从《关于加快推进广播电视和网络视听产业基地（园区）高质量发展的若干意见》等顶层设计，到地方积极落实产业发展举措，浙江省在国际传播的道路上不断探索前行。放眼全球文化传播格局，浙江省尚需进一步在国际传播领域做好文化发展战略布局，提升政策引导的精准度与实效性，增强在国际传播中的人力投入；深挖中华优秀传统文化内涵，创作更多具有中国特色、中国风格、中国气派的精品内容，唤起海外受众的文化认同；整合各方资源，加强与国内外媒体、平台、企业的联动合作，构建全方位、多层次、宽领域的国际传播格局，抢占国际舆论制高点；始终坚守文化传播使命，以高度的文化自觉和文化自信，讲好中国新篇，让浙江省成为展示中国文化魅力的亮丽名片，为提升国家文化软实力贡献浙江力量。

附　录

附录1　2023年度浙江省广播电视和网络视听内容生产成果列表

李芸等整理

领域	项目	类别	作品（单位）
广播电视节目	2023年第一季度优秀广播电视新闻作品	电视直播	放歌瓯江（浙江卫视）
		电视专题	黑市里的稀缺处方药 莫让"互联网＋处方药"成监管盲区（宁波新闻综合频道）
	2023年第二季度优秀广播电视新闻作品	电视系列报道	思想的伟力·在"八八战略"指引下（浙江卫视）
		电视访谈	对话社工瓦瓦：因为"这条小鱼在乎"（浙江卫视）
	2023年第四季度优秀广播电视新闻作品	电视系列报道	追光：探索中华民族现代文明之路[浙江广播电视集团融媒体新闻中心（浙江卫视新闻中心）]
	2023年第三十三届中国新闻奖	消息-电视（一等奖）	铁路投融资体制破冰 全国首条民营控股高铁通车运营（浙江广播电视集团）
		典型报道-电视（二等奖）	阿伟书记的承诺（浙江广播电视集团）
		舆论监督报道-电视（二等奖）	危险的"伪翻新胎"（浙江卫视）
		新闻专题-电视（三等奖）	东京"抢单"记（浙江广播电视集团）
		新闻访谈-电视（三等奖）	对话金晓明：17年"中国历代绘画大系"把天方夜谭变为中国现实（浙江广播电视集团）
		系列报道-广播（三等奖）	《湿地公约》，中国行动（浙江广播电视集团等9家媒体集团）
		重大主题报道-新媒体（三等奖）	贯彻党的二十大精神大型融媒直播：放歌钱塘江（浙江广播电视集团中国蓝新闻）
		新闻编排（一等奖）	2022年11月1日《浙江日报》6-7版（《浙江日报》）
		应用创新（三等奖）	"看见"全媒体监督应用平台（湖州市新闻传媒中心）

续　表

领域	项目	类别	作品（单位）
广播电视节目	2023年第一季度广播电视创新创优节目名单	电视节目	万里走单骑：遗产里的中国（第三季）（浙江广播电视集团）
			手艺人大会·发型师季（浙江广播电视集团）
	2023年第二季度广播电视创新创优节目名单	电视节目	丹青中国心（浙江广播电视集团）
	2023年第三季度广播电视创新创优节目名单	广播节目	村书记说"千万工程"（浙江广播电视集团）
		电视节目	还有诗和远方·非遗篇（浙江广播电视集团）
	2023年第四季度广播电视创新创优节目名单	电视节目	2023中国文学盛典·茅盾文学奖之夜（浙江广播电视集团）
	2023年度广播电视创新创优优秀组织机构	组织机构	浙江省文化广电和旅游厅
	2023年第一季度优秀网络视听作品推选活动优秀作品	网络动画片	阿优讲故事：漫说中华文化密码（杭州阿优文化科技有限公司）
			银河之心（杭州幻电科技有限公司、上海宽娱数码科技有限公司）
		网络剧	显微镜下的大明之丝绢案（东阳爱奇艺影视文化有限公司）
	2023年第二季度优秀网络视听作品推选活动优秀作品	网络剧	正好遇见你（东阳欢娱影视文化有限公司）
		网络纪录片	大运河（浙江广播电视集团）
		网络综艺节目	丹青中国心（浙江广播电视集团）
			国风·无双（浙江广播电视集团）
		短视频	联合国中文日宣传片：《雨写中文美·诗画江南意》（浙江广播电视集团）
	2023年第三季度优秀网络视听作品推选活动优秀作品目录	网络剧	长相思（第一季）（浙江星莲影视文化有限公司等三家公司）
		网络微短剧	《消失的痕迹》（东阳奇树有鱼文化传媒有限公司）
		网络直播节目	《跟着班列跑丝路》联合融媒直播（浙江广播电视集团等10家媒体机构）

领域	项目	类别	作品（单位）
广播电视节目	2023年第三季度优秀网络视听作品推选活动优秀作品目录	短视频	亚运会倒计时30天丨乐动无双（浙江广播电视集团）
	2023年第四季度优秀网络视听作品推选活动优秀作品目录	网络综艺节目	《金石中国心》庆祝西泠印社建社120年特别活动（浙江广播电视集团）
		网络动画片	怪兽小馆（杭州时七羽墨文化创意有限公司、上海宽娱数码科技有限公司）
		网络直播节目	文物里的长江：十三省区市文明探源全媒行动（浙江台等13家电视台）
			"一带一路"上的非遗联合融媒直播（浙江广电集团等8家媒体机构）
		短视频	杭州亚运会、亚残运会宣传片《爱之城》《爱之光》（浙江广播电视集团）
	2023年"中华文化广播电视传播工程"重点项目名单	电视节目	中国好声音·越剧特别季（第二季）（浙江广播电视集团）
			丹青中国心（浙江广播电视集团）
			还有诗和远方·非遗篇（浙江广播电视集团）
			万里走单骑：遗产里的中国（第四季）（浙江广播电视集团、北京国文鸿达文化发展有限公司）
	年度最具品牌影响力省级卫视	组织机构	浙江卫视
	2023年度全国广播电视新闻"百佳"推优	优秀电视新闻－消息	全球首创"数实融合"杭州亚运主火炬"浙"样点燃（浙江广播电视集团）
		优秀广播电视经济新闻－广播评论	诺华"184问"，问出浙江发展"核心密码"（浙江广播电视集团）
		优秀广播电视经济新闻－电视消息	突破100亿件 义乌成为全国首个年快递量超百亿县级市（金华广播电视总台）

续　表

领域	项目	类别	作品（单位）
广播电视节目	2023年度全国广播电视新闻"百佳"推优	议题设置优秀案例－电视评论	越剧《新龙门客栈》火爆背后的破与立（浙江广播电视集团）
		优秀广电新媒体	中国蓝新闻
	2023年度广播电视公益广告扶持项目	广播作品类－三类	千万工程 让乡村坐上幸福的班车（浙江人民广播电台）
		电视作品类－一类	丹青游（浙江电视台）
		电视作品类－二类	杭州亚运会开闭幕式宣传片《绽放》（浙江电视台）
		电视作品类－三类	杭州路名藏着什么（浙江电视台）
		传播机构类	浙江庆元县融媒体中心
		组织机构类	浙江省文化广电和旅游厅
	2023年度优秀少儿节目	优秀组织机构	浙江省文化广电和旅游厅
	2023年度浙江新闻奖广播电视类	广播消息（一等奖）	浙江以创制性法规护航中小微企业乘风破浪（浙江之声）
			率先冲线！浙江姑娘和队友夺得杭州亚运首金（浙江之声）
			舟山远洋渔船辗转6000多海里 带回生产生活垃圾（舟山市广播电视台）
		电视消息（一等奖）	（特别策划·潮涌东方）全球首创"数实融合"杭州亚运主火炬"浙"样点燃（浙江卫视）
			定速巡航失灵 男子高速公路上演"生死时速"（绍兴市广播电视台）
			突破100亿件 义乌成为全国首个年快递量超百亿县级市（金华市广播电视台）
		电视消息（二等奖）	牵手两个"世界第一"高效联通"一带一路"全国首条"双层高集装箱"铁路今起通车运营

领域	项目	类别	作品（单位）
广播电视节目	2023 年度浙江新闻奖广播电视类	广播连续（系列）报道（一等奖）	我想和你一样：浙江无障碍环境建设调查（浙江之声）
			复耕之后（绍兴市广播电视台）
		电视连续（系列）报道（一等奖）	追光：探索中华民族现代文明之路（浙江卫视）
			《筑梦丝路》（浙江卫视）
		广播新闻访谈节目（一等奖）	"薪火"相传：三届亚运会采火使者的故事（浙江之声）
		电视新闻访谈节目（一等奖）	"一姐"的进击（宁波广播电视集团）
		新闻访谈节目（二等奖）	对话社工瓦瓦：因为"这条小鱼在乎"
		广播新闻节目编排（一等奖）	2023 年 9 月 8 日《@热闻站》（杭州市广播电视台）
		电视新闻节目编排（一等奖）	（亚洲共此时）2023 年 9 月 23 日《浙江新闻联播》（浙江卫视）
		广播新闻专题（一等奖）	朱雀升空 浙江商业航天梦"手可摘星辰"（浙江之声）
			丝路逐梦·我在迪拜20 年（金华市广播电视台）
			10 个案子9 个地里办"稻香法庭"为民化心结（湖州市广播电视台）
		电视新闻专题（一等奖）	"空箱堆港"的背后（上）（下）（浙江卫视）
			新闻调查：商品房预售金遭挪用 资金监管制度亟待堵漏（温州市广播电视台）
			山下湖珍珠产业：一片"涨"声中的隐忧（绍兴市广播电视台）
		广播新闻评论（一等奖）	诺华"184 问"，问出浙江发展"核心密码"（浙江之声）
			政府部门舆论监督观何以改观？（湖州市广播电视台）

续　表

领域	项目	类别	作品（单位）
广播电视节目	2023年度浙江新闻奖广播电视类	电视新闻评论（一等奖）	基层自助医疗，如何不"空转"？（湖州市广播电视台）
			越剧《新龙门客栈》火爆背后的破与立（浙江卫视）
		广播新闻现场直播（一等奖）	向亚运 正当"燃"：杭州第十九届亚运会火炬传递特别直播（杭州市广播电视台）
		电视新闻现场直播（一等奖）	贯彻党的二十大精神 大型融媒直播"放歌大运河"（浙江卫视）
		电视新闻纪录片（一等奖）	巴拿马"闯关"记（浙江卫视）
		电视新闻纪录片（二等奖）	地震灾区的孩子（潮新闻）
	2023年度浙江新闻奖新媒体类	文字消息（一等奖）	18.9万种国内外商品用上浙产"二代身份证"全球首个二维码迁移计划发布重大成果（浙江卫视）
		新闻专题（一等奖）	全球融媒新闻行动《筑梦丝路》（浙江卫视）
		新闻访谈（一等奖）	对话浙江反诈公安民警：缅北虽远决不放弃任何一个中国公民（浙江卫视）
		短视频专题报道（一等奖）	山海成一卷（浙江卫视中国蓝新平台）
			杭州亚运会首金诞生！"琪"开得胜，"艇"向未来（浙江卫视）
		移动直播（一等奖）	"杭州亚运会开幕倒计时24小时"融媒直播（浙江卫视）
		新闻专题（二等奖）	地瓜"耕"新记（浙江卫视）
		短视频现场新闻（二等奖）	杭州亚运会火种成功采集（浙江卫视）
		短视频专题报道（二等奖）	和"光"同行（浙江卫视）
			"一带一路"的非洲"玫瑰"（浙江广播电视集团民生休闲频道）
		融合报道（二等奖）	"浙"星耀酒泉（浙江卫视）

领域	项目	类别	作品（单位）
广播电视节目	2023 年度浙江新闻奖重大主题报道类	广播（一等奖）	光阴故事·"浙" 20 年（浙江之声）
		电视（一等奖）	思想的伟力·在"八八战略"指引下（浙江卫视）
			第一视点｜对话良渚同在一片星空下（浙江卫视）
		新媒体（一等奖）	特别策划｜追光记（浙江卫视）
		新媒体（二等奖）	"一带一路看今朝"全球新闻行动（潮新闻）
			20 年正青春（浙江之声）
			H5 ｜ "八八战略" 20 年卫星影像看变迁（浙江卫视）
	2023 年度浙江省广播电视新闻奖	广播电视新闻－消息（一等奖）	浙江以创制性法规护航中小微企业乘风破浪（浙江之声）
			率先冲线！浙江姑娘和队友夺得杭州亚运首金（浙江之声）
			舟山远洋渔船辗转 6000 多海里 带回生产生活垃圾（舟山市广播电视台）
			（特别策划·潮涌东方）全球首创"数实融合"杭州亚运主火炬"浙"样点燃（浙江卫视）
			答好"184 问"全国首个核药外资项目落户海盐（嘉兴市广播电视台）
			定速巡航失灵 男子高速公路上演"生死时速"（绍兴市广播电视台）
			突破 100 亿件 义乌成为全国首个年快递量超百亿县级市（金华市广播电视台）
		广播电视新闻－消息（二等奖）	牵手两个"世界第一"高效联通"一带一路"全国首条"双层高集装箱"铁路今起通车运营（浙江卫视）
		广播电视新闻－连续报道（一等奖）	我想和你一样：浙江无障碍环境建设调查（浙江之声）
			复耕之后（绍兴市广播电视台）
			追光：探索中华民族现代文明之路（浙江卫视）
			《筑梦丝路》（浙江卫视）

续　表

领域	项目	类别	作品（单位）
广播电视节目	2023 年度浙江省广播电视新闻奖	广播电视新闻－连续报道（二等奖）	外卖小哥彭清林："最美一跳"感动全网（浙江电视台教科影视频道）
		广播电视新闻－新闻访谈节目（一等奖）	"一姐"的进击（宁波广播电视集团）
			"薪火"相传：三届亚运会采火使者的故事（浙江之声）
		广播电视新闻－新闻访谈节目（二等奖）	对话社工瓦瓦：因为"这条小鱼在乎"（浙江卫视）
		广播电视新闻－新闻节目编排（一等奖）	2023 年 9 月 8 日《@热闻站》（杭州市广播电视台）
			（亚洲共此时）2023 年 9 月 23 日《浙江新闻联播》（浙江卫视）
		广播电视新闻－新闻专题（一等奖）	朱雀升空 浙江商业航天梦"手可摘星辰"（浙江之声）
			丝路逐梦·我在迪拜20年（金华市广播电视台）
			10 个案子 9 个地里办"稻香法庭"为民化心结（湖州市广播电视台）
			"空箱堆港"的背后（上）（下）（浙江卫视）
			新闻调查：商品房预售金遭挪用 资金监管制度亟待堵漏（温州市广播电视台）
			山下湖珍珠产业：一片"涨"声中的隐忧（绍兴市广播电视台）
		广播电视新闻－新闻评论（一等奖）	诺华"184 问"，问出浙江发展"核心密码"（浙江之声）
			政府部门舆论监督观何以改观？（湖州市广播电视台）
			基层自助医疗，如何不"空转"？（湖州市广播电视台）
			越剧《新龙门客栈》火爆背后的破与立（浙江卫视）

领域	项目	类别	作品（单位）
广播电视节目	2023 年度浙江省广播电视新闻奖	广播电视新闻－新闻现场直播（一等奖）	向亚运 正当"燃"：杭州第十九届亚运会火炬传递特别直播（杭州市广播电视台）
			贯彻党的二十大精神 大型融媒直播"放歌大运河"（浙江卫视）
		广播电视新闻－新闻纪录片（一等奖）	巴拿马"闯关"记（浙江卫视）
		广播电视新闻－新闻纪录片（三等奖）	地震灾区的孩子（潮新闻）
		电视服务类节目（三等奖）	科学应对肺炎支原体（浙江电视台教科影视频道）
		广播电视报刊新闻与专稿－评论（一等奖）	非洲"玫瑰"飘洋出圈，用情用力讲好中国故事（浙江广播电视报刊出版总社）
		对农节目（一等奖）	村书记说"千万工程"（浙江之声）
		少儿节目－文艺（综艺）（一等奖）	"迎亚运·浙江少年云上拉歌会"颁奖典礼暨省级展演（浙江电视台少儿频道）
		少儿节目－少儿活动（一等奖）	"浙里石榴红·同心享亚运"浙江省对口地区各族青少年交往交流交融活动（浙江电视台少儿频道）
		新闻名专栏	周末面孔（浙江卫视）
		广播－新闻播音（一等奖）	《浙广早新闻》（2023 年 7 月 7 日）（浙江之声）
		广播－新闻主持（二等奖）	三十而"立"：专访国际象棋世界冠军丁立人（浙江之声）

续 表

领域	项目	类别	作品（单位）
广播电视节目	2023 年度浙江省广播电视播音主持奖	电视－新闻播音（一等奖）	（亚洲共此时）2023 年 9 月 23 日《浙江新闻联播》（浙江卫视）
		电视－新闻播音（二等奖）	《爱心浙江》杭州第四届亚残运会特别策划《心相约 梦闪耀 爱在深秋》（浙江卫视）
		电视－新闻播音（三等奖）	《经视新闻》（9 月 4 日）（浙江电视台经济生活频道）
		电视－新闻主持（二等奖）	"滨海宁波、扬帆世界"杭州第十九届亚运会火炬传递宁波站直播（浙江电视台钱江都市频道）
		电视－文艺主持（一等奖）	《丹青中国心》第二期（浙江卫视）
		电视－文艺主持（二等奖）	2023 "我们的村晚"（浙江电视台教科影视频道）
	2023 年度浙江省广播电视少儿节目奖	广播少儿节目（一等奖）	看亚运爱运动（杭州市广播电视台）
			一份跨越 4800 多公里的礼物（浙江电台交通之声）
			反诈少年大闯关（宁波广播电视集团）
		电视少儿节目（一等奖）	班里来了星朋友（宁波广播电视集团）
			"迎亚运·浙江少年云上拉歌会"颁奖典礼暨省级展演（浙江电视台少儿频道）
			"浙里石榴红·同心享亚运"浙江省对口地区各族青少年交往交流交融活动（浙江电视台少儿频道）
			小兰花（绍兴市广播电视台）
	2023 年度浙江省广播电视文艺奖	广播文艺－文学节目（二等奖）	《越绝书》中的生民之道（浙江之声）
		广播节目－连续剧（一等奖）	通向马德里（浙江之声、义乌市融媒体中心）
		电视文艺－电视专题片（一等奖）	摇篮（浙江电视台民生休闲频道）
		电视文艺－电视艺术片（一等奖）	国风·无双（浙江卫视）

领域	项目	类别	作品（单位）
广播电视节目	2023 年度浙江省广播电视文艺奖	电视文艺－文学节目（一等奖）	《德寿宫八百年》：一座城市对文化印记的追慕（浙江电视台教科影视频道）
		电视文艺－综艺节目（一等奖）	浙江卫视 2023 越剧春节联欢晚会（浙江卫视）
			《丹青中国心》第二期"天地"（浙江卫视）
		电视文艺－综艺节目（二等奖）	2023 中国文学盛典·茅盾文学奖之夜（浙江卫视）
		电视文艺－综艺节目（三等奖）	《手艺人大会·发型师季》第一期（浙江卫视）
	2023 年度浙江省广播电视节目奖新媒体类	新闻性短视（音）频（一等奖）	张雨霏和池江璃花子的约定实现了！（浙江之声）
			锻"甲"建"网"，桥梁大国攻克世界难题（宁波日报报业集团）
			人们来到"早餐奶奶"曾经摆摊的地方自发前来和毛奶奶告别（衢州市广播电视台）
		新闻性短视（音）频（二等奖）	142 秒沉痛回顾！英雄"虎"哥，光亮处"永"远有你（绍兴市广播电视台）
		新闻性短视（音）频（三等奖）	不累！为国争光（杭州市广播电视台）
			"忙碌"的小黑板（绍兴市广播电视台）
			"我爱中国，我爱中国妈妈！"（舟山市广播电视台）
			望潮独家视频丨全球重要农业文化遗产！仙居古杨梅群复合种养系统成功申遗（台州市广播电视台）
			给广场舞场地颁发专属"房产证"，打造噪音矛盾治理全国样板，健身者：跳得更安心，尽量不扰民（丽水市广播电视台）

续　表

领域	项目	类别	作品（单位）
广播电视节目	2023 年度浙江省广播电视节目奖新媒体类	非新闻性短视（音）频（一等奖）	爱之系列（杭州亚运会、亚残运会宣传片）（浙江卫视）
			潮涌东方｜亚运倒计时·潮前（浙江卫视）
			人人都是生活的冠军（杭州市广播电视台）
		非新闻性短视（音）频（二等奖）	乌镇 10 年，让世界看到这束光（嘉兴市广播电视台）
		非新闻性短视（音）频（三等奖）	与绍兴双向奔赴！他是亚运场馆外"最靓的仔"（绍兴市广播电视台）
			"哈哈哈哈哈！老婆终于在朋友圈晒我啦！"：杭州第十九届亚运会火炬手杨志强（舟山市广播电视台）
			历史影像｜1990 年，亚运火炬传递到宁波！（宁波广播电视集团）
			温州货 我代言｜叮！"老外货郎"上线啦！（温州市广播电视台）
		新闻直播（一等奖）	国宝搬家记（浙江卫视）
		新闻直播（二等奖）	问天：朱雀二号遥三发射 中国民营火箭能否再创历史（湖州市广播电视台）
		新闻直播（三等奖）	冠军回家路（浙江电视台钱江都市频道）
		创意互动（一等奖）	小账本里的大经济（浙江卫视）
		创意互动（二等奖）	亲手种一粒"嘉兴大米"（嘉兴市广播电视台）
		创意互动（三等奖）	"源"鱼跃酱油酿制非遗工坊（丽水市广播电视台）
		新媒体主持（一等奖）	卫生间旋风火焰注胶大师，带你实现财务自由：天价补漏（浙江电视台民生休闲频道）
		新媒体主持（二等奖）	对话俞慜英："地球独子"不孤独（舟山市广播电视台）

领域	项目	类别	作品（单位）
广播电视节目	2023 年度浙江省广播电视节目奖新媒体类	新媒体主持（三等奖）	早餐奶奶一路走好（衢州市广播电视台）
	2023 年度浙江省广播电视学术论文奖	节目研究（一等奖）	嵌入与连接：全媒体问政节目《看见》的媒介化社会治理（湖州市广播电视台）
		节目研究（二等奖）	地市主流媒体推进高质量传播的路径探讨（金华市广播电视台）
			场景化：电视新闻访谈节目的应用与创新——《李健：只为留得青山在》创作实践与思考（宁波广播电视集团）
		节目研究（三等奖）	调查记者暗访技法与原则（浙江卫视）
		决策研究（二等奖）	主流媒体在媒体创新融合发展中的变与不变（浙江广播电视集团）
		新媒体及其他研究（一等奖）	地市级新闻客户端融媒破局探索：以越牛新闻客户端建设实践为例（绍兴市广播电视台）
		新媒体及其他研究（二等奖）	浅析广电新闻类融媒主播 IP 账号孵化要素：以浙江台主持人账号"小强说"为例（浙江电视台教科影视频道）
			短视频传播背后的生态平台打造（浙江电视台钱江都市频道）
		新媒体及其他研究（三等奖）	广电媒体如何做好网络舆情工作（浙江广播电视集团）
			深度建设广电粉丝社群策略探索（宁波广播电视集团）
			媒体融合时代广播播音主持的创作方法转型（嘉兴市广播电视台）
			慢直播破圈传播如何炼成？："金蝉视频"慢直播创新实践分析（丽水市广播电视台）

续　表

领域	项目	类别	作品（单位）
广播电视节目	2023年度浙江省广播电视公益广告作品奖	广播公益广告（一等奖）	千万工程，老百姓的幸福工程（浙江广播电视集团）
			眼见不一定为实 别让AI换脸迷了眼（浙江广播电视集团）
			塑料瓶的冠军梦（杭州市广播电视台）
		广播公益广告（二等奖）	一张玉米饼，一个振兴梦（浙江广播电视集团）
			莫让"复制粘贴"破坏原创生态（宁波广播电视集团）
			拼搏者永远年轻（浙江广播电视集团）
			老有所乐，越活越young（湖州市广播电视台）
			不做沉默的大多数（金华市广播电视台）
			告别朋克养生（舟山市广播电视台）
		广播公益广告（三等奖）	制噪（杭州市广播电视台）
			汇聚微光，点亮世界（教师篇）（浙江广播电视集团）
			参与碳中和，人人皆有可为（舟山市广播电视台）
			请对号入座，不要随意占用专用停车位（宁波广播电视集团）
			阅读的样子，生活的样子（衢州市广播电视台）
			守护未成年人网络安全（温州市广播电视台）
			退伍不褪色，永做带头人（丽水市广播电视台）
			嗷嗖社区：为新能源车充电留出专属绿色空间（嘉兴市广播电视台）
		电视公益广告（一等奖）	丹青游（浙江广播电视集团）
			绽放（浙江广播电视集团）

领域	项目	类别	作品（单位）
广播电视节目	2023年度浙江省广播电视公益广告作品奖	电视公益广告（二等奖）	杭州路名藏着什么（浙江广播电视集团）
			宋韵二十四节气亚运系列三篇（浙江广播电视集团）
			在一起，向未来（杭州市广播电视台）
			手艺 守艺（湖州市广播电视台）
			我为亚运代言（宁波广播电视集团）
			亲子教育 拒绝语言暴力（舟山市广播电视台）
		电视公益广告（三等奖）	植此青绿（浙江广播电视集团）
			光·有你（浙江广播电视集团）
			让"爱"无碍（丽水市广播电视集团）
			"破局"：防患电信网络诈骗（杭州市广播电视台）
			让阅读成为一生最大的爱好（绍兴市广播电视台）
			一念之间（嘉兴市广播电视台）
	2023年度浙江省广播电视节目奖文艺类	广播文艺文学节目（一等奖）	铮铮铁骨 台州硬气：南宋著名爱国诗人陈克（台州市广播电视台）
		广播文艺戏曲·曲艺（一等奖）	《戏坛金三角》之好戏真探：越剧《新龙门客栈》缘何爆火（杭州市广播电视台）
		广播文艺长篇连播（一等奖）	群山回响（金华市广播电视台）
		电视文艺专题片（一等奖）	摇篮（浙江电视台民生休闲频道）
		电视文艺艺术片（一等奖）	国风·无双（浙江卫视）
		电视文艺文学节目（一等奖）	水之语（宁波广播电视集团）
			《德寿宫八百年》：一座城市对文化印记的追慕（浙江电视台教科影视频道）
		电视文艺综艺节目（一等奖）	浙江卫视2023越剧春节联欢晚会（浙江卫视）
			《丹青中国心》第二期"天地"（浙江卫视）
		广播剧单本剧（一等奖）	寻找施昕更（杭州市广播电视台）
		广播剧连续剧（一等奖）	通向马德里（浙江之声）

续 表

领域	项目	类别	作品（单位）
动画片	2023年第一季度优秀网络视听作品	网络动画片	阿优讲故事：漫说中华文化密码（杭州阿优文化科技有限公司）
			银河之心（杭州幻电科技有限公司、上海宽娱数码科技有限公司
			显微镜下的大明之丝绢案（东阳爱奇艺影视文化有限公司）
	2023年第三季度优秀网络视听作品	网络动画片	雾山五行·犀川幻紫林篇（衢州六道无鱼影视文化传播有限公司）
	2023年第四季度优秀网络视听作品	网络动画片	怪兽小馆（杭州时七羽墨文化创意有限公司、上海宽娱数码科技有限公司）
	2023年度浙江省广播电视新闻奖	网络动画片	雾山五行·犀川幻紫林篇（衢州六道无鱼影视文化传播有限公司）
	2023年第一季度优秀国产电视动画片	动画片	海底小纵队（第八季）（杭州宝贝王动漫科技有限公司）
	2023年第二季度优秀国产电视动画片	动画片	皮皮鲁和鲁西西地球之钟奇遇记（第二季）（杭州好久不见影视动漫有限公司）
	2023年第四季度优秀国产电视动画片	动画片	青田小田鱼（第一季）（杭州友诺动漫有限公司、青田县农业旅游发展投资有限公司）
			《大山里的"梦之队"》（云栖博悟（杭州）文化传播有限公司）
			《舒克贝塔地下之谜》（杭州童话大王影视有限公司）
	中国经典民间故事动漫创作工程（网络动画片）2023年重点扶持项目	动画片	《钱王传奇》（浙江中南卡通股份有限公司）
			《三国赵云传》（浙江睿宸影视制作有限公司）

领域	项目	类别	作品（单位）
纪录片	2023年第二季度优秀网络视听作品	网络纪录片	大运河（浙江广播电视集团）
	2023年第一季度优秀国产纪录片	纪录片	钱江潮（浙江广播电视集团）
			让蜂飞（浙江传媒学院潘志琪纪录片工作室、成都木裔影视文化传播有限公司）
			《手作新世代》（杭州电视台综合频道）
	2023年第二季度优秀国产纪录片	纪录片	《大运河》（浙江卫视）
	2023年第三季度优秀国产纪录片	纪录片	"90后"的中非情缘（浙江大学传媒与国际文化学院中非视听工作室、义乌市非莱坞影视文化有限公司、杭州奔巴影视文化有限公司）
	2023年第四季度优秀国产纪录片	纪录片	绽放（浙江广播电视集团）
	2021—2025年"十四五"纪录片重点选题规划（第二批）	纪录片	26县纪事（浙江广播电视集团）
			手艺人2（浙江新蓝网络传媒有限公司）
			苏东坡（浙文影业集团股份有限公司）
			水让我重生（杭州何乐不为文化传媒有限公司）
			让蜂飞（杭州镜之南文化创意有限公司）
			青瓷（云栖博悟（杭州）文化传播有限公司）
			数智之道（云栖博悟（杭州）文化传播有限公司）
	2023年度国产纪录片及创作人才扶持项目	优秀系列长片类	绽放（浙江省文化广电和旅游厅）
		优秀长片类	让蜂飞（浙江传媒学院潘志琪纪录片工作室、杭州镜之南文化创意有限公司、成都木裔影视文化传播有限公司、日本朴氏映像制作公司）
		优秀导演类	绽放（焦征远、骆琳、陈如等，浙江省文化广电和旅游厅）
		优秀播出机构类	浙江卫视

续 表

领域	项目	类别	作品（单位）
纪录片	国家广播电视总局2023年"中国梦 新征程"原创网络视听节目征集展播活动优秀节目	网络纪录片	考古巨擘夏鼐（温州广电影视传播有限公司）
			大运河（浙江广播电视集团）
	第八届（2023年度）浙江省纪录片"丹桂奖"	优秀微纪录片	蒋金乐的富春情怀（浙江广播电视集团浙江广播影视资源中心，浙江电视台钱江都市频道）
			陈家铺村的一天 [浙江广播电视集团海外中心（国际频道）]
			重阳（杭州市广播电视台青少体育频道）
		优秀系列短纪录片	浙江新飞越（浙江电视台民生休闲频道）
		优秀长纪录片	山冈的火（杭州市广播电视台综合频道）
	第八届（2023年度）浙江省纪录片"丹桂奖"	最佳系列长纪录片、最佳摄像（影）奖	大运河（浙江卫视）
		最佳系列长纪录片	绽放（浙江电视台教科影视频道）
网络视听	2023年度中美电视节	年度最佳电视纪录片奖	良渚（浙江广播电视集团）
		年度最佳金天使奖电视剧	狂飙（浙江省文化艺术基金中心、浙江东阳留白影视文化有限公司）
		中华文化国际传播力奖	诗画江南 活力浙江（浙江广播电视集团海外中心）
		年度最佳文化综艺节目	种地吧·少年（蓝天下传媒集团、爱奇艺出品，海西传媒、江苏卫视联合出品）
	2023年第一季度优秀网络视听作品	网络动画片	阿优讲故事：漫说中华文化密码（杭州阿优文化科技有限公司）
			银河之心（杭州幻电科技有限公司、上海宽娱数码科技有限公司）

领域	项目	类别	作品（单位）
网络视听	2023 年第一季度优秀网络视听作品	网络剧	显微镜下的大明之丝绢案（东阳爱奇艺影视文化有限公司）
	2023 年第二季度优秀网络视听作品	网络纪录片	大运河（浙江广播电视集团）
		网络综艺节目	丹青中国心（浙江广播电视集团）
			国风·无双（浙江广播电视集团）
		网络宣传片	联合国中文日宣传片《雨写中文美·诗画江南意》（浙江广播电视集团）
	2023 年第三季度优秀网络视听作品	短视频	亚运会倒计时 30 天｜乐动无双《浙江广播电视集团）
		网络直播节目	跟着班列跑丝路（浙江广播电视集团）
	2023 年第四季度优秀网络视听作品	网络综艺目	《金石中国心》庆祝西泠印社建社 120 年特别活动（浙江广播电视集团）
		网络动画片	怪兽小馆（杭州时七羽墨文化创意有限公司、上海宽娱数码科技有限公司）
	2023 年度优秀网络视听节目	网络剧	显微镜下的大明之丝绢案（东阳爱奇艺影视文化有限公司）
		网络纪录片	大运河（浙江广播电视集团）
		网络综艺节目	丹青中国心（浙江广播电视集团）
			国风·无双（浙江广播电视集团）
		网络微短剧	消失的痕迹（东阳奇树有鱼文化传媒有限公司）
		短视频	爱之城、爱之光（浙江广播电视集团）
			亚运会倒计时 30 天｜乐动无双（浙江广播电视集团）
	2023—2024 年"网络视听节目精品创作传播工程"扶持项目	短视频	丹青游（浙江广播电视集团）
		网络动画片	向着星辰的长征（杭州若鸿文化股份有限公司）
		网络微短剧	1818 编辑部（浙江广播电视集团、浙江影视有限公司）
		网络综艺节目	金石中国心（浙江卫视中国蓝新平台）

续　表

领域	项目	类别	作品（单位）
网络视听	2023金狮国际广告影片奖	视频类全场大奖金奖、最佳城市形象宣传银奖	丹青游（浙江广播电视集团）
		最佳城市形象宣传铜奖	潮前（浙江卫视、浙江闻名影视传媒有限公司）
		最佳配乐金奖、最佳文案铜奖	爱之城（浙江广播电视集团）
	2023年度中国广告业"黄河奖"	"黄河奖"铜奖	见古今（浙江卫视）
	中共中央宣传部2023年度影视作品精选、国家广播电视总局2023中国剧集精选、CMG第二届中国电视剧年度优秀电视剧	电视剧	狂飙（浙江省文化艺术基金中心、浙江东阳留白影视文化有限公司）
	国家广播电视总局重点扶持项目、2023国剧盛典年度优秀剧集	电视剧	冰雪尖刀连（浙江省文化产业投资集团有限公司、浙文影业集团股份有限公司）
	2023年第五届中国故事先锋荣誉年度十大分账剧榜单	网络剧	当我飞奔向你（杭州伊西斯影视文化传媒有限公司、杭州飞本娱乐传媒有限公司、优酷信息技术有限公司、北京耐飞科技有限公司）
			消失的痕迹（东阳奇树有鱼文化传媒有限公司）
			独家童话（宁波三只喜鹊文化科技有限公司、江苏齐嘉影视文化传媒有限公司）
			闻香探案录 [小铁匠（杭州）影视制作有限公司、上海江山如画影视有限公司、北京亿盛文化传媒有限公司、杭州叮咚影视制作有限公司、上海佳和晖映文化传媒有限公司]

领域	项目	类别	作品（单位）
网络视听	2023 中国正能量网络精品征集展播活动	网络正能量文字	"解码文化自信的城市样本"系列报道（新华社国内部，新华社浙江、北京等分社）
			今日平说｜这一跳你屏蔽了所有的算法（浙江卫视）
			崔译文："挡刀女孩"有了新身份（浙江省公安厅宣传处、浙江省公安厅新闻、宁波市公安局）
		网络正能量图片	浙江文化和旅游促进共同富裕的 100 个故事（浙江省文化和旅游宣传推广信息中心）
			兔年，警察蜀黍的愿望是？（浙江省公安厅宣传处）
		网络正能量音视频	丹青游（浙江卫视）
		网络正能量专题专栏	"小强说"抖音号《浙江正能量》评论专栏（浙江教科影视频道）
			杭州亚运人物志（杭州亚组委宣传部）
		网络正能量主题活动	"跟着'国宝'飞越生态中国：中华秋沙鸭的十省区市迁徙季"大型主题采访（浙江潮新闻，陕西网，广西云等）
	第十六届精神文明建设"五个一工程"	组织工作奖	浙江省委宣传部
		电影类（优秀作品奖）	峰爆（浙江省委宣传部、贵州省委宣传部）
			送你一朵小红花（浙江省委宣传部）
		电视类（优秀作品奖）	外交风云（浙江省委宣传部、安徽省委宣传部、湖北省委宣传部）
			问天（国家航天局、浙江省委宣传部）
		戏剧类（优秀作品奖）	歌剧《红船》（浙江省委宣传部）

续　表

领域	项目	类别	作品（单位）
网络视听	国家广播电视总局2023年"中国梦 新征程"原创网络视听节目征集展播活动优秀节目	网络电影	金山上的树叶（杭州晶采文化传媒有限公司）
		网络微电影	一掌雪（大理州委宣传部、杭州二更网络科技有限公司）
		网络综艺节目	丹青中国心（浙江广播电视集团）
		短视频	跨越时空美好传承（浙江广播电视集团）
			美好家园（浙江广播电视集团）
		网络动画片	天眼之父南仁东（杭州阿优文化科技有限公司）
	2023年"视听中国 全球播映"优秀推广机构	组织机构	浙江华策影视有限公司
媒体融合	2023年全国广播电视媒体融合先导单位、典型案例、成长项目	典型案例	"中国蓝名嘴"：广电记者主持人账号培育探索（浙江广播电视集团）
		先导单位	长兴县融媒体中心
		成长项目	县级融媒体中心媒体融合数字化先行项目（桐乡市传媒中心）
国际传播	2023年度浙江新闻奖国际传播报道奖	新媒体（一等奖）	"新丝路"上的"玫瑰"故事（浙江卫视）
		新媒体（二等奖）	《筑梦丝路》之"10人10城10梦"（浙江卫视）
		新媒体（三等奖）	来"浙"里看看[浙江广播电视集团海外中心（国际频道）]
	2023年度对外传播十大优秀案例	优秀案例	全方位展示 全平台传播 多声部共鸣：浙江以亚运国际传播提升省域国际形象（中共浙江省委宣传部、中共杭州市委宣传部）
	2023年度浙江省广播电视对外传播节目奖（"金鸽奖"）	广播作品（三等奖）	音乐筑梦，插上翅膀的乡里娃[浙江广播电视集团海外中心（国际频道）、丽水市广播电视台]
		电视作品（一等奖）	浙里20年·外国人眼中的中国记忆[浙江广播电视集团海外中心（国际频道）]
			"一带一路"的非洲"玫瑰"[浙江电视台民生休闲频道、浙江广播电视集团海外中心（国际频道）]
		电视作品（二等奖）	"一带一路"上的创富潮[浙江广播电视集团海外中心（国际频道）]

附录 2 "浙视听"产业创新发展指数框架体系和数据采集情况

袁靖华等整理

一级指标	二级指标	三级指标	具体指标说明	指标性质	数据来源
规模生产力指数	基础设施	固定资产投资／万元	广播电视机构固定资产投资	正向指标	广播电视行业统计综合报表——广播电视企业单位经营综合年报（一）
		产业基地（园区）入驻机构数量／个	各级产业基地（园区）入驻机构数量	正向指标	广播电视和网络视听产业基地（园区）综合年报
		产业基地（园区）已投入使用面积／平方米	产业基地（园区）已投入使用面积	正向指标	广播电视和网络视听产业基地（园区）综合年报
		广播电视节目制作经营机构数量／个	广播电视节目制作经营机构设立情况	正向指标	广播电视机构综合年报
	产出效益	视听作品产出片目总量／小时	互联网视频节目、音频节目、短视频、电视节目等出品量	正向指标	互联网视频节目年度新增量＋互联网音频节目年度新增量＋短视频年度新增量＋互联网电视点播节目年度新增量＋交互式网络电视点播节目年度新增量
		影视视听作品摄制规划立项备案数／项	重大题材摄制公示（电影、电视剧、动画片等视听作品）、制作机构拍摄制作的备案情况	正向指标	电影备案数据来自国家电影局公示；电视剧、动画片备案数据来自国家广播电视总局备案公示
规模生产力指数	产出效益	实际创收／万元	广播电视实际创收	正向指标	广播电视主要统计指标综合年报（二）

续　表

一级指标	二级指标	三级指标	具体指标说明	指标性质	数据来源
创新驱动力指数	创新基础	视听作品著作权登记数量／个	视听作品著作权登记总数量	正向指标	浙江省版权保护与服务网
		广播电视从业人员数量／人	广播电视从业人员总人数	正向指标	广播电视从业人员综合年报（一）
		专业人才占比情况／%	专业人才占总从业人员比重	适度指标	广播电视从业人员综合年报（一）
创新驱动力指数	创新基础	高级人才占比情况／%	高级职称人才（正高＋副高）占总从业人员比重	适度指标	广播电视从业人员综合年报（一）
		青年人才占比情况／%	35岁及以下人才占总从业人员比重	适度指标	广播电视从业人员综合年报（一）
	政策环境	国家／省／地市公共预算支持度／万元	国家／省／地市公共预算数额	正向指标	浙江省广播电视局2021—2023年省级部门预算支出项目：广播电视
		国家／省／地市政府性基金支持度／万元	国家／省政府性基金支持数额	正向指标	浙江省广播电视局2021—2023年省级部门预算支出项目：行政运行
		视听媒体产业政策支持情况／个	浙江省广播电视局公布的视听媒体产业扶持政策数量	正向指标	浙江省广播电视局2021—2023年政府信息公开工作年度报告

一级指标	二级指标	三级指标	具体指标说明	指标性质	数据来源
社会影响力指数	受众认可	视听作品播放热度情况/项	影视综等各类视听作品在猫眼榜单热门（top 100）占比数量	正向指标	猫眼专业版APP
		视听作品受众口碑情况（系数）	top 100榜单中浙产视听作品的豆瓣评分情况	正向指标	猫眼专业版APP、豆瓣
		视听作品获奖情况/次	网络视听作品、纪录片等在广播电视奖中的获奖情况	正向指标	国家广播电视总局季度、年度推优公示
	平台影响	网络视听平均月度活跃用户数/人次	互联网视频、音频、短视频平均月度活跃用户总数	正向指标	网络视听用户情况综合年报
		互联网电视年度活跃用户数/人次	互联网电视年度活跃用户数	正向指标	互联网电视综合年报（二）
		交互式网络电视年度活跃用户数/人次	交互式网络电视年度活跃用户数	正向指标	交互式网络网络电视综合年报（二）
		被中央广播电视总台采用情况/条	广播、电视新闻类节目被中央广播电视总台采用条数	正向指标	广播电视播出综合年报（二）

续　表

一级 指标	二级 指标	三级 指标	具体指标说明	指标 性质	数据来源
国际 传播 力指 数	出口 效益	全年节目出口总额 /万美元	全年节目出口 总额	正向 指标	广播电视国际传播力综合年报 （三）
		全年服务项目出口 总额/万美元	全年服务项目 出口总额	正向 指标	广播电视国际传播力综合年报 （三）
	出口 产能	节目出口播出时长 /小时	全年节目出口 播出总时长	正向 指标	广播电视国际传播力综合年报 （三）
		对外广播电视节目 播出总时长/小时	对外广播电视 节目播出情况	正向 指标	广播电视国际传播力综合年报 （二）
		全年电视剧出口播 出量/部	全年电视剧出 口播出数量	正向 指标	广播电视国际传播力综合年报 （三）

编后语

    "浙江省广播电视和网络视听产业发展蓝皮书"是国内首个省域广播电视和网络视听产业发展蓝皮书系列，由原浙江省广播电视局与浙江工业大学联合共建的未来媒体研究院编撰出品。

    "浙江省广播电视和网络视听产业发展蓝皮书"系列的第一本于 2022 年出版，第二本于 2023 年出版，目下这本是第三本。数年来，课题组得到了原浙江省广播电视局、现浙江省文化广电和旅游厅相关处室的大力支持，在省厅关心和指导之下开展调研工作。课题组持续跟踪观察浙江省广播电视和网络视听产业发展的现状与趋势，解读浙江省广播电视和网络视听产业的热点、特点与痛点，剖析浙江省广播电视和网络视听产业的创新发展经验。本书首次推出了"浙视听"产业创新发展指数，通过研究指标体系对全省广播电视和网络视听产业发展的整体态势进行把脉问诊，为全国省域广播电视和网络视听产业发展提供前瞻性参考。

    未来媒体研究院持续聚焦媒体融合、媒体智慧化与智能化研究，同时探索数字经济与传媒新业态的结合领域，推动传媒积极谋划和提早布局未来的科技前沿，关注新业态、新入口与新内容，已先后编撰出品"浙江省广播电视和网络视听产业发展蓝皮书""中国传媒产业发展报告·浙江篇"等一系列调研报告。